日本阳明学研究名著译丛

邓红　欧阳祯人——主编

明清思想史研究

〔日〕山井涌　著

陈威瑨　译

山东人民出版社·济南

国家一级出版社　全国百佳图书出版单位

图书在版编目（CIP）数据

明清思想史研究/（日）山井涌著；陈威瑨译 . -- 济
南：山东人民出版社，2022.1
（日本阳明学研究名著译丛）
ISBN 978 - 7 - 209 - 11178 - 2

Ⅰ.①明… Ⅱ.①山… ②陈… Ⅲ.①思想史—研
究—中国—明清时代 Ⅳ.①B248.05 ②B249.05

中国版本图书馆 CIP 数据核字（2019）第 128351 号

明清思想史研究
MINGQING SIXIANGSHI YANJIU
［日］山井涌　著　陈威瑨　译

主管单位　山东出版传媒股份有限公司
出版发行　山东人民出版社
出 版 人　胡长青
社　　址　济南市市中区舜耕路 517 号
邮　　编　250003
电　　话　总编室（0531）82098914
　　　　　市场部（0531）82098027
网　　址　http://www.sd-book.com.cn
印　　装　济南万方盛景印刷有限公司
经　　销　新华书店

规　　格　16 开（169mm×239mm）
印　　张　23.25
字　　数　306 千字
版　　次　2022 年 1 月第 1 版
印　　次　2022 年 1 月第 1 次
ISBN 978 - 7 - 209 - 11178 - 2
定　　价　58.00 元
如有印装质量问题，请与出版社总编室联系调换。

《日本阳明学研究名著译丛》为贵州省 2016 年度哲学社会科学规划国学单列课题（16GZGX09）。

本国学单列课题由贵州省社科规划办和贵阳孔学堂文化传播中心共同出资设立。

谨此致谢

《日本阳明学研究名著译丛》总序

　　"阳明"是中国明代思想家王守仁（1472—1529）的号。王守仁因筑室阳明洞讲学而名声大噪，世称"阳明先生"，称他的学说以及王门学问为"阳明之学""阳明之说"等。在《明儒学案》里，王阳明本人的学术被称为"姚江之学"，弟子们被称为"王门之学"，但是"阳明学"这一称谓，当时没有在中国流传开来。

　　作为一门近代学科的名称，"阳明学"是个典型的"和制汉语"，出现于19世纪八九十年代的日本。在此之前，日本人对王阳明一派的学问，也沿袭中国的学问传统，称"姚江"或"王学"。19世纪末到20世纪初叶，日本出现了一场由三宅雪岭、德富苏峰、陆羯南等当时的一些鼓吹日本主义的媒体人发动的、批判明治政府以"鹿鸣馆"为表象的全盘西化政策的社会运动。他们自称这场社会运动的目的是创造日本"国民道德"，创办了一本名为《阳明学》的杂志作为运动的主要阵地，于是"阳明学"这个类似于学术流派的名称成了这场精神运动的名称。

　　日本阳明学虽然号称起源自中国明代王阳明的姚江学派，但有完全不同的发展历程和自己的特色。在"阳明学运动"开展期间，出版了两本日本阳明学著作，奠定了日本阳明学的学术基础。一是高濑武次郎（1869—1950）的《日本之阳明学》（1898年铁华书院出版）。《日本之阳明学》以教科书的形式，分发端、陆象山、王阳明、心即理、知行合一、日本之王学者等章节对阳明学进行了阐述。二是井上哲次郎（1855—1944）的《日本阳明学派之哲学》（富山房1900年出版），该书按流派和人物全面论述了日本阳明学派的源流、哲学内容和思想特征。这两本书给予将日本阳明学传播到中国来的梁启超、张君劢、朱谦之等以重要影响。

但是与轰轰烈烈的日本阳明学之社会运动相比，日本作为学术研究的阳明学研究一直处于低潮。直到 20 世纪 40 年代，日本京都大学出现了两个阳明学研究方面的先驱者。

一是京都大学人文研究所研究员安田二郎（1905—1945）和他著述的《中国近世思想研究》（京都弘文堂 1948 年出版）。安田认为中国古代哲学家孔子的《论语》和王阳明的《传习录》那样的语录式著作，看上去杂乱无章，但内部有着某种必然的逻辑体系，于是他运用西方哲学史手法在《传习录》和其他朱王著作中去寻找这个逻辑，此书便是他研究的结晶。

二是京都大学原教授岛田虔次（1917—2000）的著作。岛田曾写过三本关于阳明学的著作。第一本是《中国近代思维的挫折》（1949 年筑摩书店出版，1970 年修订再版）。在该书中，岛田试图从王阳明、泰州学派、李贽的思想展开过程中，寻找中国近代思想，主要是近代市民意识的"萌芽"。第二本是《朱子学与阳明学》（岩波新书 C28，1967 年出版）。该书虽然是面向社会的通俗读物，写得简单通俗易懂，岛田却自认是对自己阳明学研究的总结。作为通俗读物，该书最大的特点在于将自己的阳明学论文和著作论证过的主要观点浓缩而总结概括出来。第三本是《中国思想史研究》（2002 年由京都大学出版会出版。邓红翻译，上海古籍出版社 2009 年出版）。日本和中国学界一般认为安田和岛田开创了战后日本的阳明学研究，特别是岛田，堪称世界阳明学研究的先驱。

随后，日本九州大学文学部中国哲学史研究室涌现出了一个阳明学研究群体。第一任教授楠本正继（1886—1963）著作有《宋明时代儒学思想之研究》（东京：广池学园出版部1962年出版）、《楠本正继先生中国哲学研究》（东京：国士馆大学附属图书馆1975年出版）。著名阳明学研究者冈田武彦、荒木见悟等都是其弟子。

日本最高学府东京大学的阳明学研究代表为山井涌（1920—1990），1964—1981年任东京大学教授，《明清思想史研究》（东京大学出版会1980年出版）是他毕生研究的结晶，收集了中国近世思想史方面的19篇论文。在此之后，日本出现了山下龙二、友枝龙太郎、岩间一雄、沟口雄三、福田殖等阳明学家，延续至今。

如上所述，日本的阳明学研究发展起步较早，在很长一段时期内处于世界的领先地位，涌现出了一批世界级阳明学研究专家，出版了一系列阳明学研究的学术名著，形成了资料丰富、视野开阔、推论细腻、各当一面、深耕细掘的研究特点。他们的研究成果是全人类的共同财富，具有深远的学术意义，可为中国的阳明学研究提供借鉴。

中国的阳明学研究因为众所周知的原因在一段时期内严重滞后，但自从1978年改革开放以后，开始摆脱了教条主义的束缚，学者们积极从事学术研究活动，善于吸收外来先进成果，与海外学者特别是日本学者形成良好互动的学术局面，从而出现了一大批研究成果，掀起了一阵阵的阳明学热潮，在某些方面甚至可以说已经在世界处于领先地位。但是从整体上看，中国阳明学研究还没有完全恢复"心学固有的活泼天机状态"，还没有过日本阳明学在日本近代化进程、国民道德建设中发挥过巨大作用那样的成就，在冈田武彦式的民众启蒙和企业伦理教育的群众性实践活动方面也还有学习借鉴的余地。

本丛书以"知行合一、付诸实践"为宗旨，以吸收、参考、借鉴日本阳明学"知行合一、强调事功"的长处为主题，沿着上述日本阳明学的发展历程来翻译介绍日本阳明学研究名著。

以往也有一些日本方面的阳明学著作被翻译介绍到中国，但都显得零乱无序，既没有形成一套介绍推广日本阳明学研究成果的体制，也没有按照日本阳明学研究的历史发展来选择翻译对象，而是各取所好，有的译著甚至不是学术著作，翻译成果甚至还有不专业之处。

有鉴于此，本丛书旨在全面、系统、专业地翻译出版日本的阳明学研究成果。本丛书编委会在中日两国的中国哲学史学界集聚了一批精通中日双语的翻译人才。

本丛书的学术总顾问是武汉大学国学院院长郭齐勇教授。长期以来，郭教授为推动武汉大学乃至全国的阳明学研究，做出了极大的努力。武汉大学阳明学研究中心为这套丛书的翻译与出版做出了重要的贡献。本丛书的翻译者蒋国保教授、邓红教授都毕业于武汉大学，年青一代的陈晓杰博士、连凡博士、焦堃博士、符方霞博士、张亮博士分别毕业于日本关西大学、九州大学、京都大学和北九州大学，不仅精通日语，而且也是真正的阳明学研究的专家。陈晓杰博士、连凡博士、焦堃博士是武汉大学的在职教师，张亮博士是武汉大学的博士后，符方霞博士任教于广西师范学院外国语学院。

本丛书的日方主编邓红教授，1982 年毕业于武汉大学历史系，后来于日本九州大学中国哲学史专业博士毕业，直接聆听过冈田武彦、荒木见悟、福田殖等先生的教诲，现任武汉大学中国传统文化研究中心兼职教授。本丛书的中方主编欧阳祯人教授为武汉大学阳明学研究中心主任，《阳明学研究》杂志的执行主编，中华孔子学会阳明学研究会副会长，长期从事儒家性情思想和陆王心学的研究。所以，丛书的主编和翻译者们都长期浸润于阳明学和中国思想研究，有的本人便是驰名中外的阳明学家。他们对世界阳明学的研究动向有着深刻的把握，对日本阳明学研究的历史发展了如指掌，对先行研究的优缺点有着明晰的认识，对本丛书的翻译对象都仔细研读过，选定的都是日本最经典、最具代表性的阳明学研究著作，不仅能够为中国的学者们提供最佳参考资料，为中国的读者们提供满意的读物，而且能够为当政者提供重要的借鉴。

《日本阳明学研究名著译丛》为贵州省 2016 年度哲学社会科学规划国学单列课题（16GZGX09），是武汉大学中国传统文化研究中心近年来取得的重大研究成果。本"国学单列课题"由贵州省社科规划办和贵阳孔学堂文化传播中心共同出资设立。贵州是王阳明"悟道"的圣地，多年来贵州省为中华民族优秀传统文化的传承和创新做出了巨大的贡献，贵阳市和贵阳孔学堂为阳明学研究的发展和心学的实践做出了不懈的努力，在此特致以由衷的感谢。

邓　红　欧阳祯人

2020 年 10 月吉日于武汉珞珈山麓

序

听闻要帮我出版论文集的计划，已是一年以前的事。在当时帮我制作论文集，有纪念我退休（或是同时迎来的六十岁）的这层意义。不用说，由于我的退休和六十岁生日没有让别人来纪念的理由，因此当时我的心中确实有拒绝这个计划的想法，但我并未抗拒就轻易地同意了。这是因为：首先，我平常就会认为应该坦率地接受他人的好意；另外，非常幸运的，有人仔细地阅读拙作，对于早期的作品，也有人因为难以得见，希望我设法处理。因此借着这个机会，将以往的著作收集出版，并非无益。而且，若非其他人提出出版计划，我也做不出自己出版论文集这种厚颜之事。因此错过这次机会，恐怕就无法将我的论文编为论文集了。本来最好的出版方式是将整理后的论文改写，而非集结旧稿，但即便如此，也不能马上实现，无论如何只能当作退休后的工作。如此一来，在此时让人帮我制作论文集，来将现阶段完成的工作做个结尾，实在是千载难逢的机会。因此经过这番考虑，让我很轻易地接受了这个计划。

于是，这本论文集乃是我在东京大学退休以前发表论文的集结。不过遗憾的是，我原本并非抱持着有意编辑出版的计划来发表论文，因此在排列论文题目来制作目录时，一眼望去，既有重复又有疏漏，论文的种类和形式也不统一。另外，各篇论文中所提出的论点，现在看来也不无需要订正、增减的部分。要作为一本书来出版，实在是必须花一番工夫，让体裁和内容一致，但这一点我也有意避免。对各位读者们感到万分抱歉，但我个人非常希望能尽量保持当时研究成果的原貌来收录。关于所收的各篇论文，在单纯明了的错误部分有所订正，不过一律不增加新内容。对于论旨不明的部分多少有所改动，但只基于必要的最小限度之形式统一，且对于无论如何必须修正的重点，则仅止于在各论文篇末增加"补记"。之所以极力减少修改量，是因为考虑到若是进行起来就会持续不断，完工的日期恐怕也会一再延迟。

在此概略叙述我的研究历程。"战中"时期从东京大学文学部毕业时，我的毕业论文探讨了戴震哲学，但当时还不甚了解戴震在思想史上的地位。在"战后"复员成为研究所的特别研究生，研究清代思想史时，我对清末从传统思想到近代思想的转换具有极大兴趣，但这个问题属于最终目标，因此暂且留心于透过处理戴震来了解清代思想，首先将主要工作放在阅读孙奇逢、黄宗羲、顾炎武、王夫之、李颙、陆陇其等清初思想家的著作上。不过王夫之的作品难以解读，我并未能充分处理。这点从现在看来是为缺陷。

担任特别研究生的五年间成果，以"研究报告"的形式向大学提出，不过随即将其中的要点概括为《明清时代气的哲学》和《明末清初经世致用之学》两篇论文来发表。尤其是这五年间以明末清初为重点，在那之后最好是能尽快将范围扩展到清末，但实际上，反而是深切感受到，为了正确把握明末清初的思想，不能不了解在此之前的明代思想，特别是阳明学，而开始以王阳明为中心来钻研明代。后来又因为领悟到要了解明代，不能不了解朱子，而又开始钻研朱子。依此逻辑，要了解朱子，又必须研究此前的周、张、二程，然后不用说，又必须循序上溯，毫无止尽，无法触及清末，因此感到不能不设定上限，对于朱子以前的部分一律停止上溯。话虽如此，也并非完全不谈。在依序四处钻研宋代、明代思想的时候，不知不觉一年一年过去，遑论清末，就连属于清代的部分都未完全处理，就这样到了退休年龄。我虽以专攻明清思想史自居，其他人大概也以此将我定位，但我并未完成让我满意的研究。

思想生于人们的生活之中，透过生活经验而形成。人们的生活在各种自然、文化、历史、社会等条件中进行，在这些条件中，各人所处的立场决定了他的思想。另外，怎样意识到这些条件和自身所处的立场，这种意识的方式也决定了思想。在这意义上，思想生于人们的生活，在人们意识自身所处立场的同时也进行着生活，透过此生活经验来形成。另外，以此方式形成的思想，当然也会反过来决定他的生活方式。

我认为，思想史研究是在探索思想本身形成与展开的模样，同时揭示使该思想形成、展开的生活或思想基础，并阐明此基础与思想间的关系。但这种思想基础极为复杂，无法轻易阐明，至于其与思想间的关系，更是难以说明的问题。

在我最初所写的论文《明清时代气的哲学》中，提到我认为"气的哲学"是下层地主层的思想。这就是对于上述问题，性急地想要得出一个关于"气的哲学"解答的结果。虽然我不认为自己所写的完全是误判，但这实在是堪称"血气方刚"的粗疏答案，无法当作解答，而且唐突地提出下层地主也不具任何说服力。接下来写的《明末清初经世致用之学》中，认为该时期的实学主张产生于"明末动乱→明清王朝交替"此一异常的政治社会情势，这也是出自对同样问题的关心。

关于"经世致用之学"的上述说明，只是姑且先做出此结论。不用说，这当然需要更细腻的分析。而"气的哲学"在我之后的中国思想史研究中作为未解决的课题而留了下来。但我并不直接追溯"气的哲学"的源流，而是如同前述一般，从王阳明溯及朱子，绕到明初朱子学，近期再回到"气的哲学"。在这段期间，关于思想及其基础和两者关系的问题，我虽然时常关注，但并未完成能让自己满意的解释，而且也无法像年轻时那样做出勇猛果敢的发言，就这样暂时将这部分的问题搁下，努力掌握思想本身开展的事实（也就是说，关于思想史上的事实，还有大量我所不知的部分，对那些未知部分要正确地了解）。这些思想事实，已有许多相关的先行研究成果发表，但就算其他人已经提供了充分的研究，我也必须让我自己能心安理得，从原典资料开始探讨。例如"朱子学与阳明学之异同"这个主题，在此之前有好几十人进行研究来提出回答。至于我自己所探讨的结果，我对该议题有所了解是比较晚的事，而我的了解与一般说法并无大异，但也提出不少有关一般说法需要订正之处。像这样子阐明思想事实，就是我主要关注之处。

另外关于研究方法，从我探讨"气的哲学"的论文开始，都只将宋代以降的理气哲学分为"理或气"，也就是"理的哲学或气的哲学"。从这种二分观点来看，对于王阳明该归类到哪一边，就感到十分烦恼。我发现王阳明的"心"是理和气的接点，也就是心具有既属理又属气的特殊性，而开始思考建立"理的哲学""气的哲学"和"心的哲学"三种类型。关于其思想史的意义，目前还在探讨中的阶段。

如上所述，我的中国思想史研究，尚未离开摸索的阶段，不过，在所整理的关于宋代到清代思想史若干问题之见解而发表的论文里，多少有些自信可以让人阅览的部分，几乎皆已全数收入此书中。虽然是贫乏的研究结果，但对于有幸能让自己至今以来努力的结果以这样的方式问世，要再次表示感谢。同时，我深切盼望这本微不足道的论文集，能多少对学界发挥用处。

最后，对诸位编辑，对这本论文集的制作给予一臂之力的各位，衷心表示谢意。

山井涌

1980 年 8 月 1 日

目　录

序　说

宋学的本质及其思想史的意义

前　言

　　此处所说的"宋学"，指的是"宋代儒学"。虽然统称为"宋代儒学"，但其中混合了各种要素。一般来说，以范仲淹、胡瑗等人的实学为首，另一方面有孙复、欧阳修等的春秋学、名分论，又有周、张、二程所谓的道学，之后出现了集大成者的朱子，以及不同道学派别的陆象山，还有被称作事功学派的陈亮和叶适等。不过此处以宋代儒学中的道学为中心，特别是以朱子为中心来探讨。道学派和其他学派间的关系、道学派中周濂溪到朱子的思想发展模样，以及二程异同或朱陆异同等问题，原则上不拟触及。当然，这些也都是必须探讨的重大问题，但由于时间关系，我想就宋学整体进行概括，以其中的道学和朱子为中心来思考。另外，也不会进入理气哲学的细部，关于这一点就交给今井宇三郎先生。

　　那么，如果从这样的立场来处理宋学问题，对历来研究成果进行回顾，整理曾经被举出的问题点的话，可做出以下分类：

　　〔Ⅰ〕宋学如何（为何）成立？

　　A 使宋学形成之思想

　　B 使宋学形成之历史社会原因

C 宋学的阶级基础

D 宋学的先驱

E 支撑宋学的精神

〔II〕宋学是什么?

F 宋学的内容

G 宋学的性格——特别是朱子学相关

H 与其他时代儒学的比较（此项省略）

I 宋学的社会角色

〔III〕宋学在其后的演变

J 与明学的关系

K 与清学的关系

L 作为官学的朱子学

这种整理方式本身亦有问题，然而依据我个人的关注所在进行整体衡量，就会是这样的形式。因此，以下按照这些分类，对各自项目中目前为止的相关研究提出些意见来进行报告，最后再简单叙述我自己如何看待宋学，希望能借此提供讨论的材料。

一

I

〔I〕宋学如何（为何）成立?　关于宋学形成的问题，其中从 A 到 D 这四点，在先行研究中已形成基本的共通理解（个别的研究彼此有若干差异，但可以大致上描绘出整体的轮廓），因此先概述之。

A 使宋学形成之思想　宋学以前的儒学被称作"汉唐训诂之学"，乃是烦琐而空虚的字句注释之学。就思想来说，比起儒学，佛教或道教的势力更具有压倒性优势。在此，否定以往的训诂学，以阐明经书之真精神为目标，又为了对抗佛教道教，特别是补充以往儒学中所欠缺的佛老，尤其是佛教所具有的理论面向，而产生了新的儒学。而且宋学在对抗佛老，采取批判立场的同时，实际上又将之纳入自身学说中，借以建立自身的理论体系。在此意义下，宋学被视作三教的融合。另外，对新儒学的形成发挥影响的佛教思想，乃是华严和禅，而华严哲学中的理事无碍理论特别受到重视。

B 使宋学形成之历史社会原因　　第一，东汉以来的贵族政治，从中唐开始崩溃，经过唐末到五代的的军阀政治时期，在宋代形成被新的官僚制度所支撑的君主独裁政治。第二，以往的贵族阶级没落，新的封建地主，也就是把土地给佃农来耕种的土地拥有者阶级代之而起，而为宋学之阶级基础。另外，构成官僚阶层的所谓士大夫，同时也是知识分子阶层者亦如此。还有工商业抬头，都市繁荣，市民阶层，也就是都市中的工商业变得富足，其中也有人购买土地而变成地主，该阶层也会努力变成官僚——知识分子中的一员。第三，宋代受到北方民族辽国、西夏、金国的压迫，不得不屡次签订屈辱的条约，而且金国使得宋被迫南渡，最终为元所灭。在宋代存在着这种必须面对民族危机的特殊状况。

由于以上各种原因，作为新兴地主阶级之学问的宋学兴起了。一般认为，这种学问具有强烈的民族主义色彩，由于佛教的出世主义和道教的脱俗主义无法应对当时的民族危机，因此当时人们回到属于传统思想，且具有处理现实社会问题能力的儒学。

其他被举出的学问文化勃兴之助因，还有宋朝采取文治政策，推行文官优位体制，奖励儒学，实施科举，比起以往有更多的官僚来自新兴地主阶级，于是知识分子阶层扩大，再加上印刷的发展和木刻本的制作，使图书普及，等等。

C 宋学的阶级基础　　一般看来，即为上述之地主——士大夫——官僚——知识分子阶层，自不待言。

D 宋学的先驱　　被列为先驱者，首先是唐代的韩愈和李翱。但与其说是宋学的先驱，或许应该说是萌芽。进入宋代后有范仲淹、胡瑗、孙复、欧阳修等。若就道学而言，其开山祖师首先为周濂溪。其他几人被列为先驱者，但宋学先驱为谁并非重要问题，故仅止于此。

总之基于以上所述，而有宋学之起，其成立时期一般认为在仁宗庆历时（十一世纪中叶）。

关于上述 A 至 D 四项，大致可以此为普遍看法。但在这之外，若要进一步列举的话——

在 A 项方面，陈钟凡《两宋思想述评》（商务印书馆 1933 年版）中，可见得除佛老影响以外，景教、祆教、摩尼教、回教等"西教"东渐，对张横渠、邵康节的学说产生影响的说法。

在 B 项方面，首先小柳司气太《宋学概论》（目黑书院 1894 年版）将宋代国家衰弱以至于哲学思想兴盛，作为宋学勃兴的原因之一。这种说法亦有部分属实，但小柳从"有道廉洁之士不容于世，所见所闻皆为悲惨之源，而以优美沉痛之文字或高尚幽玄之哲学，泄满腔之不平，自我安慰"这种角度来理解，因此不能作为宋学兴起的全部原因。

吉川幸次郎《近世支那的伦理思想》（《岩波讲座伦理学 21》1941 年版）指出，宋代以前缺乏集中的政治力量，使得人们生活混乱，而价值标准多元化，老庄和佛教有力地和儒家的"经"相鼎立。相对于此，宋代则进行对此混乱的整理，复归于"经"。东京大学中国哲学研究室编《中国思想史》（东京大学出版会 1952 年版）中，市川安司所写的"宋代"部分，从稍微不同的角度，指出追求政治统一的客观情势，成了在"阴阳"之上想出"太极"、在"气"之上想出作为其统一体之实在（理）的契机。

守本顺一郎《朱子学的历史结构——中国封建思维的成立及其特质》（《思想》354、355，1953—54）以大乘佛教，特别是华严的空观代表中国古代思维，认为朱子学借由逆转此空观的观点而成立。据守本之说，大乘佛教的空观是彻底的自我否定、人类否定的哲学，经由否定而绝对地、盲目地对现实加以肯定。亦即将现实的差别世界视作虚妄，认为本质上是无差别的平等世界，而对之不加批判，就这样如实地肯定现实。相对于此，朱子所说的"理"，是以君臣间之理为基轴的所有人际中的上下关系，也就是"名分"为其具体内容。于是守本认为，相对于佛教的空观属于无差别平等观，亦即平面的逻辑，朱子的理则肯定上下之分，也就是阶梯的、垂直的逻辑。朱子认为依循平面逻辑，则会失去上下之分，以此来批判佛教，同时逆转佛教逻辑的观点，而以此将之加入自身论点中。这种看法非常有趣，但不仅是朱子，对于佛教的这种理解是否恰当，我都有所疑问。另外，守本氏所指出的，有关朱子的上下之分或阶梯逻辑，在古代儒家思想中极为普通，应该如何说明？这也是一个问题。另外，守本氏对宋代封建制的特质亦提出别的见解，关于这一点容后叙述。

在 C 项方面，谭丕模《宋元明思想史纲》（开明书店 1936 年版）认为在宋代，小地主和都市工商业者比起大地主更有经济优势，对于宋学的阶级基础，又以地主来区分，周张二程和陆象山属于代表大地主阶级的哲学思想，李觏、王安石、陈亮、叶适代表小地主思想，朱子为大小地主阶层调和派之思想。吕振羽《中国政治思想史》（黎明书局 1937 年版）也大致上采取同样观点，不过以叶适、陈亮为初期市民阶级的哲学。这两本书都是从唯物史观出发的一种看法，姑且是最合理的分类方式，但只是公式性地贴标签，并非经过精密分析的议论。中国最近的研究似乎也不做这种机械性的阶层区分。

E 支撑宋学的精神　本项与之后的 G 项"宋学的性格"有部分重复，在此不针对宋学本身，而是举出宋代一般的思想风潮或精神风土这种属于宋学根底的思想状况。关于这一点，有种种立场所产生的各式各样的事项，而若将其中的共通部分概括为一，则有"复古思想、尚古思想""自由批判精神""客观主义、主知主义、合理主义、科学精神""理想主义""喜好理论""重静""内部的、精神方面的倾向、心重于物""尊重道义的风气"

"国家主义"等几点。

若要对其中有若干问题的点加以叙述，首先，对于"客观主义"的看法，也有人认为提出"主观的倾向"，上述"内部的"的看法也说明了主观的倾向。因此既然相反的倾向也会被提出来，或许表示宋代思想中相对反的要素彼此共存，随着将焦点置于何处、采取何种标准，就会造成不同的判断。接着，对于宋学中"自由批判的精神"，特别是对经书进行属于自己的解释，也时常为学者所指出。然而佐中壮《宋学中所谓批判的研究之端绪》（《史学杂志》54－10，1943 年版）对此有所异议，认为就算称作批判精神，也并非真正追求自由的精神和合理的解释，他以孙复和欧阳修为例来提出说明。然而如同佐中壮自己所说的，称作"批判"也并非完全不合理。

另外关于"尚古思想"，前述吉川幸次郎的论文指出，宋学的尚古主义，世说宋代有种看法认为最早的"经"最为完美，其后一路堕落，至今跌至谷底，因此主张复归于"经"，根据"经"来矫正现实。重泽俊郎《原始儒家思想与经学》（岩波书店 1949 年版）中亦指出这一点，引用朱子的话，说"其中具有真正尚古主义者才拥有的彻底绝望感，可以看出学者的任务、活动不过是藉由复古精神的发扬来尽可能地减缓堕落的速度"。本田济《王禹偁——作为宋代思想史之一环》（《日本中国学会报》10，1958 年版）也引用吉川幸次郎其他论文，同时提到道学道统思想中含有感到时代堕落的阴暗面，认为"复初"的思想改置于时间序列上，就会成为复古思想，其中含有一开始就预想到失败的绝望挣扎。像这样，将复古思想乃至尚古思想合并，来强调"堕落感"的说法相对较为有力，但与之相反，丸山真男《日本政治思想史研究》（东京大学出版会 1952 年版）认为贯串宋学的是乐观主义性格。上述的堕落感与此处的乐观主义，并非完全互相冲突，但无疑是方向相反的情绪。要从哪一面来加以理解，并不能简单断言，不过应该可以认为，宋学作为新兴学问的那种明朗面，以及"圣人可学而至"的这种活力面较为强烈。宋代（宋学者中亦如此）确实有一种末法意识。另外在古文方面，也主张"起八代之衰"，从谷底状态回归到古代的美好，但实在很难认为，被当作新兴地主阶层思想的新儒学，被谷底感包围而勃兴，至朱子而集大成。

Ⅱ

〔Ⅱ〕宋学是什么？　此为宋学的实体乃至其性格之问题，是最为触及"宋学的本质"此一课题之中心的部分。

F 宋学的内容　被称作宋学者的范围非常广泛。（1）有作为经学的一面，（2）有作为史学的一面。此"史学"与"经学"中"《春秋》学"关系特别深厚，另外相关的还有（3）"名分论"的一面，（4）"政治学"的一面。另外还有（5）哲学，也就是"理气心性之学"的一面，相关的还有（6）"修养实践之学"的一面。以上，将宋学内容分为六个项目，但这是将显著的项目予以列举，而宋代儒者的学问活动并不能以此分类来明确区分。不过无论如何，宋学如同上述一般，包含各种面向，将其中哪一面当作根本，就与如何思考宋学的本质密切相关。关于这一点，将宋学视作义理之学，也就是哲学的这种看法，会将哲学当作宋学的最具特征性的一面，不过这和基于实践的基础理论，主要将宋学视作修养实践之学的看法，两者都提出了强而有力的论述。另外，也有将两者合并的看法，或是将之理解为修己治人之学。守本顺一郎的前述论文是以朱子学来立论，而将一切都归于名分论。吉川幸次郎的前述论文以"复归于经"这种形态来理解宋学，认为宋学就是学者希望让自身生活与"经"一致而进行的学问，致力复归于经的同时，也考虑与现实间的调和。这或许可以当作一种经学中心的看法来接受。

G 宋学的性格　宋学的性格论，被认为有"实际的学问""追求平易简易的学问""以实践为目标""立基于自得、自信而非单纯的理论""长于议论，疏于实行""轻视感情""站在自由的立场批判经书，尝试自由的解释"

"抛弃形式性的学问，追求经书的真实""在现象的深处思索实体""天人合一思想""强调'分'""民族主义、国家主义的色彩"等几点。

每一点都不能完全道尽宋学的本质性格，但确实可以说宋学有这样的面向。其中"长于议论，疏于实行"，指出宋学与道学先生的形式主义相连结的一面，这一点似乎与上述"实际的学问"以下几点内容相矛盾，不过也能够说宋学含有这种相反面向的共存。宋学范围甚广，且随着讨论视角和标准设置的不同，所见的性格也会相异。

性格论中只和朱子相关的部分而为学者所指出的几点，有"大规模的有序体系""合理主义、主智主义""分析性思考""'静'的倾向""不只教学，更含有宗教的一面""含有自然法思想""天的绝对性使得个人的个别性、主体性显得优越""分、别的意识非常强烈""严肃主义""权威主义"等等（上述 G 项所列各点，含有多人所举出的一般说法，以及某人的独特说法。为避烦琐，不拟一一标示出处）。第一点"大规模的有序体系"可说是朱子学的一大特色。关于其规模的庞大，宇同《中国哲学大纲》（商务印书馆 1958 年版）也称朱子为"孔子之后第二位伟大的文化整理者"。也有人说朱子以后的儒学皆未超出朱子学的范围，这几乎可谓属实。"不只教学，更含有宗教的一面"是木村英一《习俗与朱子之学》（《东方学报》京都 22，1953 年版）的论点。

接着，有许多人指出朱子学的"严肃主义"乃至"权威主义"，不过友枝龙太郎《〈诗集传〉所见之朱子思想》（《东京支那学报》3，1957 年版）对此提出相反看法。他透过《诗集传》探讨朱子对人情的深刻洞察和理解，以此做出朱子并非采取远离人情的艰苦道学态度。这一点我认为今后有必要持续探讨。"分"和"别"的意识非常强烈，这一点也是时常被提及的常识性的一点，和所谓的大义名分论相关，也需要一并进行极为详细的探讨。

除了以上部分之外，近几年在中国，比起上述的大地主思想或小地主思想问题，更开始关心唯物论或观念论问题，或是从传统思想中发掘唯物论要素，而在宋学中独以张横渠思想作为唯物论哲学而进行评价。

H 与其他时代儒学的比较　此项虽然也是讨论宋学特质时的重要问题点，但相关的意见并不多，且其他项自然会有触及此点的部分，故从略。

I 宋学的社会角色　以下所记，几乎皆为将探讨对象缩限至朱子学的说法，现将较具代表性者罗列如下——

（1）宋代性理学为国家主义服务（西顺藏《程明道的天理—性理学的理之性格》，《哲学杂志》711，1951 年版）。

（2）朱子学是国家权威的保障（庄司庄一〈陈亮之学〉，《东洋的文化与社会》4，1955 年版）。

（3）朱子学肯定君主制封建社会（大槻信良〈朱子的学问观〉，《东方学》10，1951 年版）。

（4）朱子学奠定专制主义的基础（仁井田升《中国社会的法与伦理——中国法的原理》，弘文堂 1954 年版）。

（5）朱子学为新兴阶级的外缘权威（以经济力为基础）赋予了内在权威（山根三芳《朱子伦理思想中"权"的意义》，《日本中国学会报》10，1958 年版）。

（6）朱子学透过提升官僚的人格来教化庶民（西顺藏《木村英一前述论文》）。

（7）朱子学是宋代以后适合支配中国社会的意识形态（西顺藏《木村英一前述论文》）。

（8）朱子学相应于安定的社会，相反地也会促进社会安定化（丸山真男《日本政治思想史研究》，东京大学出版会 1952 年版）。

（9）将朱子学视为使君主的绝对支配体制、官僚对农奴的支配合理化的意识形态，是错误的看法（《世界伦理思想史丛书》（中国编），学艺书房 1955 年版，其中阿部吉雄所著《宋明的伦理思想》）。

（10）朱子否定大土地所有制，解放受其压迫的民众（友枝龙太郎《朱子的治民策——南宋村落阶层的分裂与国家权力问题》，《东方学》17，1958年版）。

其中要注意的是（9）（10）两项提出了对其他各项的反对意见。就数量而言，认为宋学，尤其朱子学是"使君主的绝对支配体制、官僚对农奴的支配合理化的意识形态"（据阿部氏所言）的看法较占优势，但阿部氏对此认为，这种看法是站在现代思想倒回去看思想的历史，而就朱子来说，现实的道德并非就是理，理是将之加以导正而使之成立的根源性原理。另外宋学的大义名分主义，与其说是发自阶级对立意识，不如说是产生于民族对立意识。友枝氏则指出，对于地主对佃户的支配、从属关系，朱子系将之置于两者的相互依存关系来强调，还有借由经界的实施，基于一君万民的精神而暴露出大土地所有权的不正当，考虑自营农民的生计，并施及于佃户。友枝氏认为，这是为了让因阶级分化导致人伦关系崩溃的村落共同体恢复本来面目，因此否定大土地所有制，解放受其压迫的民众。

这种见解上的对立非常重要，但意外的是，双方都没有充分展开其理据和逻辑，因此我认为这是适合让我之后重点地加以讨论的问题点。

另外关于Ⅰ项，还有从和上述稍异的角度出发，将朱子学定为农奴制支配逻辑的守本顺一郎前述论文。相对于前面所谈过的，大乘佛教空观是奴隶完全自我否定及盲目地肯定现实的逻辑，因此属于奴隶支配逻辑的说法，守本氏认为朱子的名分论是农奴制支配的逻辑。也就是说，奴隶没有人格，因此适用于绝对自我否定的逻辑，而农奴具有和奴隶不同的独立人格基础，因此确保农奴的"分"的逻辑是有必要的。另外守本氏认为，宋代的封建社会由于佃户的自主能力强，因此地主对统一权力的依赖程度甚高，故无法形成典型的封建社会，而形成王朝权力较强的独裁君主制这种特殊形态。他又认为，由于宋代封建制的这种特性，朱子学中的上下身份关系，在君臣之分以外，就不得不表现为父子、夫妇、兄弟等血缘之分。这部分的逻辑对我来说难以理解，或许其主旨在于地主农奴关系的相关的

"分"并未明确地表示出来。

守本氏的说法，在思想与社会基础间的关联之探讨方面非常独特，但这种说明太过完美了，令人感到不安。尽管将空的思想当作古代思维，但认为由此空观产生的自我否定逻辑只会对奴隶产生作用，让人难以接受，且谈到中世思维的话，对五伦之分的提倡也非朱子所独说，因此在这方面仍有疑问。如同守本氏自身所言，该说法乃是作为一种尝试被提出的，仍有许多部分有待日后探讨，但总之是值得注意的论文。

Ⅲ

〔Ⅲ〕宋学在其后的演变　对后代的影响之问题，在这一项简单地点到为止。

J 与明学的关系　信奉朱子学说者为数众多，持续甚久，一般称作"朱子学派"。相对于此，陆象山的系统与王阳明相联系，而统称陆王学，这种向来的一般说法几已成为定论，不过山下龙二《陆象山的心即理说——与朱子学、阳明学的比较》（《名古屋大学文学部十周年纪念论集》1959 年版）认为，陆象山事实上与朱子相近，与阳明不同，而对陆王思想的连续性抱有疑问。这是相当具有说服力的论点，在此亦有需再做探讨的问题。

其次，有一说认为相对于宋学的幅度广大，明学则非常单纯，不过我漏记了此说法出于何者。该说法指的是明学专门集中于心的问题，在《京大东洋史（上）中国史》（创元社 1953 年版）三田村泰助"独裁政治的时代——思想与文化"一项中，也提到明代的思想倾向专注于内在世界，对外界（政治）不抱关心。还有，楠本正继《宋明两思想的纠葛》（《人文》1—3，1947 年版）、《宋学的引导者》（《东方学》2，1951 年版）中，对宋学和明学进行比较，而举出"静态的—动态的""归于自然—尊重人类""在现象的深处建立本体—体用一如"等几点，楠本氏也采取将之与绘画和瓷器的对比一并加以观察的广阔视野来论证。这些看法大致属实，不过这里所谓的"动态的"，和上述三田村氏的看法之间会形成什么样的关系，而明代的问题在此并非主旨所在，但"动"的性格确实有必要更进一步深入探讨。

K 与清学的关系　清学在时代上离宋学较远，在此不太有必要进行探讨，不过从朱子，尤其是朱子门下的黄震和王应麟等人来追寻清朝考证学渊源的看法相较之下颇为有力。朱子的学问规模庞大，考证学的要素亦在其中，虽然确实如此，但宋学和清学的本质相异，因此其中的冲突亦是问题所在。如果单纯只以含有相同要素即视作渊源的话，还可再从朱子往上追溯。现今有人举出比朱熹更早的欧阳修，另外亦可往前溯及汉唐。此外，吉川幸次郎前述论文，认为"复归于经"思想作为贯串近世（宋至清）的逻辑，适合逐渐固定的知识阶级的社会，因此为科举所支持而存续着，不过经与现实的调和有其界限，现实逐渐地与经相离，而经趋于无力，至近代产生崩溃，结果就是将并非道理的经视作道理本身，而只乞灵于过去，这本身就是一大错误。这篇论文的视角本身有所局限，不过贯串其"复归于经"之观点的核心，是对本次课题"宋学的本质及思想史的意义"的一个答案。就此意义而言，虽然是相当久以前的论著，却是应当注意的。

L 作为官学的朱子学　朱子学在元代科举中被用作为经书解释的标准，在明代经由《五经大全》《四书大全》《性理大全》的编纂而确立稳定的官学地位。因此朱子学的社会影响力日渐扩大。现在由于时间关系必须长话短说，不过朱子学常被指出的严肃主义或是权威主义、拥护君主绝对主义，与朱子学成为官学（在日本江户时代也可称作官学）而君临于思想界这一点有莫大关系。特别强调朱子学的权威主义性格者为仁井田升，他关注朱子学作为官学的一面，说"在元明时代被奉为科举的金科玉律，而朱子学在奠定权威主义基础的同时，权威主义也拥护朱子学。"朱子学成为官学，无疑地是因为朱子本身学说有可成为官学的素质，但朱子自己的思想和朱子之后的朱子学，内容也好，和社会的关系也好，自然是有所不同，因此这里有必要详加区别。

二

虽然是资料罗列，不过已完成关于以上各问题的历来说法。最后拟附带简单说明我自己对这些课题的答案。虽然是外行人不知天高地厚的意见，也并非涵盖所有问题，总而言之，先依循我所关心的部分来谈，若能成为讨论材料的一部分，则幸甚之。

首先，宋学是宋代新兴地主官僚阶级的思想。这是前一节 B、C 项中所触及的一般理解，并无问题。其次，宋学的本质，一言以蔽之，乃是"修养之学"。进一步说，我认为宋学的性质是以理气哲学的理论作为此修养之学的内衬，而其根柢在于经书。另外，若是要对此修养之学再稍作说明的话，就是思考人类是什么样的存在、应该做什么，并实践之的学问。支撑此学问的精神，其中一者为"找理由"的精神（这种用法颇受前野直彬意见之启发，指的是做出和一般想法不同的自身观点而找理由的精神态度），另一者为某种行动精神。关于前者，上述 E "支撑宋学的精神"一项中也提到"喜好理论"，这一点似乎也存在于文学方面，例如青木正儿《支那文学思想史》（岩波书店 1943 年版）也论及宋诗的说理味道。宋代的诗论发展亦特别兴盛。后者"行动精神"的程度和表现方式因人而异，有人对政治采取行动，有人对日常生活相关问题采取行动，也有人针对心的修练和人格修养采取行动，所谓道学者大概都属于最后这第三种。这种立一家之言的精神和行动精神，是成为新的社会指导阶级，而且被迫处于北方民族压迫下的宋代士人阶级所具有的相应精神状况。

接着在性理学方面，也就是理气哲学理论，乃是宋学的一大特色，但这不过是修养的内衬角色，理论的建立本身并不被认为是宋学的目标。理气哲学中的气是现实中人们的状态，理是其中所推测的人们所应有正当状态，以及应如何达致的原理。另外，因为宋学是修养之学，因此"工夫"为人所重视、强调，而高举主一无适、居敬穷理等工夫口号。在这方面也是一样，重要的不是工夫理论本身，而是以身体来做工夫，来实践修养。要言之，修养本身成为宋学的核心。程伊川对胡瑗的问题"颜子所好何学"，答以"学以至圣人之道也"，伊川此答乃是揭示了宋学形态之一端的一句话。关于知性地认识和理解，亦有"体认"一词，和"脱然贯通"的说法，这显示了这种学问如何密切地与实践相联结。

到了明代，这种实践修养的一面发展至极致。明学的代表人物是王阳明，而从工夫口号来看，朱子尚有居敬穷理的"穷理"这种知性的一面，正因如此才得以建构这么井然有序的理论体系，不过在王阳明则为"致良知"，倾向于实践而又主观的一面。因此阳明并未表现出一般的理论相。这种等同于修养实践的学问，甚至发展到只将处理内心当作学问课题的结果，已经没有往同一方向更进一步的余地，而在此产生转向，与心和实践切断联系的清学兴起。并非如同一般所说的，由于明末王学流于"空疏"而使得清学作为其反动而起。前述 K "与清学的关系"中提到，清学和宋学本质相异，就是这个意思。当然，在清代，宋学式的修养之学亦支配着学者们的精神生活，但此并非清代学者们在学问上所关心的对象。

接着，宋学既然是修养之学，以修养为主的话，就无论如何无法摆脱严格主义的倾向。以朱子来说，由于将本然之性和气质之性、性和情、天理和人欲加以区分，将气质的性、情、欲当作恶的根源，于是提倡克服情欲，变化气质，复归于本然之性的修养论。因此无论如何都不得不带有严格主义的倾向。只不过朱子并非将气质、情、欲的一切都视作恶，虽主张克服情欲，也并非采取形式主义式的严格态度。因此，虽然理（天理）屡屡被认为是拘束人的绝对权威规范，而被说是权威主义，但就算提倡理或天理，在朱子这里，也不是作为现成规范而固定的现实存在，而是采取由自己去发现什么是理，并逐步确立的立场。至少有这样的思考空间。然而，朱子以后的朱子学，已非学者自身去发现并确认理，根据此自立之理来进行修养行动的学问，对人们来说，既成之理已被预先决定，作为权威之教而及于众人，强制众人必须根据这种理来进行修养。朱子学的这种被认为是严格主义、权威主义的一面就这样逐渐变得强烈。朱子学变成官学之后，这种倾向就更进一步强化了。

朱子自己的朱子学和其后的朱子学，其实体和社会机能两方面皆有相异处，如前所述，两者之间的相异处必须明确加以区别。然而另一方面，朱子自己的学说，在后世成为官学，作为约束世人精神生活之教，其权威似乎一直持续到清末，足以演变成如此的资格和可能性，原本及内在于其中，因此无疑地会导致这样的结果。

以上，虽然尚不充分，但这是现在的我可以写下的粗糙答案。

最后，关于今后的宋学研究课题，在各方面都尚有问题存在，可以说全部都是今后的课题，不过就这一次研究宋学研究史的结果，现在感到最有必要阐明的部分，是宋学和成为其基础之历史社会事实之间的关联，这方面的研究成果最为稀少。最直接切入此问题的是守本氏的论文，但并未具体地说明朱子学和社会基础之间的联结方式，而且很遗憾地，也很难说是成功的研究结果。在这意义之下，友枝氏《朱子的治民策》就非常具体，但所选取的范围仅限于部分，无论如何都尚有所缺。今后，还望宋学专家们就专家的立场，对这一点加以更深入的解决。这项工作终究也是为了阐明宋学的本质及其思想史的意义。

〔补记〕本文系 1959 年 10 月，于九州岛大学举行的日本中国学会第十一回大会的哲学部会讨论会（被分配的题目是"宋学的本质及其思想史的意义"，主持人为时任东京大学教授阿部吉雄，报告者为当时东京教育大学助理今井宇三郎和我）开场的口头报告加以修改而成，乃首次以印刷形式发表。修改之处颇多，但仅就形式表现之处来进行，不涉实质内容的改变。

(1980.07.05)

宋代至清代的 "气" 思想

进入宋代之后，新的儒家哲学兴起。这是中国思想史、哲学史上名副其实的划时代事件，在思想史、哲学史的时代区分工作上，必定要在此分期。气的思想也在此迎来新的时期，被纳入新的儒家哲学（亦称作宋学，特别是属朱子学系统者，又被称作道学）的理论体系中。"气"的概念与"理"并列，占据了宋学哲学体系（我们称之为"理气哲学"）的中心地位。

宋学被视作新兴地主阶级（同时是官僚和知识分子的阶层，也被称作士大夫阶层）表明其自觉立场的学问和哲学，不过这种学问形态在明代亦被接受，此宋代、明代的儒学总称为"宋明性理学"。而此"性理学"又名为"理气心性之学"。宋明儒学的内容并不仅止于此，但至少，作为哲学理论上的问题而在被讨论的概念中，最重要的就是这个"理气心性"。一言以蔽之，理就是道理，气就是物，心就是人，性就是人的本质。心与性有重复的部分，因此四者之中，理、气、心是最基本的概念，而这三者中，要以何者为根本来建立世界观、如何看待加上"性"之后四者间的关系，这在宋代至清代中期，产生各式各样思想上不同的观点。只不过，方才说"心就是人，性就是人的本质"，这样一来就会变成性是心的本质。还有，心由气所构成，而心所具有的活动皆视作由气所发。就此而言，心与性的关系、心与气的关系，在这整个时代中，几乎可说是所有人共同思考的问题。

一、宋学中的气

虽说气就是物，但这只是有关这时代的气，是与理和心之对比的一个最明显的特征，而非正确的说明。再精确一点儿来说，气是构成物的的物质根源。虽然气被想作是像空气一样的气体物，但也被认为会聚集、凝结而形成物质（有形之物）。气是像这样子的物质根源，同时也是生命力、活动力的根源。也可以说气具有生命力和活动力。

气遍布天地之间而存在。天地本身和存在于天地之间的万物，皆由气所构成。这些天地万物的往复、变化、活动，也都是气的运行。一切皆由气所驱动，气（以及气所形成之物）本身也在活动中。气是变化运动的主体，也是产生变化运动之力的根源。人及其他生物亦由气构成其身体。另外，身体内也有气的充盈与出入。体内体外的气彼此相通，乃是共通的气。据此气的力量，人及其他生物得以维持生命、传宗接代、再度活动。视力、听力等各种能力、感情、欲望思考等各种心的功能，亦由气所生。同时，这些能力和功能若不顺利运作，就会产生疾病，因此医学也与气有极大关系。

以上各项在宋代以前就已为人们所思考。[①] 而虽然气构成天地万物的思想在以前就存在，但以气作为物质根源而将之纳入存在论，则应始于宋代。其次，人们认为气具有阴阳两种性格，也就是阴阳二气（阴气和阳气），但这也是继承以往的思想而来。作为生成论的阴阳观念，原先是以说明此两种性格之组合而产生万物之多样性为目的，而在这个时代所说的气的阴阳亦有此义。然后为了更容易说明此多样性，又在阴阳之外加上木火土金水五行。五行被朱子规定为"质"（相对于气的质），后文另述。总之透过阴阳和五行（二和五）的错综组合而产生各种万物。五行也是自古以来即有的思想，不过将五行置于阴阳的下一阶段，以之为万物生成要素（以五行，甚至阴阳和五行的各种组合来作为万物

---

① 参考小野泽精一等编《气的思想》：东京大学出版会 1978 年版，第一部、第二部。

形成之源）的这种思考方式，是到了这个时代才开始出现的。

接下来，气、阴阳和五行都是古代即有的思想，而利用以往的气思想来直接和此时的理气哲学相连，应为道教所谈的气。道教的气思想并非直接为宋代所全盘继承，不过将气、阴阳和五行一并加以吸收的想法，在唐代即已出现，在宋代，则将之发展为从气（阴阳）到五行、从五行到万物这种阶段性的生成理论，又将"质"和五行相连接，建立将气和质相并的"气质"概念，不仅止于生成论，而同时建构了存在论和人性论的理论体系。此乃宋学（尤其是朱子）的功绩。

众所皆知，一般被视作宋学（特别是性理学方面）创始者的周濂溪（周敦颐 1017—1073），画了"太极→阴阳→五行→万物化生"这一生成过程的图，并加以说明。只不过从太极到万物并非单纯地依序生成，在万物化生时，是太极、阴阳、五行三者交互作用而生成万物的。如下文所述，朱子以太极为理、阴阳为气、五行为质，不过这是朱子自己的理解，而周濂溪自身并未谈到理和质。《图说》中有"五气顺布，四时行焉""二气交感，化生万物"的句子，从前后文脉来说，五气明显地是指五行，而二气似乎指的是"乾坤"或"男女"，阴阳是否就是气则并不明确。然而传统观念上，气和阴阳是相联结的，因此或许周濂溪将太极、阴阳和五行都当作气。因此周濂溪的生成论皆以气为主来思考，"质"则丝毫未被提及。但对周濂溪来说，可能并未意识到气这一概念有如此重要。明确地意识到"气"，以气来建立其生成论（以及存在论）者为张横渠（张载 1020—1077）。张横渠用气的聚散来说明万物的生灭。宋学中的气论可说是由张横渠来确立。气在此被认为是阴阳之气，气聚则生成有形之物，物消亡则气散。气散的状态称为虚，根源性的虚的状态称为太虚。虽言虚、太虚，但这只是气散的状态，而非气的消失，他提到"太虚即气"（《正蒙·太和》）。总之，张横渠的气是弥漫于天地间之物，且明确地被规定为形成万物的物质要素。虽然他使用相对于气的"质"一语（《经学理窟·学大原上》），也使用"气质"一词（《气质》），但似乎近于"气的性质"之义，尚未有后来朱子思想中那种作为物的物质构成要素的质、气质之概念。但总而言之，最接近朱子所集大成的理气论的"气"者，乃是张横渠的这种气论。另外，张横渠在谈气的同时也使用理字，但用例不多，属于"道理、理路"的意思，不能当作作为存在论的理气论。

多将理气合并而论者，始自程明道（程颢 1032—1085）、程伊川（程颐 1033—1107）。程明道谈气之处特多，曾说过"性即气，气即性"（《程氏遗书》卷一，第 56 条）这样特别来处理气的言论。虽然其中也常常使用"理"或"天理"的讲法，不过指的是法则性、秩序性。总之程明道似乎不太关心生存论或存在论。程伊川是对朱子产生最直接影响的学者，他的哲学一般被称作理气二元论。程伊川也认为阴阳之气使得万物化生，自然界的各种现象得以成立。不过程伊川不太谈论气和阴阳，也不见其使用与气相对的"质"。虽然他使用"气质"一词，但皆用来表示"气之质"或"性质"之意。朱子在理气二元的想法方面，吸收二程，特别是程伊川的说法；在气作为万物的物质性根源方面，吸收张横渠的说法；在阴阳合成五行而形成万物这方面，则以周濂溪为主，将以上各说集大成。当然，他并非只是单纯地拼凑周、张二程之说，而是加上他自己的见解，尤其是确立理的概念，明确表达理与气的关系，在阴阳之气以外又添加五行之质的概念，建立作为物之构成成分的气质的概念。而且不只是这种作为生成论和存在论的理气论，他也以之为基础，完成了横跨心性论、修养论的理气哲学体系（以理气为基轴而贯穿全体的理论体系）。其中与气直接相关的部分，就是在朱子思想中所确立的，本节一开始所说的气、质、气质的概念和性格。其后即便随着各人表达不同，多少有些语意上的差异，但气和质是使万物成形之物质根源（且附有生命力和活动力）的这种想法，到清末为止大致不变。在此留下的问题，是气与理、心、性、情欲、善恶等各种概念有何关系、在自身理论中处于什么位置、如何评价等等，环绕着这几点，而产生了各种不同的说法。

二、理和"理的哲学"

接着，理一般解释为道理，而理的这种性格在中国可谓始终不变。但"道理"也有许多不同的性格，因此仅就理来谈，范围也还十分广阔。本文的主题是气思想的研究，故不拟对理深入探讨，但宋学中，理的部分才具有较庞大的问题，而根据上一节所述，气的概念在朱子以后几乎已确立不变（在朱子以前也没有大变动），于是将理视作何种道理、顺此如何思考理气之间的关系（当然也涉及理和心、性、情欲、善恶等之间的关系），就成了决定理气哲学各思想家之思想的重点。在此意义下，必要先以最小限度来探讨理。

"理"字在先秦文献中并不多见，含有宋学之"理"意义的著名用例，始于《孟子》的"心之所同然者，何也？谓理也，义也"（《告子上》）和"始条理""终条理"（《万章上》）等。明确地和作为存在论的理气论之理相关者，据说是佛教所用的"理"，根据福永光司教授提示，此用法始于四世纪的支遁。也就是说，宋学的理气论直接地采用佛教的理和道教的气来建构自身。

接着进入宋代，如同上一节所谈的，理和气同时出现在张横渠、程明道、程伊川的用语中，到了朱子则在生成论和存在论中固定下来。程伊川屡次以"所以"来说明理，这使得理有规定事物存在形态的意思，因此理在此已被纳入存在论之中。只不过，正如同此思想一般被称作理气二元论一样，程伊川是否已明确意识到理和气属于一体的组合，仍有疑问。

到了朱子则完成了所谓理气二元论。经由气（气和质）而有物的形成，而物使得事得以成立，各式各样的事物中都有"所以然之故"的理和"所当然之则"的理存在。要言之，就是规定事物存在样态的原理和事物所应然的法则。借由理对其存在样态的规定，物始得以生成（物的物质一面则由气所生成），接着事物于焉成立，事物依循理而存在、运作、运动，人依循理来进行行为，而且应当如此。在此，关于理气的先后关系，朱子认为理气必定同时存在，但溯至极限则理在先。此"先后"主要是就生成论上的时间先后而论，但同时也是存在论上的逻辑先后。

大致上，中国自古以来即对生成问题多有论述，但不太谈论事物存在的逻辑和结构。《老子》"道→一→二→三→万物"（第四十二章）确实属于生成论，但是否可同时读出存在论，则大有疑问。根据户川芳郎助教授的意见，类似存在论的思想出现于东汉末。其明确的出现则必须等到六朝以降的佛教。周濂溪的《太极图说》也是生成论的图。以图来表示阴阳、五行、男女、万物中各式各样的太极的话，则此同时为表示太极支撑着这些事物的存在的存在论之图，但以图来表示各有太极的思想，这是朱子的解释，未必能确定此乃周濂溪自己的意思。《太极图说》应被视作纯粹的生成论。张横渠的气论和程明道、程伊川的理及气论，则不仅是生成论，也踏入了存在论的范围。张、程（朱子亦然）主要谈论"生"，以生成的问题为主，张横渠的气之聚散说，明显地是说明物之存在的逻辑，尤其是程伊川和朱子的"所以"，无非是存在的原理。在此意义下，朱子的理先气后论，也可以说不只是在讲生成论上的时间先后。

另外，朱子基本上否定理先气后，同时又不得不在终极之处归于理先气后，这是将"所以然"之性格赋予理时的必然结果。且因为如此，朱子的哲学被视作理气二元论，同时又强烈地具有理比气更具根源性的这种"理的哲学"的性格。理是规定所有事物之存在的根本原理，而且也是道德法则（人的行为之所当然），因此也含有作为所谓名教的规范而约束人们生活的力量。

前文提到，气的概念在朱子之后几乎没有变动，但理的部分在朱子之后则因人而异，因此对于理气关系也有各式各样的想法。在此无法就学者和思想家们具有什么样的理观念来——加以说明，但大体而言，有这三阶段关于理的思考模式：（1）强化朱子之理，强烈主张"理先气后"，肯定理对气的能动支配力，这种想法是比朱熹更明确的理哲学。（2）强调理气不即不离的关系，因而去掉理的"所以然"性格，只探讨作为道德法则的理，这种思想是理气不分或理气浑一的哲学。（3）弱化理的性格，将气视作独立的存在，以理为气中的条理。此乃气的哲学。当然，在这三者之中还有多种不同的思想，而尽管其千差万别，典型的类型则为以上三种。

在（1）的部分中，例如明初曹端，号月川（1376—1434）对《朱子语类》中的"太极不自会动静，乘阴阳之动静而动静""理之乘气，犹人之乘马，马之一出一入，而人亦与之一出一入"等表示不满之意，认为此种人为死人，不足以为万物之灵，理为死理，不足以为万化之源，活人乘马则马之动皆为人所驾驭，活理亦然（以上出自《太极图说述解》附《辨戾》）。或是胡居仁，号敬斋（1434—1484），说"有理而后有气，有是理必有是气，有是气必有是理，二之则不是""理是气之主，气是理之具"（以上出自正谊堂本《居业录》卷八）等。可明确分至此类者并不多，但有许多人怀有这种倾向的思想。一般来说，只要强调理，就会非常接近以上那样子的思想，随之产生将形式规范（理的其中一种性格）强加于人的道学先生倾向。另外，这一方面与作为官学的朱子学之性格也较为相应。

主张（2）的理气相即不离说者极多。仅就这一点而言，朱子自身也有许多含有此意的言论，持（1）的立场者的相同之言也屡屡可见。但在此要谈的不仅于此，而是由于不赋予理"所以然"的性格，自然就属于不承认理的先在性的立场。处于（1）和（3）的中间的立场者，概括而言皆可属于这一类，而其中，重视下一节将会谈到的"心"的人非常多。其代表者不用多说，就是王阳明（王守仁 1472—1528）。他是主张"理者气之条理，气者理之运用"（《传习录》中《答陆原静书一》）的理气相即论者，然而就算说"理者气之条理"，他在"心即理"及其他处所说的"理"也不是自然现象的条理，而几乎可说都是指人的道德之理。同时，尽管他如上所述，乃是理气相即论者，但事实上他对生成论和存在论问题几乎不抱关心，因此直接触及理气论的话语仅有此条资料。在心学者当中，有许多人皆是如此。

（3）的气之哲学认为生成的始源和存在的根源只有气。对于理的性格的看法因人而异，有的视作道德法则，有的当作正确条理。无论何者均认为理具有高度价值，但不会赋予理存在原理的位置。从明代中期，和王阳明同样年代的罗钦顺，号整庵（1465—1547）、湛若水，号甘泉（1466—1544）开始，经过明末到清代中期为止，这一类的思想系谱一直存在。关于这一点，将在其后叙述。

三、心和"心的哲学"

在宋学中，和理、气鼎足而立者为心。前文曾说明心就是人，而自《孟子》以来，心作为人体中最重要的部分，具有重要机能的器官而被重视。表示人之本质的"性"字以"心"为偏旁，也是因为人们认为性和心直接相关，心是对性加以决定的根本性的重要部分。

根据朱子理论，心具有可谓理和气之接点的地位。这是因为，心是身体的一部分，因此当然是气所构成的，另一方面属于人之理的性也位于心中。也就是说，心乘于气之上，将理含括于内。以此形态而言，心具有总括理气的意义。另外，他说"心者性之郭郭"（本为邵康节之语），以心作为性的容器、性的寄宿之处，同时另一方面又时常说明"心为一身之主"。这种"心是身之主宰者"的理解，在宋学中相当普遍，程伊川说"主于身为心"（《程氏遗书》卷十八，第90条），王阳明也说"主于身也谓之心"（《传习录》上第39条）。

将此"一身之主"的心作为比理和气更重要的根本原理的哲学，就是"心的哲学"（心学）。站在心学的立场，并不像朱子学那样以理和气来分析心，而是以主体性的吾心为最高者，使理从属于心。"心即理"的命题即由此而生。

"心"也是独立于"气"的概念，简略而言，强力地建立心学立场者，始于朱子的论敌陆象山（陆九渊1139—1192）。朱子的理气哲学完成以后，明初以降，以宋濂（1310—1381）、王祎（1322—1373）为首，儒学大致上以心学的倾向较强，陈献章，号白沙（1428—1500）则自觉地建立与朱子学相异的自身想法，而心学到了王阳明则为大成。其后王学的系统当然继承了这条路线，但明末清初以后，继承者快速地消失。

总而言之，心学虽然也有各式各样的内容，但共通而言，首先，心学的立场通常不以理气论为问题所在，亦即不关心万物的生成和存在问题，而专注地以对于心的修养方法为重。心学的代表性命题"心即理"的理，也不是存在论的理，而是有关人的行为的道德之理，因此绝不会主张心不属气而属理。陆象山的"心即理"说的是"心是具备理的伟大之物"，因此和"先立其大者"的主张相联系。王阳明的"心即理"也强调心和理的不可分，因此包含"不可于心外求理""使心与理合一"

的这种修养论主张。

其次，相对于在朱子学，心更被重视在"性"这种观念上的存在，是一种活生生的血肉之物，在此意义下，心学具有和后述的"气的哲学"相近的要素。王阳明以"性"来说心的本体，也称为"良知"。对于性则既说"性即理"（相关资料甚多），另一方面又同时说"性即气"（例如《传习录》中《启问道通书》）。性与理（道德之理）合一，但同时又由气所构成，故为"性即气"。王阳明说"心即理"而不说"心即气"，但从"性即气"得以成立来看，"心即气"也应当如此。"良知"是王阳明最为重视的心的要素，谓其为"天理"（要言之即是理），但另一方面，又说良知"以其流行而言谓之气"（《传习录》中《答陆原静书一》），表示他以良知为气的活动。

接着，心学的立场强力地高举"吾心"的主体性，因此具有强烈的强调心的权威、"我"的权威的倾向。其结果自然地相对拉低了理的权威和经书的权威。王阳明有名的"故六经者，吾心之记籍也"（《文录》四〈稽山书院尊经阁记〉）之语，就是最典型的表现。经书的阅读方式变得极为主观，也是当然的结果。

心学，特别是王阳明的心学，在中国被称为主观唯心主义。主观的部分如上所述，确实有此倾向，但是否可称作唯心主义则甚有疑问。由于这种思想是将心立为最高原理的"心的哲学"，因此也并非不能称作唯心论，从"人的良知，就是草木瓦石的良知：若草木瓦石无人的良知，不可以为草木瓦石矣。岂惟草木瓦石为然，天地无人的良知，亦不可为天地矣"（《传习录》下第74条）、"可知充天塞地中间，只有这个灵明，人只为形体自间隔了，我的灵明，便是天地鬼神的主宰。……离却我的灵明，便没有天地鬼神万物了，我的灵明离却天地鬼神万物，亦没有我的灵明"（《传习录》，第136条）这些话来看，似乎是在强调心的普遍实在，宛如可视作唯心论，但事实上，前者是在说"天地万物与人原只一体"，更进一步来说就是以"同此一气相通"作为根据来论述，后者也是基于"一气流通"而论。因此，心绝非离于物而独立存在，即便是一身之主宰，是对气和身体发号施令的主体，也必定被视作与气相联结。

四、气的哲学

作为理气哲学的理论，与理的哲学（认为理比气更具根源性的哲学）相对反，认为气比理更具根源性的哲学，就是气的哲学，称之为气一元论亦无妨。将物视作根本的这一点也有唯物论的倾向。

若以气为根源，则当然不会肯定先在于气的理，而是认为气先行于理，理只是相即于气的存在而已。在此，将理视作道德上的正确，或是事物的条理是很普遍的。人的心和性，也被认为是由气所构成。也就是说，唯有朱子学所谓的气质之性存在。若是只有气质之性存在，就应该会肯定情或欲是性所固有之物，但实际上，有许多例子是即便肯定气的哲学的立场，也对情欲采取否定态度。

北宋的张横渠和程明道的思想，称之为气的哲学亦无不可，但因为这些属于朱子完成理气哲学以前的思想，故另当别论。在此所谈的是理气哲学完成以后的思想，如前所述，始于明代中期的罗钦顺、湛若水、王廷相等。[①] 到了清代，这个气的哲学的系谱仍在持续，就理论而言，

---

① 拙著《明清时代气的哲学》中(收入本书)，对于持气的哲学之立场者，举出明代罗钦顺、王廷相、蒋信（1483—1559）、魏校（1483—1543）、王道（1487—1547）、刘邦采（约1490—1578）、王畿（1498—1583）、吕坤（1534—1616）、唐鹤征（1538—1619）、杨东明（1548—1624）、孙慎行（1565—1636）、刘宗周（1578—1645）十二人，清代陈确（1604—1677）、黄宗羲（1610—1695）、王夫之（1619—1692）、颜元（1635—1704）、李塨（1659—1733）、程廷祚（1691—1767）、戴震（1723—1777）、程瑶田（1725—1814）、章学诚（1738—1801）、凌廷堪（1755—1809）、焦循（1763—1820）、阮元（1764—1849）十二人。只不过，这些人名多少需要订正，详参《明清时代气的哲学》的补记。

至清代中期的戴震，字东原（1723—1777）而集大成。属于气的哲学的思想亦有各式各样，就中举若干具特色者来说，则首先在初期的人（明代中期）中，最具明确的气的哲学的性格者为王廷相，如同他所说的"理根于气"（《王氏家藏集》卷33《横渠理气辨》），乃是彻底的气论者。他亦以气来说性，但由于对情欲采取否定态度，故不取性善说，主张"性有善有不善"（《雅述上》）。这是宋明儒者中放弃性善说的非常稀少的例子。

大致上，采取气的哲学之立场者，最费苦心的一点（对他们来说感到最难以说明的一点），似乎就在于调和人性论和情欲论，一方面性善说的传统非常强悍，另一方面情欲否定论的一般观念也强烈地存在着，而若以气来说性，则无论如何不能不认为情欲生于性（因为常识性的一般看法也认为情欲是气的活动），如此就不倾向情欲肯定论，因此坚守性善说，而又不愿踏入情欲肯定论者，就会产生极大困惑。于是，就出现了即便以气来说性，又主张"性为气之灵""义理之性即气质之本性"（刘宗周《刘子全书》卷11《学言中》）这种将性与情欲分离的说法。而王廷相借由放弃性善说而摆脱这个困难。在这一点上，罗钦顺等人对于理气关系，在气的哲学方面稍微暧昧，不过对于情欲则提出肯定性的言论，这和王廷相的想法之间有相当的差异。据此，可知气的哲学绝非只有一种。

明末清初的王夫之（船山 1619—1692）是优秀的气的哲学家。他认为气外无独立存在的理（《读四书大全说》卷10 等），对于宋代以来多所讨论的"道器"关系（"道器"关系几可等同于"理气"关系），也说"天下惟器而已矣"，主张离器无道（《周易外传》卷五，《系辞上传第十二章》）。他也以气来说人之性，且认为人性并非出生时即由天所命而固定不变地为人所有，而是天日日命于人，人日日受其性于天，因此性日生日成。(《尚书引义》卷三,《太甲二》)。另外王夫之重视"动",强调万物皆会活动变化。对于性也以其变化的样貌来加以理解,这种想法非常有特色。对于情欲也主张积极的肯定之论,其哲学理论的各部分之中都充分具有和气的哲学相应的特征,但另一方面,他也有和上述意旨相矛盾的言论,就理论上来说尚不十分完备。气的哲学的理论体系之完成,要到其后经过颜元,号习斋(1635—1704)和程廷祚(1691—1767,就理论而言最接近戴震),而至戴震之手。戴震之后,可谓其后继者的焦循(1763—1820)、阮元(1764—1849)提倡气的哲学,但在理论上不见其超出戴震之上的发展。不如说作为气的哲学,反而有倒退的一面。另外,在焦循和阮元的时期,从嘉庆(1796—1820)到道光(1821—1850)之时,也来到了思想史上进入下一个阶段区分的时期。由理气哲学的想法所建构的哲学(气的哲学亦如此)在此告终,而气的思想达到了新的发展。

五、理、气、心、性

在此时期,气作为理气哲学的两根重要支柱的其中之一,在存在论上具有确立不移的地位。这是这段时期中气的思想最重要的成果。然而,在属于理之哲学的朱子学中,虽然仍然是两根支柱之一,却是较细的支柱,气的地位就算极为重要,和理相比也显得较轻微。在气的哲学中,气是支撑一切万物存在的一根庞大支柱,这是此时期气的思想的第二重要成果,也是传统的气思想的终点。这段期间,心学(心的哲学)具有何种的意义,是个困难的问题,总而言之,就是以心取代理和气来立为支柱。心涉及理气两边,因此强而言之,乃是理气浑一的哲学,但因为不认同和万物存在相关的理,因此就这一点而言,心学的立场在存在论上和气的哲学相近。

其次，理本身在人的社会生活场域中，作为名教、道德的法则和规范而运作。朱子学得以成为官学，也可以说是因为其属于这种意义下的理之哲学。相对而言，与现实生活（或是支撑现实生活的感情和欲望的满足）的要求相关的气的哲学，或是主张自己的心的主体性乃至其权威的心学，对名教、道德来说会成为危险思想，原本就有不能成为官学的性格。在此意义下，气的哲学和心学，具有反对属于理之哲学的朱子学、拆除朱子学权威的作用。就这一点来说也可得见气的哲学与心学之间的共通要素。

事实上，心学中不论是陆学还是王学，都明确地对朱子学树立反对的旗帜。而王阳明出现以后，从明代中期到后期，王学在学界和思想界都有凌驾于朱子学之上的势力。在王学一系的思想中，出现了所谓左派王学的情欲肯定论，也有被指责为破坏名教的人，但明末（十七世纪）以降，王学的力量就急速衰退了。

王学出现的同时也出现了气的哲学，自此以后，就理气议论的相关部分而言，不太有强烈主张理之哲学者，而是主张理气相即不离的倾向较强，可以看到气的哲学似乎比理的哲学更占优势，但由于并非所有的学者和知识分子都会大量地谈论理气而留下资料，因此很难掌握其真相。就算表面上没有明确显示，朱子学的力量也貌似非常强大，即便到了清朝，也就是清朝汉学、考证学风靡一时的时代，朱子学的权威也并未衰退。信奉气的哲学的众人，对朱子和朱子学的态度中，有各式各样鲜明的反对旗帜，特别是清代的颜元和戴震的朱子学批判极为激烈。其中气的哲学集大成者戴震，对朱子学有关理和情欲部分的攻击十分强烈，凸显出气之哲学的反朱子学性格，但同时朱子学阵营对戴震的反击也同样剧烈，这也显示出朱子学力量的根基深厚。

结果，如上所述，心学和气的哲学都反对属于理之哲学的朱子学，具有拆除朱子学权威的作用，但就算将之拆除，也只是造成一些损伤而已，毕竟没有将之完全打倒的力量。还有，在理气哲学的时代，终究没有出现打倒朱子学的思想。

以上，以理气，或理、心、气为中心，描述了这段时期的气的思想，不过以上我的说法或许有偏向作为生成论和存在论的气及理气问题之嫌。在理气哲学中，气和理基本上是在生成论、存在论中成为议题，因此我认为这样做并无不当，但事实上，宋学中最重要的问题是修养和道德的问题，作为理气哲学的理论，修养和道德问题之直接基础的人性论，也比生成论和存在论更重要。说到理气心性，其中性是最重要的。生成论和存在论扮演着人性论之基础理论的角色，就这意义来说当然是极为重要的，不过作为直接的价值，人性论才具有更大的意义。

可以说，认为性是理规定的，就是理的哲学（朱子学中也有"论性不论气不备"（《程氏遗书》卷六，第20条）的说法，认为气是谈论性时的必要概念，但性的本质的部分未被论及）；认为性由气所构成，就是气的哲学；不主理也不主气（亦即认为主理主气皆无妨），以性为心的本身，就是心的哲学。所有的理论均可由此而发展。

〔补记〕本文为注1所谈到的《气的思想》（此书乃笔者作为作者之一而完成的共同研究的刊行本）的第三部《理气哲学中气的概念——从北宋到清末》的《总论》。

1980.07.05
日本中国学会第11回大会讨论会报告稿

第一部

性理学的各种问题

一　朱子学与阳明学

朱子哲学中的 "气"

朱子名熹，字符晦，号晦庵。虽为南宋安徽省婺源县（旧新安郡之地，现属江西省）人，然生于福建，且生涯大部分在福建度过。他担任地方官，最后止于秘阁修撰、提举南京鸿庆宫，但在整个人生中为官时期并不太长。朱子是集宋学之大成的著名学者、思想家，其学说被称作朱子学，在中国的学术史、思想史上具有极重要地位，对朝鲜和日本的影响也非常大。

一、理气论

1. 气与质——物质的根源

朱子继承、发展了从北宋开始的新儒学，特别是周张二程（此处一般又会加上邵康节）的学说，而集此新儒学（被称作宋学，其核心部分也被称作道学）之大成，此说可谓定论。若说其集宋学中气的思想之大成亦无大碍。

然而光凭气不足以谈论朱子的思想，理气两者不可加以分离而单独讨论其中一方，此所以称之为理气哲学。朱子是理气哲学理论的完成者，朱子以后的哲学，不论是属于信奉朱子哲学之朱子学派的人们，还是反对的人们（王阳明和戴震为其代表），皆以朱子理论为基础来建构各自的哲学。

总而言之，朱子透过理气两者之概念来说明所有事物的生成、存在，然后建立心性论和修养论。一切都是借由以理和气为核心的理论来加以体系化。

朱子认为，气就像空气一样，是不可见的气体，此为万物的物质性根源，是使万物成形的素材。根源之气亦称作"一气""一元气"，但朱子也依循传统的想法，认为有阴阳二气，即阴气和阳气这两种具有相对性格的气。然后就生成论而言，此气来回运动，透过此运动的过程，而生成以天地为首的天地间之万物。也就是说，这种来回形态的速度上升后，气会彼此摩擦，而浊者在中央凝固沉淀而形成地，气之清者扩散至周围而形成天，又变为日月星辰而持续运行。

气的阴阳随着组合方式的不同，而产生万物之别，具有成为此差别之原理的意义，而阴阳之气又接着产生木火土金水五行。此称之为相对于"气"的"质"。阴阳属于类似明暗的这种抽象性格，而五行就像所谓木质、水质的说法那样，被认为是具有具体性的质，比起气更进一步接近有形之物。另有所谓"五行之气"的说法，而五行与气、质的关系似乎有些许流动的部分。另外也有"气质"这样的词汇，这自然是将"气"和"质"并用的概念，但往往被当作"物（物质）的构成要素"这种意思来使用。然后，如同朱子所说的"五行阴阳，七者滚合，便是生物底材料"（《朱子语类》卷94，第16条，周谟录），阴阳之气和五行之质皆被视作使物形成的素材。像这样，在作为物质素材的阴阳之气以外又加上五行，是因为五行观念与阴阳都属于传统，故将之纳入生成论、存在论之中，而同时，在阴阳这种两种类的差别原理之外，又加上复杂的五种类的差别原理，比较容易透过两者的组合来说明万物的多样性。

如上，"气"或"气与质"流行（来回运动）、交感（互相感应）、凝结（聚集凝固而成形）而形成物的活动称为"气化"，然一旦有形之物产生之后，其后就依靠生殖作用，从物之中生出另一物，气化的现象亦与此并行。例如，佛家称此为"化生"，举虱为化生之例。另外，出现的物皆以气和质为材料而形成并存在，因此由物生物的时候，新生的个体也是由气和质所形成的。

以上，朱子对气—质—物、一气—阴阳—五行—万物的想法，最直接的部分则继承了周濂溪《太极图说》的构想。只不过，若是将《太极图说》的太极—阴阳—五行—万物的"太极"代换为"一气"，则可直接与朱子的生成论图式一致，但如后所述，朱子并不将"太极"与"一气"相结合，而是以之为"理"。《太极图说》本身并未使用理、气之语，因此不管怎样，周濂溪的原意和朱子的解释之间总免不了有落差，但或许周濂溪脑中的太极概念，若以朱子的哲学理论来说的话，较接近于"气"。不过总而言之，因为朱子将太极解释为理，故可以说继承了周濂溪阴阳—五行—万物的生成过程，而根源的一气则并未继承周濂溪，而应视作接受了张横渠。只不过，在朱子处没有张横渠《正蒙》所说的气的本然状态"太虚"这样的想法。

阴阳是将明暗、动静、男女等相对照的性格加以归纳表现的两种性质，[①] 然而在朱子处，阴气和阳气并非被视作此为阳性、彼为阴性这样两种类的气所固定的东西。阴和阳是相对立的，时常阴变为阳、阳变为阴，也会有 B 相对于 A 为阳，相对于 C 为阴的这种情形。因此常常有"阴中之阳""阳中之阴"这样的用法。例如一般说来，火为阳，水为阴，然朱子所谓"火中有黑，阳中阴也；水外黑洞洞地，而中却明者，阴中之阳也。故水谓之阳，火谓之阴，亦得"（《朱子语类》卷一，第 60 条，童伯羽录）等等即为此例。因此即便有阴气和阳气，事实上也为同样的气，阴阳二气同

005

---

① 关于气、阴阳、五行等所构成的朱子宇宙论，山田庆儿《朱子的宇宙论》（《东方学报》第 37 册，1966 年版）中有极为详细的论述。其思路优秀，特别是用气的稀薄和浓密之原理，对阴和阳、气和质等关系进行合理说明，且以非常明确的形象来描绘这些现象。只不过，连气的清浊精粗等等不同，都全部以稀薄和浓密来说明，尚有困难之处，且对于朱子以多明确的形象来进行合理的思考这一点，仍有不清楚的地方，因此产生强为之说的部分。另外，山田氏该论文中，有关朱子对五行发生顺序的思考部分，论述详尽。还有山田氏《朱子的气象学》（《东方学报》第 42 册，1971 年版）中，有关朱子用阴阳理论来说明各种天然现象的表现，也有详细探讨。

时为一气。

　　阴阳和五行的关系，也不是由阴阳个别生成五行，而是说阴阳二气分为五（《朱子语类》卷一，第48条，舒高录），另外又例如他说，五行互为阴阳（例如木与火为阳，相对地水与金为阴），五行又各自为阴阳（例如有阴火与阳火）（《朱子语类》卷一，第50条，程端蒙录）。像这样，阴阳相交之后，和五行（气和质）相结合而形成万物。

　　2. 气与生命力

　　追溯气的思想史，则可以看到，气本来指的是生命力、活动力，或是具有该力量者，或是此力量之根源，而不被认为是物质的根源。自古以来就有认为气充盈于天地之间和人的体内的想法，认为气产生天地的思想自《淮南子》以降也十分明确，然宇宙万物皆由气所构成的想法，并未明显地成立。其作为物质的素材而在存在论中占据位置，应始于宋学，也就是始自张横渠、二程，并由朱子确立其理论。

　　只不过，气被视作万物的物质根源之后，也同时继续保有本来代表生命力、活动力的性质。《朱子语类》卷一，第44条（辅广录）中说"盖呼气时，此一口气虽出，第二口气复生，故其腹胀；及吸气时，其所生之气又从里赶出，故其腹却厌。大凡人生至死，其气只管出，出尽便死"，此例表明了以气作为生命力之一端。虽然不太清楚一生中所出入的气以何种形态储存于体内何处，也不太清楚每次呼吸时如何在腹中生出下一口气，但总之这种产生出来而离开身体的气就像生命之灯的燃烧，所生的气离开身体，就是生命的消失，因此气本身就是支撑生命者。不过，作为呼气而离开身体的气和构成身体的气之间有何关系，则并不明确。也就是说，不太清楚构成身体的气，平常与生命力之间有何关联。

　　接着，如下所述，根据朱子，气和物皆由"理"所规定，而气和物本身不决定其存在方式，但运动、变化和生成，皆为气的活动，以人而言，人的感情、欲望、感觉、意志、思考、运动等能力，都是存在于气之中的能力，因此就是气所构成的身体（包括心）所拥有的能力，理本身不会运动、变化、生成，不具备任何这些能力。另外，理也不具备让气拥有这些的能力，而是单纯地由气根据理来活动、变化等等。

要言之，活动者为气，气具备活动力。因此在朱子，气是物质的根源，同时也是生命力和活动力，或是其根源。像这样，朱子在传统观念中作为生命力、活动力的气之中，加上构成万物形质的物质根源这种新的意义，而完成了新的气之概念。接着阴阳和五行也被当作构成物质的要素，纳入新的气之概念中。尤其是五行，主要被用来说明各种事物的五行配置，及其势力循环交替，明确地处于物质构成要素的位置上。自此以后，气、质、阴阳、五行的观念，到清末为止几乎不再变动，而固定下来。

3. 理和气

根据朱子，万物的物质这一面，系由气（或是气和质）所构成，但物并非只以气而形成并存在。有了"理"，气才会构成物，物得以作为物而存在，并保有物和物的关系。也就是说，事物系依据理而形成、存在。根据朱子自身用语，他以"所以然之故""所当然之则"来说明"理"，又有以之为"不失条绪"，也就是"条理"，以及用比喻性的"主宰"一语来说明。

有关"所以然之故"和"所当然之则"，例如朱子说"如事亲当孝，事兄当弟之类，便是当然之则。然事亲如何却需要孝，从兄如何却需要弟，此即所以然之故"（《朱子语类》卷18，第93条，周谟录），但光凭这些，并不能算是对所以然、所当然的充分说明。"所以然之故"意思是"之所以如此的原因"，因此指的是事物存在的根据、事物得以如此的条件，从另一面来说，若是缺少了，事物就不成其为事物的这样一种本质要件。"所当然之则"意为"当然必须如此的法则"，因此指的是事务所应有的理想之存在方式，尤其是以人来说，就是人所应当作的行为的法则，也就是道德法则。对于舟和车的理，朱子说舟之理是"只可行之于水"，车之理是"只可行之于陆"（《朱子语类》卷四，第29条，曾祖道录），而关于舟行之于水，最基本的是思考物如何行于水中的这种水中行走之原理，这无疑就是舟的"所以然之故"。然而，即便追溯其得以行于水中的根据，"属于行于水中之物"这件事本身就是使舟得以为舟的根据，因为具有行于水中的功能，才使舟得以为舟，因此这或许也是舟的"所以然之故"，另外，舟当然是可以行于水中之物，因此行于水中也是舟的"所当然之则"。于是，"所以然之故"和"所当然之则"，彼此并非个别存在的理，两者应被视作在掌握事物之理时，随着视角方向的不同而产生的不同性质。

还有，上述以"条理"来说明的理，例如昼夜每日循环交替、一年之中四季的运行不会违背春夏秋冬的顺序，这些都无非是气之变化的条理，这种法则性、秩序性也被认为是理。

以上是朱子有关气和理的概要，要言之，一切事物均透过理和气而形成、存在。如前所述，事物的物质一面由气（气质）所制造，规定该事物之存在样态的根据、原理、法则，和事物所具有的条理就是理。然后，事物成立之后，个别的事物中就会寄宿着个别的事物之理。

于是，事物借由气而形成之时，依循该事物之理，也就是受该事物之理的规定，事物才得以成立，这就是说所形成的事物中寄宿着该事物之理。对于个别事物理，无法将"所以然之故"和"所当然之则"截然二分，也没有需要区分之处，然而在事物形成时对其加以规定的，主要是"所以然之故"的理，而寄宿在已形成之事物中的（如后所述，寄宿在人之中的理乃是"性"），主要是"所当然之则"的理。还有，此处的"所当然"，虽然也包括机、舟等事物，但主要是针对人的道德行为，因此经常能发现对朱子来说，这一点是无比重要的部分。

另外，个别的事物中寄宿着个别事物之理。例如个别的舟之中寄宿着个别的舟之理，众多的"舟之理"皆属同一，同样的一个"舟之理"分散到一艘艘舟之中而个别存在。朱子对此以"理一分殊"之语来表达。此时一艘艘舟之间的差别（性能等等的各自差异），是由于使之形成的气质的差异所致。至于不同种类的舟，其舟之理是相同还是相异的问题则在此省略。总之在说明事物的存在时，理代表同一的原理，气代表不齐的原理。

接着，关于理气先后，朱子说无此理便无此气，"无是气，则是理亦无挂搭处""理与气本无先后之可言。但推上去时，却如理在先，气在后相似"，又说"万一山河大地都陷了，毕竟理却只在这里"，最终毕竟是理在先（《朱子语类》卷一，第14条，胡泳录）。可以说理气必互相有待于对方才能存在，这是朱子的表面说法，而理在气先才是朱子的真意。总之，朱子的哲学一般被称作理气二元论，但虽然趋向于二元论，理和气的比重却绝不相等，很明显地，理较具有根源性而比气来得优越。笔者称此为"理的哲学"。还有，理先气后中的"先后"，应可理解为包含生成论上的时间先后和存在论上的逻辑先后两方面。

以下再做若干补充。虽然以上称作"理的哲学"，但必须注意，朱子的"理先气后"论绝非无条件单纯的理先气后之论。以"同时存在"作为表面说法，更突显了理先气后的特征，这里可以看到朱子思想中的调和、折中的暧昧之处，也可得见其复杂和深奥。

4. 形而上与形而下

朱子明确地区分形而上的理世界和形而下的气世界。关于《周易·系辞传上》的"形而上者谓之道，形而下者谓之器"，"形而上""形而下"指的是"形以上""形以下"，也就是超越于形体之上者和属于形之者、不可能有形者和有形者，要言之，就是无形世界之物和有形世界之物，然而朱子认为无形、有形的讲法，会导致理和物（道和器）相分离，因此不太这样说，而是使用"器亦道，道亦器"的表现方式，强调道和器虽有所区别但不相离（《朱子语类》卷76，第106条，周谟录），而形而上和形而下的区别则明确存在。接着，根据朱子的解释，道是道理，也就是理；器是个别的有形之物，因此也与气相关。气本身无形，但因为是有可能成形之物，故属于形而下。理则是"洁净空阔的世界，无形迹"（《朱子语类》卷一，第13条，沈僴录），属于观念上的，无论如何都不涉及有形世界，也就是形而上的。

关于和上述的"形而上下"之句一起经常引起讨论的，《周易·系辞传上》的另一句"一阴一阳之谓道"，朱子《本义》解释为"阴阳迭运者，气也；其理则所谓道"。如上所述，朱子因为将"道"解释为理，不能将"一阴一阳"这种形而下的气直接当作"之谓道"，故采用程伊川的说法"所以一阴一阳者道也"，在此补上"所以"二字。

像这样，将形而上和形而下与理气相结合，整齐地以二分法来加以把握（虽然在分离的同时也认为两者相即不离），就是朱子构想的重要特色。也就是说，形而上和形而下的区分，大致上与观念上的和有形的、抽象的和具体的、普遍的和特殊的等等相对照的两者相通，像这样的二分法，如同上、下字眼所表示的，总是在上方的一端具有较高的价值，这就是朱子的想法。

二、人性论——本然之性与气质之性

朱子对《孟子·告子上》的"性"字注解为"性者，人生所禀之天理也"（同篇，第一章，《集注》）、"性者，人之所得于天之理也"（同篇，第三章，《集注》）。如前一节所说的，所有的事物中都寄宿着该事物之理，人也不例外。所有的人之中都寄宿着人之理，这种人之理称为人之性。因为人之理就是人之性，于是在此就形成有名的命题"性即理"。这是人们的本来之性，称作"本然之性"（又称作"本原之性""天地之性""天命之性""义理之性"等），而其内容则为仁义礼智。仁义礼智并非人之理的全部内容，但是朱子所认为的"人之理"（人的所当然之则）的各种项目中，被揭示为最重要之部分者。

上文中"即理"的本然之性、仁义礼智之性，无法直接以纯粹的形式而存在、直接为人所见（其活动显现于外）。其必定寄宿于人的身体——寄宿于心（性与心相结合是传统的思考模式），才能借此成为现实的人之性。所以性会受到人的身体（气质）所影响。心当然也是由气质所形成的，这种与人的气质相关联的性，受气质影响的现实人性称为"气质之性"。

"本然之性"就是"人之理"，因此"理一分殊"，所有人都是共通的，不存在任何个人差异，但气原本就有清浊、精粗、纯驳、厚薄、正偏等程度上的差异，因此禀受此气的各人气质也有各式各样的个人差别。于是乎受此影响，"气质之性"便因人而异。另外，"本然之性"就是人之理本身，因此纯粹至善，完全不含恶的成分，但"气质之性"并非如此，因此恶的成分便由此而生。上述有关气质对本然之性的影响，乃是显现为妨碍（一般称为"蔽"）人们发现本然之性之适切的负面价值影响。如果气质仅会表现为清、精、纯等良好之气，那么本然之性就不会受到任何不好的影响，此时气质之性亦为纯粹至善（若人能够充分达到此状态，则为圣人），然而通常气质各自不同，蔽其本然之性，而由此产生为恶的可能性。虽然气质之性并非全为恶，但其中可见属于恶的部分。

另外，关于性，朱子说"盖有此物，则有此性；无此物，则无此性"（《朱子语类》卷四，第三条，杨若海录），另一方面又说"未有此气，已有此性。气有不存，而性却常在"（《朱子语类》卷四，第47条，录者不明）。后者的"性"指的是属于理的性（本然之性），自不待言。而此处所见的性，与气质和物之间的关系，正相应于前项所见的理气先后关系。

透过上文可知，在朱子的人性论，性的两面之中，"本然之性"名副其实地属于本来就存在的性、事物原本的性，不论在善恶这种道德价值上，还是在存在的先后关系上，都较"气质之性"来得优越。相对的，"气质之性"是"本然之性"的阻碍，作为恶的根源而被加以否定。因而在此切割了"气质之性"的一面，而确立"性即理"的命题，也确立了性善说（根据朱子的解释，《孟子》的性善是在说明本然之性，《论语》的"性相近"

则是兼气质而言之）。而朱子的这种人性论，就是从其存在论（理气二元论，同时又将重点放在理之上的理之哲学）所导出的极为相应的人性论。因此，这显示出朱子的理之哲学的体系是非常井然有序的。

附带一提，恶的根源虽被认为是"气质"或"气质之性"，但最终仍归结于根于气的"情"和"欲"。关于性、情、欲、心的相互关系，朱子喜欢以邵康节说的"心者性之郭郭"，和张横渠说的"心统性情"来说明。朱子认为，心由气质所构成，而性寄宿于其中，心乃是性的容器。此外，性为心之体，情为从中所发的心之用，因此心具有性和情两种面向。欲在传统上被视作情（七情）的一种，但进一步根据朱子来看的话，欲是情的剧烈活动，然后情和欲并非直接被当作恶，但在发动方式不适当之时就会产生恶。最终朱子仍是将情和欲往恶的一方面来理解。性和情、欲的关系，相应于本然之性和气质之性的关系，更进一步说，乃是相应于理和气的关系。在此意义之下，朱子对情欲采取了否定的态度。

三、修养论与气

如上所述，朱子认为人的气质面向，具体来说就是情和欲（还有产生情欲的心），其中有发展为恶的可能性。在此同时，他主张"变化气质""居敬穷理"，以及"存天理去人欲"，当作修养之法。

"变化气质"，是说构成身体的混浊之气遮蔽了本然之性，妨碍其顺畅发用，因此要借由改变气质，去除这种障碍，回复本然之性原本的光辉。为此，所提倡的具体方法就是"居敬穷理"和"存天理去人欲"。"居敬"的"敬"，是说集中心神、不妄思妄动的心境，"居敬"就是在这种精神状态下持守内心。"穷理"是说将事物之理一一穷究认知。此处的事物，如字面意思一般，包括宇宙、自然、人事相关的万事万物，但主要关心的对象还是五伦、五常这种人伦道德之理，而着眼于理解此理并实践之。其目标在于使居敬和穷理相互作用，导正心的样态，控制气的影响，使本性完全回复。"存天理去人欲",是说克服私心、私欲,去除恶的情欲,在合于理的正确状态中持守此心,借此在心中排除私欲要素,就能使心在其自身当中合于理。另外,"天理"有天所赋予人之理的意思,但此处专指人的道德之理。而这种"存天理去人欲"的工夫,在居敬和穷理两个面向中,主要是为了达成居敬而有其必要性。

四、朱子学中的理与气

以上,以气为中心来触及朱子理气哲学理论的全幅,总而言之,气的概念在此理论体系中具有极为重要的地位。气是支撑此理论的两根支柱之一,若缺少这根支柱,则该体系从一开始就无法成立。

最典型地显示理气关系的乃是人性论,而朱子认为,气质之说始于张、程,"极有功于圣门","孟子说性善,但说得本原处,下面却不曾说得气质之性,所以亦费分疏","诸子说性恶与善恶混。使张程之说早出,则这许多说话自不用纷争","如韩退之《原性》中说三品,说得也是,但不曾分明说是气质之性耳"(《朱子语类》卷四,第63—65条,王力行、万人杰、潘时举录),强调人性论中必须有气的概念。但尽管如此,气质之性不过被视作第二义的性,并非性的本质,仅仅只负责扮演为了说明性的个别差异与恶的可能性的角色而已。

在作为存在论的理气论中,气也具有极重要的地位,同时理是主角,气是配角。如前所述,朱子的构想,大致上属于重视应然理念甚于实然事物,重视形而上世界甚于形而下的形态,因此这种思考方式就会产生这样的理气论(理之哲学的理气论)。

总之,在朱子处,建立了以上所说的理论,算是完成了宋代的理气哲学,但在朱子之后,对于理气关系,开展了应该强化理的独立性和对于气的控制、强调理气不可分的关系、气不受理的规定而独立自存活动等等各式各样的说法。其中,重视理甚于气的程度越来越强,成为强悍的保守思

013

想，具有所谓道学先生的严格主义的倾向。这种将人的欲望、感情、意志、行为予以规正的理的框架，强烈地束缚了人们。

朱子自己的哲学并不是如此极端的哲学，在理气关系中也含有深邃复杂的面向，但朱子以后的朱子学中出现了单纯明快的理的哲学，也使得朱子本身的思想被这样简单理解的倾向甚强。特别是反对理的哲学的人们，强烈地将朱子哲学当作单纯的理之哲学，不容分说地予以驳斥攻击。另外，朱子哲学之所以被如此理解，和朱子学在元代以后，于科举考试制度中占据了官学地位也有关联。然而，朱子本身的朱子学，和朱子以后的朱子学有所不同，有必要清楚地对两者加以区分。

（原题《朱熹思想中的气》）

朱子哲学中的 "太极"

"太极"是朱子哲学理论中极为重要的用语。只不过，虽然无疑是重要用语，但在朱子的理气哲学理论体系中，太极这个概念并不具备固有的位置。对朱子而言，没有"太极"一词，其哲学理论体系也并非不能完成。换言之，太极是从朱子哲学理论体系中额外产生的概念。

这篇小论，主要是以上述旨趣为目的而写成的。

一、《易》与北宋三子的 "太极"

朱子将"太极"当作一问题的最重要大本所在，不用说，就是《周易·系辞传上》的"易有太极，是生两仪"。朱子对《周易》该文说明道：

> 一每生二，自然之理也。易者，阴阳之变。大极者，其理也。两

仪者，始为一画以分阴阳。(《周易本义》)①

这里解释说根据太极（阴阳变化之理），两仪（阴爻和阳爻）及其组合而成的四象、八卦，依序为人所画出。

若要寻找朱子的"太极"之根本，要追溯到上述《周易》的内容，但更直接来看，其基础在于周濂溪的《太极图说》（以下略称为《图说》），这一点也是众所皆知的。朱子自己著有《太极图说解》（以下略称为《图说解》），对之详细进行解说，且朱子和友人吕东莱共同编辑的《近思录》开头，就收录《图说》。在其他地方，朱子也花费许多言词来谈论《图说》。朱子有关"太极"的言论，可说大部分都与《图说》相关而发。关于这些言论内容，将于下文再探。

接着，在朱子以前讨论太极的，尚不止周濂溪而已。

邵康节《观物外篇》中说：

（a）太极一也，不动生二，二则神也。神生数，数生象，象生器。（下第一条）②

（b）太极不动性也，发则神，神则数，数则象，象则器，器之变复归于神也。（下第二条）

（c）心为太极。又曰：道为太极。（下第三条）

（d）太极道之极也，太玄道之玄也，太素色之本也，太一数之始也，太初事之初也，其成功则一也。（下第四条）

---

① "一每生二,自然之理也。易者,阴阳之变。大极者,其理也。两仪者,始为一画以分阴阳。四象者,次为二画以分太少。八卦者,次为三画而三才之象始备。此数言者,实圣人作易自然之次第。"另外,朱子原文中"太极"作"大极",附有"大音泰"的音释。

② 以下,《观物外篇》的各项引文号码,系根据内阁文库藏明文刊本《皇极经世书》(单行本)。该本将《观物外篇》内的各项依内容分门别类,上下篇之别和各篇内的排列顺序,皆与《正统道藏》本完全相异。

（e）元有二，有生天地之始者，太极也；有万物之中各有始者，生之本也。（下第五条）

（f）万物各有太极两仪四象八卦之次，亦有古今之象。（下第六条）

同样，在邵康节的《渔樵问对》中也屡屡使用太极之词：

（g）樵者谓渔者曰："子可谓知易之道矣。吾敢问：'易有太极'，太极何物也？"曰："无为之本也。"

"'太极生两仪'，两仪、天地之谓乎?"曰："两仪、天地之祖也，非止为天地而已也。太极分而为二，先得一为一，后得一为二。一二谓两仪。"

上述《渔樵问对》的太极论，很明显地是在谈论《周易》的相关内容，而将太极解释为阴阳、天地分化而生的根源（始源）。此处需要注意的是其以"无为之本"来说明的表现。在《观物外篇》中，（f）同样来自《周易》，但其他则未必与《周易》直接相关。（a）到（e）之中也有像（e）这样我不太能读懂的一项，但总而言之，透过这些资料可知，邵康节的太极，要言之乃是天地生成的根源，是产生阴阳两者的不动的一。与此相异的表现，则是将太极说明为"道"或"道之极"，将"性"或"心"说明为太极。

还有，与邵康节所言之太极相关的朱子之说，是某个门人有关邵康节的"道为太极""心为太极"的提问，朱子对此回答说：

太极只是个一而无对者。（《朱子语类》卷100《邵子之书》第31

条，录者不明）①

这里强调太极是究竟的一，或许是想到前述（a）的"太极一也"和（d）的"太极道之极也"而这样说的。

张横渠也在《正蒙》和《易说》中说：

（h）地所以两分刚柔男女而效之法也，天所以参一太极两仪而象之性也。（《正蒙·参两》开头。与其完全相同的文字，也出现在《易说》下，对《说卦》"参天两地而倚数，观变于阴阳而立卦"的注释第一条）

（i）有两则有一，是太极也。若一则（有两），有两亦（一）在，无两亦一在。然无两则安用一，不以太极空虚而已，非天参也。（《易说》下，相同处第四条）

此二条甚为难解，尚有我不太明了的地方，不过很明显地此处的"太极"来自于《周易》，似乎认为是阴阳、虚实、动静、聚散、清浊、刚柔、男女等各自划分为二以前的根源的一。另外，未见朱子的言论中与张横渠所说之太极直接相关者。还有上述的（h）和（i）皆未收入《近思录》中。

周濂溪（1017—1073）、邵康节（1011—1077）、张横渠（1020—1077）是同时代的人，但三人有关太极之想法的年代先后、相互的影响关系等皆不明朗。应认为三人各自以《周易》"太极""两仪"为基础，进行各自对太极的论述。

017

---

① 或问："康节云：'道为太极。'又云：'心为太极。'道指天地万物自然之理而言；心指人得是理以为一身之主而言？"曰："固是，但太极只是个一而无对者。"

另外在二程方面，相传为伊川所作的《易序》（有的《伊川易传》版本在卷首处将该篇与《易传序》一同收录），引用《周易》的"易有太极，是生两仪"，说：

> 太极者道也，两仪者阴阳也。阴阳一道也，太极无极也。万物之生，负阴而抱阳，莫不有太极，莫不有两仪。

"太极者道也""太极无极也"这些记载值得注意，不过此《易序》是否为伊川所作，尚有疑问。①

然而，"太极"并不是从《周易》后便一下子跨越时空而为周濂溪所承继。汉代以降，《周易》注释和其他直接引用《周易》的文献都可以看到相关例子，例如《汉书·律历志上》说"天地"的根源是"太极""元气"，《孝经纬钩命决》中阐述了以"太易—太初—太始—太素—太极"的所谓"五运"为主的宇宙生成论。晋代皇甫谧《帝王世纪》中也同样得见"五运"说。但根据此五运说，太极虽然是天地未分以前的万物根源，但不是最终的根源，而是五运中的第五个，也就是离万物最近的阶段，以"质形已具"来说明。还有，梁代陶弘景《真诰》中提到"元气""太极"，且以太极为"天地之父母，道之大本"。其后隋唐道教相关资料中也多出现太极一词。此外，汉代以降，常出现将《老子·第四十二章》"道生一，一生二，二生三，三生万物"和《周易》太极论彼此调和折中的倾向。此时，同时存在将太极当作《老子》的无之"道"，以及当作"一"，也就是元气的两种看法。唐代孔颖达《周易正义》中说"太极谓天地未分之前，元气混而为一"，认为《老子》的一就是太极，二就是两仪，这种说法是将太极

---

① 这一点系来自土田健次郎的意见。土田氏《程伊川的"理一"性质》（《Philosophia》第64号，1976年）注23中指出，《易序》难以认定是伊川之作。另外，友枝龙太郎指出，周行己（程子门人）《浮沚集》卷四《易讲义序》和此《易序》内容几乎雷同，这也是土田氏的根据。

视作与元气同一的代表看法。①

由于此处目的不在于描述太极的思想史，故只能记录一些我临时得知的贫乏知识。总之，太极来自《周易》（其或许产生自西汉早期），其后在庞杂的生成论历史流变中融合了或多或少的变化，而来到周濂溪等北宋诸子手上。邵康节在（d）中将"太玄、太素、太一、太初"等起源与太极并列，也表示以往与太极相纠缠的各种概念并不单纯。周濂溪等人的太极论，并不单单只是《周易》的太极，而是在接受上述各种太极论之后，以其为基础所展开的。

二、周濂溪的《太极图说》与朱子

朱子对于周、邵、张三子的太极论，以及上述的先行说法，当然已尽皆明了，不过其中对朱子影响最大、朱子最常提出来讨论的，不用说，还是周濂溪的《图说》。

需要先说明的是，《图说》是广为人知的著作，所以在此不拟全文引用，仅引述与后续行文中相关的部分（分段方式依据朱子《图说解》）。

（甲）无极而太极。

（乙）太极动而生阳，动极而静，静而生阴，静极复动，一动一静，互为其根，分阴分阳，两仪立焉。

（丙）阳变阴合，而生水火木金土。五气顺布，四时行焉。

（丁）五行一阴阳也，阴阳一太极也，太极本无极也。五行之生也，各一其性。

（戊）无极之真，二五之精，妙合而凝。乾道成男，坤道成女。二

---

① 以上有关汉代到六朝的太极论，参考安居香山等《纬书の基础的研究》第一篇第五章《纬书中的生成论》、小野泽精一等编《气的思想》第一部《总论》（户川芳郎）、第三章第一节《道家的气论和〈淮南子〉的气》（福永光司）、第四章《东汉气论》（户川）、第二部《总论》（福永）等。

气交感，化生万物，万物生生，而变化无穷焉。

要言之，太极为生出"阴阳—五行—万物（包括人）"的万物生成根源。

在此无法针对朱子对上述引文的解释进行详细介绍，只略提重要之处。首先，朱子的《图解》（《图说解》中解释图的部分），对于太极图（以下称为《图》）最上方的○解释说：

此所谓无极而太极也，所以动而阳、静而阴之本体也。

也就是将太极规定为阴阳由之而生的根本本体。这虽然是朱子的苦心表现，但也是含有种种问题的解说。

关于《图》的五行部分（《图说》本文（丁）的"五行之生也，各一其性"的部分），《图解》说：

五行之生，各一其性，气殊质异，各一其○（○为表示太极的圆形），无假借也。（作为本来固有之性，各自具有一太极）

在此需要注意的是，原文中的"各一其性"被替换为"各一其○"。要言之，就是太极作为性，具有五行。《图解说》的相关部分，也有意思相同的批注，但《图解》此处的说明较简明易懂，故在此引用。

接着，《图解》最后说：

故曰"易有太极"，之谓也。

可以明了朱子将"易有太极"这种《易》的太极论和《图说》相结合。

接着在《图说解》中，关于（甲），他说：

上天之载，无声无臭，而实造化之枢纽，品汇之根柢也。故曰"无极而太极"，非太极之外，复有无极也。

"上天之载无声无臭"是《中庸》结尾所引的《诗经·大雅·文王》的诗句，在此则是"无极"一词的说明，之后的"造化之要，万物之根本"则是"太极"的说明。这一节解说，作为注释稍欠具体，但主要是在解释说，太极为造化（万物生成）之根本，其超越于形迹之上，属于形而上的世界。

在（乙）的部分，朱熹说"太极之有动静，是天命之流行也"，以及"太极，形而上之道也"。[①] 在（丙）的部分，关于太极未有显著的说明。在（丁）的部分，阐述了太极的本质是无形迹之物，乃性之本体的要旨。[②] 在（戊）的部分，说：

自男女而观之，则男女各一其性，而男女一太极也。自万物而观之，则万物各一其性，而万物一太极也。盖合而言之，万物统体一太极也；分而言之，一物各具一太极也。

要言之，这是在说明理一分殊的旨趣。

以上是朱子有关《图解》和《图说解》中"太极"一词的解说要点，而在此之外，《朱子文集》（以下略称为《文集》）和《朱子语类》（以下略称为《语类》）中也有非常多讨论到《图说》太极之处。以下针对其中不见

021

---

① 太极之有动静，是天命之流行也。……太极，形而上之道也；阴阳，形而下之器也。
② 至于所以为太极者，又初无声臭之可言，是性之本体然也。天下岂有性外之物哉？

于上述《图解》和《图说解》之说明者，或是即便重复但清楚地表明其旨趣的部分加以拣选摘录。首先在以下一则引文中：

> 太极非是别为一物，即阴阳而在阴阳，即五行而在五行，即万物而在万物，只是一个理而已。因其极至，故名曰太极。（《语类》卷94《周子之书》第22条，辅广录）

这里明确地说太极就是理。接着，不只是说明其为理：

> 总天地万物之理，便是太极。（同上，第44条，袭盖卿录）
> 太极是五行阴阳之理皆有。（同上，第15条，甘节录）

朱子也会强调太极包含所有的理，也就是"理一"的理这一面。

还有，前文所引的辅广录的语录中"极至"（"极至"在其他地方也称作"至极"）① 一词，主要是在说理是究极之物，故称作太极，是从"极"的语义面来说明太极的性质。不过关于这一点，也有其他说法：

> 原"极"之所以得名，盖取枢极之义。圣人谓之"太极"者，所以指夫天地万物之根也。周子因之而又谓之"无极"者，所以大（一作夫）"无声无臭"之妙也。（同上，第12条，黄升卿录）

此处的"枢机""天地万物之根"，近似于前述（甲）中的"造化之枢纽""品汇之根柢"。这些和"极至""至极"，或是《图解》中可见的"所以动

---

① 例如《朱子文集》卷36《答陆子静》第五书中说"以此理至极,而谓之极耳""以其究竟至极无名可名,故特谓之太极"等等。

而阳静而阴之本体"这些说法之间似乎多少有些摩擦。

对于《图说》本文的"无极而太极",朱子以"无形而有理"来表示①,说明若不言无极,则太极乃等同于一物,不足为万化之根本;若不言太极,则无极陷入空寂,亦不足为万化之根本,因此要说"无极而太极"。②

总而言之,朱子所设想的"太极"为:(1)理(2)造化(阴阳、五行和万物生成)之本(3)本身为无形的存在(4)万物中所共有的理的总体,同时也是(5)寄宿于个别事物中的理(也就是性)。

朱子所说的"理",原本就是上述五项中的(2)(3)(4)(5),因此如果说太极就是理,那么就一切尘埃落定。不过在(2)之中,虽然我暂时写作"造化之本",但如上所述,朱子本身对这一点的说明也相当摇摆不定,因此"造化之本"这种说法是否妥当,仍有问题("造化之本"是否合于朱子的理,也有问题),这一点将在其后探讨。要言之,对于朱子而言,太极就是理。

朱子对于《周易》所说的"太极"、周濂溪《图说》的太极(当然邵康节和张横渠所说的太极也包括在内),均以理来解释。理是朱子哲学理论中极为重要的概念(也可以说是最顶端的概念——我将朱子哲学称为"理的哲学"),因此可以说太极也是极重要的概念。然而尽管重要,但仅以"就是理"来说明就解释完毕,这一点乃是问题所在。太极一词是有必要使用的,"太极"的固有概念在朱子理气哲学体系中并不存在,只不过光是使用理字并不充分而已。想要将更重要的意义赋予朱子的太极,就会有所谬误。

三、对于"朱子的太极说"的理解

"朱子将太极解释为理"的这种理解是非常理所当然而且正当的。但更

---

① 例如"无极而太极,只是说无形而有理。所谓太极者,只二气五行之理,非别有物为太极也"(《朱子语类》卷94,第八条,沈僩录)。在整部《语类》和《文集》中,有许多资料含有相同意旨。

② 不言无极,则太极同于一物,而不足为万化之根。不言太极,则无极沦于空寂,而不能为万化之根(《朱子文集》卷36《答陆子美》第一书)。这一点也有其他许多相同意旨的资料。

进一步地，认为朱子的"太极"除了是理，也是"究极之理"或是"理之总体"，还有朱子也特地将"万物根源"称作"太极"的这种想法，也似乎非常普遍，更明确地说，也有一种看法认为朱子的哲学理论中，"太极"是存在于"理"之上的最高概念。

以下略举若干这种看法的例子。在中国有：

（1）侯外卢主编《中国思想通史》第四卷下（1960 年）说："朱熹体系中的'秘密'即他所制造的绝对主体'理'，或作为'理'之大全的'太极'。"且认为在朱子处，个别事物的"理之极至"就等同于"宇宙的理的总和'太极'"，他又将太极和理气、阴阳、五行、道器等相互关系整理为此图：（页 600、605）

道	理	太极
器	气	阴阳
	质	五行

（2）宇同《中国哲学大纲》（1958 年）说："宇宙本根之理，朱子又谓之太极。太极指理之究竟极至者。程伊川谓物物各皆有理，又谓天下只一理。此天下一理之理，即朱子所谓太极。"（页 82）

（3）任继愈《中国哲学史简编》（1973 年）说："朱熹把理的全体，理的最高境界称为'太极'……太极是理的大全，也是万事万物的总根源……太极是理的总合，也是理的最高境界和标准。"（页 396）

在日本有：

（4）宇野哲人《支那哲学史讲话》（1914 年）说："朱子综合以上二说（指周濂溪《太极图说》和程伊川的理气二元论），称宇宙之本体为太极，试图以太极综合理气二元。"在《支那哲学史—近世儒学—》中也说："朱子以本体为太极，同时亦承认二元论。"这说明了"尝试以太极综合理气二元"。（页 175）

（5）铃木由次郎《东洋哲学思想史》（1950 年）说："朱子以太极为万

物生成之本源，亦即宇宙之本体。太极即理。……太极为天地万物之理的总和，太极之中悉具万物之理。……一切事物各具其所以然之理，于其外又具有太极之全体。"（页 330）

（6）友枝龙太郎《朱子的思想形成》（1969 年）中，反复使用"太极根据之理"的表达（页 238），特别是将太极理解为"作为根据的理"（所以然之理）又在描述朱子思想时说："作为使自然与人类、存在和主体都获得根据的形上理体，太极于焉成立。"①（页 226）

由以上几例来看，透过"理之总和""理之极致""究极一理"这种方向，来将太极当作在理之上的最高概念的倾向显而易见。然而，虽说是理之总和或总体，如同前文所见，太极也被当作万物个别之理，也就是既是"理一"之理也是"分殊"之理，因此只强调理的"总和""一理"的一面是不恰当的。②另外，所谓"理之极致"，虽然朱子自己确实使用了这种表达，例如：

> 太极……只是一个理而已。因其极至，故名曰太极。（上节所引《语类》卷 94）
>
> 以此理至极，而谓之极耳。（上注 8《文集》卷 36）
>
> 太极之义，正谓理之极致耳。（《文集》卷 37《答程可久》第三书）

这里说明了理因为其究极，故称作太极，而这是考虑到理的端绪部分和究

---

① 在大修馆刊《中国文化丛书 3 思想史》(1967 年)的 IV4《宋学的集大成》条中，友枝氏也表达了相同意涵："朱子综合了在自己之前的北宋诸儒之说，建立太极理体，以之为人类和自然世界的根据。对朱子而言，太极为主体和存在的根据。"

② 除了前述所举的资料之外，还有"盖其所谓太极云者，合天地万物之理而一名之耳"。(《朱子文集》卷 78《隆兴府学濂溪先生祠记》)因此朱子自己也强调太极"理之总和"的一面。想要针对"太极"一词进行说明，就自然会产生这种倾向，而此处朱子研究者理解偏向的问题，主要也是由此而来。但这只不过是强调太极的其中一面，只根据这一面去理解太极是不正确的。

极部分，或是考虑到末梢之理和究极之理，故并非将究极的部分或究极之理称为太极。因此，朱子所想的太极无非就是理，想要将在理之上的任何性质与地位赋予太极，就是一种误解。

再针对上述（1）到（6）进行探讨。在（1）的部分，将"太极—阴阳—五行"作为与"理—气—质"相对应的概念是有趣的见解，太极也被安排在恰当的位置，但在讨论阴阳和五行时，未必需要以太极作为其生成的根源和根据，以"太极之理"来相对于"阴阳之气"的做法也不常用。"太极"一词在朱子的理论体系中，毕竟还是不具备（1）的图标那样的位置。

另外，（2）的"宇宙本根之理，朱子又谓之太极"（3）的"朱熹把理的全体，理的最高境界称为'太极'"（4）的"朱子……称宇宙之本体为太极"（5）的"朱子以太极为万物生成之本源，亦即宇宙之本体"（6）的"朱子……建立太极理体，以之为人类和自然世界的根据"（注11所引资料之讲法），将宇宙万物的根本、本体、根据等等称作太极〔（6）的"建立"也具有同样意思〕的说法，终究还是与我的理解相异。

如同一开始说的，朱子除了将《周易》和《图说》的太极解释为理之外，也添加了种种相关的说明，但这些朱子的言论，都是自己对"太极"这个既定语汇的解释、说明、意见，而不包含朱子自己将什么样的内容称为太极，使用太极一词是要说明什么等问题。这表示，朱子是将太极置入自己的理论体系中，而不是其中原本就有太极的固有位置，也不是当作自己本身的哲学用语来使用。

理、气、心、性、情、欲、阴阳、五行、道、德等等也是出自各种古典（不限于经书）的用语，朱子会对这些用语加以说明，但并非单单只是解说，而是用来建构自身理论体系，于是在该理论体系中，这些用语就具有自己独立的意义和位置，并用来说明各种现象和进行议论。太极和这些用语无论如何都是不一样的，并未被很严密地嵌入朱子的理论体系中，而是像外人一样，从理论体系的骨架里又冒出来。因此虽然产生"太极即理"

这种对于太极的说明，但相对的，朱子并没有使用太极一词，来提出"某某理即太极""宇宙万物的根本为太极"等的例子。如果"太极"也像"理气""阴阳"一样成为惯用语，置入朱子的体系中，那么像这样的说法就应该会有很多才对，特别是讨论宇宙万物的生成和人物之性时，应该会经常使用"太极"一词。

四、"太极"一词的用例

只不过，我不记得《四书集注》中有出现过太极一词，就是一个例子。后藤俊瑞编《朱子四书集注索引》中亦未出现。《四书或问》也是如此，根据后藤俊瑞编《朱子四书或问索引》，也看不到太极。朱子如果将太极当作自身用语，那么在这两部著作之中，至少一定会和"五行"等达到同样的出现频率才是。

接着观察《文集》和《语类》，虽然有许多涉及《周易》和《图说》之太极的相关用例，但朱子自己在和这些地方无关时谈论太极之例，就我的记忆来说几乎不存在。

我调查完《文集》《语类》中出现太极一词的地方。[①]《文集》连同续集、别集一百二十一卷中，出现太极一词的资料数（有标题的诗或文章一篇算一件）有百余件，使用次数约两百六十（寄给朱子的信也含有若干）；《语类》一百四十卷中约一百五十条，使用次数约三百五十（提问者等朱子以外的人的话中约含有一百次）。这些数字本身看来可说是相当多，但问题在于使用的方式。

○《朱子文集》的用例

在《文集》中，太极一词时常出现之处是卷 30 至 62 的问答书简类文

---

① 在《朱子文集》方面，劳烦了时任东京大学助手的大岛晃协助调查。

章，以及序、跋、记之类中和周濂溪相关的文章，其他部分则寥寥可数。总而言之，全书中出现太极的地方，几乎都是引用《周易》和《图说》的文句，或是对之加以说明，或是以之为基础来论述，很明显地不论何者都是与《周易》和《图说》相关而使用该词的。和《周易》《图说》不直接相关，而是朱子在阐述自身学说见解时，将"太极"作为自身用语的可能之例实在非常稀少。以下将这些稀少例子列举并加以探讨。①

①武夷连日听奇语，令我两腋风冷然。初如茫茫出太极，稍似冉冉随群仙。（卷四《复用前韵敬别机仲》诗句）

②昔我抱冰炭，从君识乾坤。始知太极蕴，要眇难名论。（卷五"二诗奉酬敬夫赠言并以为别"第二诗之句）

③有天地后，此气常运；有此身后，此心常发。要于常运中见太极，常发中见本性。离常运者而求太极，离常发者而求本性，恐未免释老之荒唐也。（卷32《答张敬夫问目》第十书）

④方君所云"天地万物以性而有"，"性"字盖指天地万物之理而言，是乃所谓太极者，何不可之有？天地虽大，要是有形之物，其与人物之生，虽有先后，然以形而上下分之，则方君之言，亦未大失也。（卷52《答汪长孺》第一书）

⑤性是太极浑然之体，本不可以名字言，但其中含具万理，而纲理之大者有四，故命之曰仁义礼智。（卷58《答陈器之问玉山讲义》）

---

① 原本应该要将"太极"的用例全数列出，一一确认和《周易》与《太极图说》相关的模式，但因不堪烦琐，篇幅有限，故在此省略此环节，只列出和《周易》与《太极图说》没有明显关联，而在这方面含有问题的资料，加以探讨。这种论证方式并不恰当，乃是不得已而为之。因此，以下本文所举的用例以外的"太极"，所有和《周易》或《图说》的关联，不须特地探讨，而先简单地认可之。但《文集》《语类》的资料中出现的朱子以外之人的言论(提问者等人话语中的用例)则皆不予探讨。

上述五例，首先①和②是诗句中的用例，特别是①的用例非常珍贵。①的太极似乎是在说宇宙万物生成的根源，只是并非作为哲学理论，而是他自己的用语，这对拙作来说是个非常不利的用例。只不过，《文集》卷38中，收录了寄给朱子这首诗的赠诗对象袁机仲（名枢，建安人，《通鉴纪事本末》作者）的十一封信，其中四封出现十二次太极（来自《周易》脉络），这十一封都涉及《周易》，因此既然是寄给同一人，那么这首诗的太极与《周易》密切相关的可能性也就很大了。②的哲学味道比①来得强，该句之后接续的是"谓有宁有迹，谓无复何存"，这很有可能是立基于《图说》的"无极太极"。另外，此时张南轩所赠诗（《南轩文集》卷一《诗送元海尊兄》。②的朱子诗句是对此的答诗）中说"超然会太极，眼底无全牛"，因此应该认为，②的"太极"是直接从南轩之诗而来，并非朱子自己的用语。

在③的部分，"太极"一词系用来与"本性"相对，也就是作为对应到人（人心发动）内在的性，而说这是天地（天地之气的运行）中的太极。这与《图说》并无直接关系，可以视作朱子在哲学议论中使用太极作为自身用语的例子。可以说，若是这种例子不少，那么拙作的结论就无法成立了。

关于④，方君①所说姑且不论，总之朱子在此将"天地万物之理"代换为"太极"而提出论述，这一点也不是不能视作朱子自身的太极论，但"所谓太极者"这种说法，表示很可能是直接意识到《周易》或《图说》而说的，也不无可能是指方君所用的太极之说。

⑤的"性是太极浑然之体"，用太极来说明性，就此而言，也可以将此太极视作朱子的用语。但事实上这是来自朱子《图说解》中在（丁）部分

029

---

① 方君应为朱子的门人方谊（字宾王）。《朱子文集》中载有《答方宾王》十五封信，也有论及性的部分，但并未发现有何与本文完全符合的表达。

所说的"各一其性，则浑然太极之全体，无不各具于一物之中，而性之无所不在，又可见矣"，⑤的其后也引用《图说》的"五行一阴阳，阴阳一太极"，原本就和《图说》相关。另外，《文集》卷61《答严时亨》第一书中，时亨针对《图说》的"五行之生，各一其性"来提问，朱子对此答曰"性即太极之全体"，这也是基于和⑤同样的根据。

在上述探讨的各例之中，值得注意的是，诗句以外的③④⑤三例，皆与性相关而提到太极。然后在⑤之中可以明显看到，性和太极的联结在《图说》中就已经深刻地存在着了。

接着，有关性和太极的关联，在《语类》中可以看到这样的言论：

> 彼谓："易者心之妙用，太极者性之本体。"其说有病。（卷120，第28条，万人杰录）

虽然不知道朱子是在批判"易者心之妙用"，还是在批判对于太极和性之关系的理解（和朱子相异的说法），抑或是在批判两者，但总之也是有这样的资料存在。

○《朱子语类》的用例

接着来看《语类》。《语类》中的"太极"用例中，出自卷94《周子之书》者占了将近六成，再加上出自卷75《易十一系辞下》者，就超过全部的六成（朱子本身话语的出现次数高达约七成）。这些用例除了明显地不需要探讨的部分之外，其他的也和《文集》一样，将需要探讨者罗列如下：

> Ⓐ若无太极，便不翻了天地。（卷一《理气上　太极天地上》第三条，李方子录）
> Ⓑ以太极之旨，而论气化之事，则厥初生民，何种之有？（卷97

《程子之书三》第19条，周谟录）

  ⓒ《西铭》说是形化底道理，此万物一源之性。太极者，自外而推入去，到此极尽，更没去处，所以谓之太极。（卷98《张子之书一》第100条，周谟录）

  ⓓ大而天地万物，小而起居食息，皆太极阴阳之理也。（卷六《性理三　仁义礼智等名义》第45条，曾祖道录）

  ⓔ性犹太极也，心犹阴阳也。太极只在阴阳之中，非能离阴阳也。然至论太极自是太极，阴阳自是阴阳，惟性与心亦然，所谓一而二、二而一也。（卷五《性理二　性情心意等名义》第43条，刘砥录）

  ⓕ游气阴阳，阴阳即气也，岂阴阳之外，又复有游气？所谓游气者，指其所以赋与万物。一物各得一个性命，便有一个形质，皆此气合而成之也。虽是如此，而所谓阴阳两端，成片段滚将出来者，固自若也。亦犹论太极，物物皆有之，而太极之体，未尝不存也。（卷98《张子之书一》第七条，周谟录）

  ⓖ周元兴问与道为体。曰："天地日月、阴阳寒暑，皆与道为体。"又问："此'体'字如何？"曰："是体质。道之本然之体不可见，观此则可见无体之体，如阴阳五行为太极之体。"又问："太极是体，二五是用？"曰："此是无体之体。"叔重曰："如'其体则谓之易'否？"曰："然。"（卷36《论语十八　子罕篇上》第122条，甘节录）

  上述诸例中，ⓐ的意思是"如果没有太极，天地便不会运行"，这是在陈述太极乃天地生成运行之根本的意旨，但仅凭这十个字的纪录，仍有不明确的地方。

  ⓑ的"太极之旨"有些奇异，或许指的是"太极图说之旨"。《图说解》（戊）的部分，朱子也说"是人物之始，以气化而生者也"。

  ⓒ的意思，整体而言不太明了。"太极者，'自外而推入去'"这一句并

不清楚。前一句的"万物一源"也接不上前后文。就算理解为"以万物一源之太极为性",也还是不太通顺。

⑩"大而天地万物,小而起居食息,皆太极阴阳之理也"中,以太极阴阳来说明天地万物,这可以窥见其与《图说》的关联,但"起居食息"则不涉及《图说》,而且正因如此,而有强烈的落差感。"太极阴阳之理"的这种说法也颇为奇异。因为太极是理,所以说"阴阳之理"还算恰当,"太极之理"就无法成立。如果指的是"太极即阴阳之理"(朱子《本义》对于《周易》"易有太极"一句,也如上所述,解释为太极乃阴阳变化之理)就说得通,但从整体的文气来看则会令人不安。和⑩相似的例子有:

> 上而无极太极,下而至于一草一木一昆虫之微,亦各有理。(卷15
> 《大学二 经下》第65条,杨道夫录)

此处提到"无极太极",因此可知是意识到《图说》而进行的言论。本来这应该是不需要探讨的资料,但这一点先姑且不论。由于此处提到"太极亦有理",因此这种想法若可以成立,那么⑩例亦可理解为"太极之理和阴阳之理"。然而,只要我们不会设想"自太极生出阴阳的理",那么就很难肯定太极有理这种"太极之理"之概念的成立。

⑪"性犹太极也,心犹阴阳也。太极只在阴阳之中,非能离阴阳也。然至论太极自是太极,阴阳自是阴阳,惟性与心亦然",阐述性与心的关系和太极与阴阳之关系相应,这如同前文在探讨《文集》用例时所指出的一样,关于性之问题的言论,已令人想到和《图说》间的关联,将太极和阴阳视为一组的做法也极有可能和《图说》相涉。而且此处的太极阴阳论,和朱子《图解》中所说的"〇(太极)……非有以离乎阴阳也,即阴阳而指其本体,不杂乎阴阳而为言耳"具有完全相同的意旨,⑪的太极终究还

是和《图说》有紧密的联结。

另外，"心之理是太极，心之动静是阴阳"（卷五，第21条，吴振录）这一句和Ⓔ之间也有些许相似，但此处虽在讨论心，却使用太极、阴阳概念，甚至带出动静条件，和《图说》的关系又进一步明朗化了。附带一提，在"心之理"的部分，也有将之作为性的记载，说："尝曰：性者心之理，情者性之动，心者性情之主。"（同上，第55条，廖德明录，朱子四十四岁以后）但"心之理是太极"这种表现在朱子其他部分看不到。

Ⓕ和《正蒙·太和》的"游气纷扰，合而成质者，生人物之万殊；其阴阳两端循环不已者，立天地之大义"（《近思录》卷一第44条引用之）相关，"太极物物皆有之，而太极之体未尝不存也"这一句，则是将游气和阴阳的关系，以理一分殊的太极为例来说明。这里特地提出太极来说明和太极并无关系的对象，也可从中得见朱子站在自身的立场来使用"太极"一词，但此时的太极论，和《图说解》（戊）部分所说的"万物统体一太极""一物各具一太极"的意旨相同，因此毕竟不是和《图说》无关的用例。另外，虽然是在讨论游气、阴阳等和气相关的概念，却使用太极（也就是理）的譬喻，极不自然，并不是普通的谈法。

033

Ⓖ系针对《论语·子罕》"子在川上曰：逝者如斯夫，不舍昼夜"。一句，《集注》所说的："程子曰：此道体也。天运而不已，日往则月来，寒往则暑来，水流而不息，物生而不穷，皆与道为体，运乎昼夜，未尝已也"。而论。程伊川将日月、寒暑等变化视作道之具象化的体（实体），为了说明这个"体"，而表示此即为"阴阳五行为太极之体"的"体"。这个用例中，将太极和阴阳、五行联合起来谈的这一点，也显示了其来自《图说》的可能性，另外，"阴阳五行为太极之体"的这种想法，和该条文献中出现在提问内的"体用之体"相异，也就是不等于一般的体的概念，因此门人才会提出各式各样的问题。附带一提，在《语类》中有种种关于太极和阴阳五行间之体用关系的探讨，在该则文献中的"无体之体"部分也有

应该要确认的问题，但在此省略之。

除了上述各例之外，也有其他启人疑窦，含有问题的部分：

> 一片底便是分做两片底，两片底便是分作五片底，做这万物，四时五行，只是从那太极中来。太极只是一个气，迤逦分做两个：气里面动底是阳，静底是阴，又分做五气，又散为万物。（卷三《鬼神》第24条，潘植录，朱子64岁）

很明显，这整段是以《图说》为基础而论的，因此并非需要特地提出来的例子，但这则文献中将太极规定为气而非理，就是一大问题。朱子其他各处应该都没有以太极为气的资料，这会让人认为此处是否有什么讹误，不过被描述为"一个分作两个（阴阳），两个分作五个（五行），又为万物"之"一个"的太极，不管怎么想都必须是气（又称作一气、元气、一元气），"四时五行，只是从那太极中来。太极只是一个气，迤逦分作两个气，里面动底是阳"等等所说的太极，也不可能是气以外的东西，而这就不可能是单纯地误将必须说（或是写）是理的地方说成（笔误）是气。然而，在汉代以来的生成论历史中，太极大致上都被视作元气，在周濂溪的《图说》中，濂溪自己并未说太极是理还是气，但这个自身反复进行运动或静止的状态，随之而分化出相反性质的阴阳，拥有这些性质而显现的太极，就应当是气。朱子依循自身的理气哲学理论，将万物生成存在的最终根据视作理，因此不得不将《图说》的太极解释为理，而对于自身会动静而产生阴阳的太极之说就煞费苦心。拙著不能详细阐述这份苦心，不过可以说，此处所含的微妙矛盾之一端，即可以从这则文献中窥见。

以上，在《文集》《语类》全文所出现的大约两百五十个太极语例中，对于乍看之下似乎和《周易》《图说》无关的十二条逐一加以探讨。既然太极一词原本来自《周易》和《图说》，一开始就不得不认为不太可能有足以视作与其无关的用例。而探讨的结果，在十二例之中，极有可能是朱子脱离《周易》《图说》的自身用语者，仅有③寄给张南轩的信中所说的"于气之运行中见太极"这一例而已。而模棱两可者，有①"初如茫茫出太极"诗句、④将"天地万物之理"称为"太极"之例、Ⓐ"若无太极便不翻了天地"十字、Ⓒ与《西铭》相关的"太极者，自外而推入去……"、Ⓓ将天地万物至起居食息称为"太极阴阳之理"之例、Ⓕ的理一分殊太极说、Ⓖ说阴阳五行为太极之体之例这七例。而且其中出自《语类》者，几乎都存在着种种疑问，而有暧昧之处。剩下的四则资料，终究还是无法视作朱子自身的用语之例。

一例再加上七例，也还是寥寥之数。就算是模棱两可（反过来说就是两不可）之例，如果有更多同类用例出现的话，那么我的上述结论就显得轻率而无法成立了，但有问题的用例仅有如此，就不能不确认为：朱子毕竟没有将"太极"当作自身理论体系内的用语。就此意义而言，比起以上所探讨的《文集》和《语类》，本节开头处所说的，《四书集注》和《四书或问》中没有任何一个"太极"用例，这更是决定性的证据。

035

附带一提，根据王懋竑《朱子年谱》，朱子四十四岁时作《图说解》，四十六岁时编辑《近思录》，《论》《孟》的《集注》《或问》大致完成时间是四十八岁时，《周易本义》亦同。《大学》《中庸》的《章句》《或问》完成时间是六十岁。也就是说，《图说解》是比较早期时写的，此时朱子已采用《图说》的太极之说来建立自己的理气哲学，又根据自己的理论来赋予《图说》新解释。在此一阶段，若是太极作为朱子自身哲学体系中不可或缺的用语而固定下来的话，就应当在其后所写的《四书集注》和《或问》中大量使用，也应该会在《文集》和《语类》中，出现许多和《周易》与《图说》无关的用法才对。另外，上述所引《语类》文献，除了特别标示年代者，其余皆为五十岁以后的记录。

五、"天"与"太极"

由于已超出篇幅，以下仅作极为简单的论述。"天"也和"太极"一样，在朱子理气哲学中是额外的部分，而且对朱子而言是非常重要的概念。

天（或是天地）在朱子理气哲学的本体论中，系由气构成其形体，由理来规定其存在，要言之，天地和人及其他万物一样，皆为一物，既然是物，那么当然就是由理和气来使其成立并存在。就此而言，天（以及地）的概念即被纳入理气哲学结构中，而理和气的概念又比天地来得高。

然而这并非通则，朱子也时常表示天地是透过气来产生万物的主体，此时天地是高于气的概念。另外，他也说：

> 天即理也，其尊无对……逆理则获罪于天矣。（《论语·八佾》第13章集注）

此处说"天即理也"，将天与理视作对等。此外也说：

> 性者，人之所得于天之理也。生者，人之所得于天之气也。（《孟子·告子上》第三章集注）
>
> 人物之生，同得天地之理以为性，同得天地之气以为形。（《孟子·离娄下》第19章集注）

据此，人和物从天或是天地那里得到理和气，反过来说，就是天（天地）将理和气赋予人和物，如此一来，天就是高于理的概念。朱子还说：

> 性则心之所具之理，而天又理之所从以出者也。（《孟子·尽心上》第一章集注）

如果说"天是理之所从以出之大本",那么天就是产生理的根源,如此又更为明显,天是比理更高的概念。就算是经常被使用的"天理"一词,大致上也不是指规定天的存在的理,而是"本于天的理""合于天的理"之意,此时天具有赋予理正当性以及权威性的功能,其地位还是比理来得高。

本来是由被理规定的气所形成的天,却反过来产生理,将理赋予人和事物,这很明显是种矛盾。另外,朱子理气哲学中最高的概念是"理",而宛如理的来源,将理赋予人和事物的天,尽管和太极的形态不同,却也很明显地是理气哲学体系中额外多出来的概念。

谈到这种朱子理论体系中多出来的天,其超越性格从何而来的问题,那么不用说,当然就是经书。天生(或生于)、作(或作于)、命(或命于)人事物这一类的记述,在《诗》《书》乃至《四书》的许多经书中都数次出现。像这样,天乃是自然界、人世间的创造者、主宰者的想法,是中国自古以来(特别是经书的世界中)强烈的传统观念,以朱子井然有序的理气哲学理论,也无法将这种重要的传统观念包括在其体系内。

就算天最终无法完整地被纳入朱子的理论体系中,但其不仅如上所述,以其传统上的强悍力量而拥有地位,也融入了朱子哲学,而具有十足的活力和广泛的应用效果。在"天"的各种用法中,前文所提到的"天理",其典故也来自经书《礼记·乐记》,为二程等人喜好的用语,就这一点而言,"太极"也具备类似的条件。朱子经常使用"天理"一词,[①]特别是有许多用例和《礼记》及二程用法无关,而完全是自身的用语。仅举一例来说,在前文所引的《孟子·告子上》第三章的《集注》中,他将"性"解释为:

---

① 即便只看《朱子文集》,"天理"的出现次数也远较"太极"为多。其中有许多是"天理—人欲"的对照用法,此二词的对照用法本身来自《礼记·乐记》,但朱子的天理人欲论大部分其实已经脱离《乐记》,而开展出朱子自己的欲望论。另外,"天理"在《四书集注》《或问》中也经常被使用。

性者，人之所得于天之理也。

在同篇第一章《集注》中说：

性者，人生所禀之天理也。

此"得于天之理"和"禀于天之理"所说的当然是相同的内容，像这样自由地交替着说的"天""理""天理"，都不拘泥于古典和前人的用法，而是变成朱子自己的用语。

"太极"也是出自经书的词汇，[①] 而且是"究极的一""阴阳五行、天地万物的根源"。因此，其原本和天，或至少是"天理"具有相同程度，在朱子学中拥有固有的地位，拥有具备自在活力的可能性。然而如上所述，其实并未如此。拙作的目的在于指出这个事实，因此对于其理由，现在并未充分地思考。这种理由或许是这样的：

朱子站在自己的理气哲学立场上，不得不以理来解释太极，事实上《图说》的太极论也影响了朱子理气哲学的确立，但总而言之，以理来解释太极时：其一，说"太极就是理"，就会使太极被理的概念完全包覆，而使太极的自身脉络完全消失；其二，尽管如此，太极仍有和理无法完全一致的龃龉存在，这导致朱子的理气哲学理论中，太极的地位非常不安稳。

关于前者，虽说"太极就是理"，但不能说"理就是太极"，理的概念较为宽广，太极不过是理的一部分而已。因此，例如说明"性"时，说"性即理"即已无复余韵了，因此就没有特地又说"性是太极"的必要。"性是太极"的说明，正如同第四节中所探讨的，并非没有相关的例子，但

---

① "易有太极"此一《系辞传》文句，在朱子的想法中系成于孔子之手，依此，太极乃是孔子的用语。

也少到可谓是例外，同时其说法也有种种问题。不只是性，朱子也没有对其他某个事物说过"某某是太极"。其可能性是不存在的。

关于后者，朱子的"理"是一种复杂概念，被解释为"所以然之故""所当然之则""条理"等等，又具有就常识而言的"道理"意义，含有根据、原因、条件、规范、法则、秩序等各种性质。《图说》的太极"动而生阳，静而生阴"，也就是产生阴阳的根源（起源）（《周易》的太极也是产生两仪的根源），就和上述的理的性质无法完全一致。即便合理的某些部分可以相合，也还是有不安定之处。因此，朱子以理来说明太极，煞费苦心地迭合两者，终究无法使太极的概念安定下来，所以也就无法将这个不安定的太极当作自己的用语来活用。

以上是我的理解。

宋明哲学中的"性即理"与"心即理"

* 驹泽大学文学部文化学教室主办学术演讲会中之演讲

中国自宋代至明代的儒学称为"宋明性理学"，"性理学"也称作"理气心性之学"。要言之，针对"理""气""心""性"等概念的相关内容的学问，在这些时代的儒学中非常兴盛。其中，题目所提到的"性即理"属于程朱学（说程朱学的时候，一般指的是程伊川和朱子，属于其系统的学问称为程朱学），"心即理"属于陆王学（陆象山和王阳明系统的学问），乃各自的代表性题目。请看所印的资料——重要的部分旁边有画线——"资料"的前半，程伊川和朱子的部分，以及后半陆象山、王阳明的部分中，"性即理"和"心即理"分别出现过好几次，看到这一点就可以明白了。总而言之，"性即理"和"心即理"是中国哲学史上非常重要的命题。首先，最重要的目标是说明这些命题所包含的意义，让各位了解。以下就进入主题。

039

进入主题之前想要先说的是，不论是程朱还是陆王，他们的思想都和佛教密切相关，例如"资料"程伊川的 B 中可以看到这样的问答："佛说性如何""佛亦是说本善"，还有前后文中出现的"理性""缘习"这样的词汇，这两个词汇都是佛教用语。像这样，宋明儒学和佛教，与禅学有着一定关联，但由于我对佛教方面的理解十分粗疏，故今日拟专就儒学范围来谈。有关中国佛教和儒学交涉的形态，应当是今后双方的专家相互协力，进行共同研究的内容。

一、朱子的"理"

如前所述，"性即理""心即理"分别是程朱学和陆王学系统的主题，但程伊川留在文献上的"性即理"一语，仅有"资料"的 AB 两处，除此以外皆未得见。另外，陆象山使用"心即理"说法的情形也是如此，现在我所能得见者为"资料"中的 H，仅有此则文献而已。相对于此，朱子讲"性即理"的相关资料为数不少。王阳明讲"心即理"的例子也非常多。因此，一般虽说程朱、陆王，但程伊川生平中并未将"性即理"当作朗朗上口的主题，陆象山应该也并未总是谈论"心即理"。不过尽管如此，也未必能说这些词汇对于程伊川和陆象山而言不重要，总而言之，这些词汇在它们那里尚未形成主题式的固定用语。专门将之固定使用的人是朱子和王阳明，以下的讨论也不太会触及伊川和象山，在"性即理"部分专就朱子所说的"性即理"，在"心即理"部分专就王阳明所说的"心即理"来说明。

在此先从朱子的"性即理"谈起。"性即理"此一词汇，不用说，表示的是"性就是理""性 is 理"的意思，但对于"性即理"的理解，光是如此是不够的，首先必须理解"什么是性""什么是理"，接着要探讨是否可以单纯地将结合两种概念的"性即理"理解为"性就是理"，然后也必须要了解"为什么性就是理"。

首先从"性"这个字来看，由于朱子并未对"性"的概念下特别的定义，因此姑且可以理解为就常识而言，人们与生俱来，作为人所具有的特质。要言之，就是在中国，从孟子以来，性善或性不善成为一大问题的这种脉络下的"性"。不过正如下文所说的，朱子不仅止于常识性的"人们与生俱来"，而是更精密地分析其内容。另外，关于性善或性恶的问题，除了少数例外，宋明儒者们几乎全都持性善说的立场。此处所列举的四人也不例外，皆包含在其中。

接着是"理"的部分。朱子所说的"理"是非常复杂的概念，学者们所理解的方式各自相异。在各位所读的有关朱子学的书中，对于"理"的说明也会各自不同，这也是无可奈何的。这就是"理"的概念复杂的程度。

朱子的哲学一般被称为"理气二元论"（程伊川亦如此），基本上将所有的事物都以"理"和"气"两种概念来说明。其认为物的物质性一面是由气所构成的。"气"似乎被视作像空气一样轻飘飘的气体，以前人们说"阴阳之气"，气具有阴的性质和阳的性质，随着这两种气的组合方式不同，就产生各式各样相异的万物。要言之，可以将气理解为万物的物质根源。虽说物的物质性一面由气所构成，但事实上不只是"气"，同时还有"质"。"质"指的是"五行"，也就是木火土金水五种质。"气"和"质"相合而成的"气质"一词，将会在我之后的话语中时常出现，因此希望各位能够先对此留意。此时，"气质"的意思不是"个性"，而是作为产生物质之材料的"气"和"质"。

因此，物的物质性一面系由"气"和"质"所构成，但只有气和质，还不足以使事物存在。朱子认为，由于"理"的存在，"理"的活动，事物在接受"理"的规定之后，才作为该事物而成立、存在。受到"理"的规定的"气""气质"形成事物，事物形成之后，其中寄宿着该事物的理。

在此对关于"理"的部分再详加说明。朱子直接使用此自身用语时，"理"有"所以然之故"和"所当然之则"这两种性质、面向。"所以然之故"是事物之所以为如此的根据、原因。作为"所以然之故"的理，简单

041

来说就是事物存在的原理。"所当然之则"指的是事物应该如此的存在方式，尤其是在人的部分，指的是人所应该要依循的行为法则、道德。

关于朱子以上以"所以然""所当然"等来说明的理的想法，仍有疑问，很遗憾的是，朱子并未做出详细的说明。朱子多多少少有提到一些部分，例如针对舟之理说明为何在水上活动，相对的只可在陆上活动就是车之理。(《朱子语类》卷四，第29条，曾祖道录)。不过当然，这无法充分说明舟和车的理。接着，作为"所以然之故"和"所当然之则"之说明的例子：事亲当孝，事兄当悌，这是"所当然之则"；相对的，事亲如何却需要孝，从兄如何却需要悌，这是"所以然之故"(卷18，第93条，周谟录)。但是再进一步探究的话，其说法就很模糊，只认为"若不如此，人际关系就无法顺利成立，因此是自然如此的"，就这样中断了(卷17，第43条，沈僴录)。要言之，并不十分明确。

以下是我的推测，为了稍微有助于理解而添加些许内容，而非朱子本人的说明：例如桌子，有桌脚而具有高度，上面是平的可以做事，具有放东西、写字的功能。这些是桌子的理，若不具备方才所举的这几项条件就无法形成桌子。也就是说，这些条件是桌子的"所以然之故"。另外，桌子理所当然必须是如此形态，所以这些也是"所当然之则"。特别是这些作为"所以然之故""所当然之则"的理，不会因为桌子的不同而有不同的理。还有，桌子的物质性一面、桌子的形质，当然是由气，主要是木质所形成的，而依据方才所说的桌子之理而定形，具备相应的桌子功能。而在人类这边，有眼睛而具有视力，有耳朵而具有听力，有手足而具有运动能力，有心而具有感知思考能力，人如果没有这些条件就不成其为人，因此这些是人的"所以然之故"，而人又是理所当然必须如此，因此也是"所当然之则"。接着，前述身体性的部分之外，在人际关系、人伦中，谈到人的行为应当如何的问题，就属于比身体相关事项还要重要的部分，例如在亲子关系中，子对亲应当如何的问题，自古以来即以"孝"一语来表示，若是对亲不孝，则不成其为人，人理所当然地必须要孝顺，因此"以孝事亲"也是如同先前所说的，乃是人之理（人的"所以然之故"，也是"所当然之则"）。

另外再举个稍微不同的例子。物体从高处往低处落下，这是物体的运动，而由于物体是由气（精确地说是气和质）所构成的，因此就是说气所构成的物体会从高处往低处落下，而在物体的下坠之中就有下坠的理——用比较新的说法，就是具有万有引力的法则，此万有引力的法则正是一种理——物体依循此理而落下。用朱子的方式来说，就是"物体落下的理寄宿于其中"。物体依循理而落下的话，这种理无非就是"所以然之故"的理。对从高处的物体会落下乃是理所当然的这种观点来说，"从高处落下"可以说就是物体的"所当然之则"的理。不过单纯的物体下坠，很难认为这是"所当然"之事，"所当然"的想法，原本就是以人类生活上的价值（特别是其中道德的价值）为尺度来考虑的。

目前为止，"理"的概念除了所说的"所以然之故"和"所当然之则"以外还有一种：朱子也说理是"条理"。例如春暖夏热，既是季节的"所以然之故"，也是"所当然之则"，而春之后是夏，夏之后是秋，这一点也是季节的"所以然"和"所当然"之理，不过此时春暖夏热，春天之后夏天必定来临，这是一种条理，而这种条理的形成也被认为是理。所谓的条理，可以说是将事物内在的一种法则性、秩序性视为理。

以舟为例，朱子认为其乃是依循舟之理而成形，舟的材质由木所构成，而其中寄宿着舟之理。每一个个别的舟都寄宿着舟之理，而这是所有的舟都共通的，同一种"舟之理"。此同一种"舟之理"分别寄宿在个别的舟中的想法，朱子称之为"理一分殊"。意思是根本的理是一体的，而分散存在于个别的物之中。"理一分殊"是只被程伊川使用过一次的说法（他评论张横渠的《西铭》说"《西铭》明理一而分殊"，《伊川文集》卷五《答杨时论西铭书》），但朱子喜好此语，屡次用来说明自己的理论。

另外，因为"理一"，所以舟之理在所有的舟之中都是一样的。而谈到舟的个别差异（即便做法相同，也还是有速度快、速度慢、笔直前进或弯曲前进等因不同的舟而异的这种个别差异）从何而生，则是由于形成个别之舟的气和质相异所致。

因此，朱子的哲学属于理气二元论，而关于理气何者更为根本的问题，朱子和门人对此问题进行了各式各样的讨论（《朱子语类》卷一中记载了许多这些问答）。从其中门人对朱子的提问、朱子对此的回答来看，他的基本想法是：理气是互相依存、同时存在的，没有理则没有气，没有气则理就没有寄宿的地方。理并非作为一物而存在，不可见亦不可触及。要言之，乃是一种观念上的存在。因此，根据朱子的想法，他说理必定要借由附着于物之上而存在，但若是上溯至究极的根源，则必定要先有理。也就是说，朱子基本上否定"理先气后"，但推到极致之处的话，还是会得出"理先气后"的结果。这就好比本意和表面话的差别一样，表面上是理气双方互相依存，但本意上明显地并非如此，而是理较气来得优越。极端地来说，就是甚至会说出"万一山河大地都陷了，毕竟理却只在这里"（《朱子语类》卷一，第14条，胡泳录）。因此，朱子哲学虽然一般被称作理气二元论，但绝不是平等的二元论，而是很明显地以理为优先。在这意义上，我称之为"理的哲学"，而朱子的思考方式基本上就带有这种性质。

二、朱子的"性即理"

在此总算要回到性的问题，返回"性即理"的命题。人也是物的一种，因此一般而言就和物一样，人也有人之理，此为人的"所以然之故"，也是人的"所当然之则"，这种"人之理"寄宿于人的体内。朱子认为，此寄宿于体内的"人之理"就是人的性。"资料"CD是朱子对出于《孟子》的"性"字所做的注，C说"性者人生所禀之天理也"、D说"性者人之所得于天之理也"。方才说人之理寄宿于人的体内，而在此情况下，朱子认为人的身体系由天所生（从理气观点而言，身体由气所形成），同时天赋予人之理，而附着在身体上并寄宿之（在心中）。人之理就是人之性，因此"性即理"的命题便会成立。说到此处的"人之性""人之理"内容为何，其中就包含前面所举出的眼、耳、手、足、心等相关项目，以及孝、忠等德目，但最重要的是仁义礼智。仁义礼智系出自《孟子》的德目，朱子将此四德提出来当作人之所以为人的必要条件。当然，仁义礼智并非涵盖了人之理的全部，但至少占了最重要的部分。然后朱子认为，这是天所赋予人的性。

如此，他认为"人之性"为"人之理"，仁义礼智这些完美的德行系人与生俱来的，因此人之性是生而具有的"纯粹至善"，也就是不含一丝恶的成分而只含有善，是百分之百的性善说。然而世间众人实际上所拥有的"人之性"，并非只靠这样就可交代完毕。"人之理"寄宿于人身上，也就是寄宿在肉体上。用朱子的话来说，就是寄宿于人的"气质"。既然如此，当然会受到气质的影响。受到气质影响的性、透过气质而观察到的性称为"气质之性"。相对于此，原本由天所赋予人，属于"人之理"的"人之性"，称作"本然之性""本原之性""义理之性"。"资料"F中即出现"本原之性"。对于构成人的"气质"，也就是肉体的"气"和"质"，用朱子的话来说就有"清浊、厚薄、精粗、纯驳"等，要言之就是高等的质和低等的质的差异，因此只接受高等气质而生的人，其中所寄宿的"人之理"就会不受气质妨碍而直接显现于外。但实际上不会如此进行，大部分人是受不高等的气而生的，此时原本的"人之性"就无法不受到气质的妨碍而显现于外，因此从中就产生人之行为的恶的一面。"本然之性"就是"人之理"，因此在所有人那里都是一样的纯粹至善，但现实中的"人之性"是"气质之性"，因人而异，气质之性不好的时候就有产生恶的可能性。

另外，朱子严分"心"和"性"的概念，这关系到"性即理""心即理"的问题。对于"心"，朱子说"心者性之郭郭"，又说"心统性情"。"心者性之郭郭"原本是邵康节（1011—1077）之语，而朱子极好此语而加以使用。这主要是说心是性的容器，如前所述，就是说"人之理作为性而寄宿于人的时候，乃是寄宿在心中，心就是寄宿的地方"。总之，就是将心理解为容器，或是寄宿的地方。"心统性情"的部分则如"资料"G所见的，是张横渠的话，朱子也认为这句极佳而经常使用。心是性的郭郭，于是性（理）就寄宿在心之中，而心本身是由气所构成的，因此根源于气、气质（简单来说就是肉体）的"情"和"欲"，原本就附于心中。"心统性情"的"统"不是"统辖"的意思，而是同时"包含"性和情的意思。性（理）和与气相联结的情，两者都包含于心中，此称之为"心统性情"。如果只有性（本然之性）就不会产生恶，但其中也含有情（进一步说就是"情欲"），情和欲被视作恶的根源，因此心也有为恶的可能性。各位读"资料"G就可以看到心是恶之根源的看法。

像这样，朱子对于人性的思考方式，是建立"本然之性"和"气质之性"的两大根本，而关于道德价值，也就是善或恶的部分，则认为"本然之性"乃纯粹至善，"气质之性"有为恶的可能性，"本然之性"较"气质之性"来得优越。不仅如此，关于性的实在性部分，也是认为"本然之性"比"气质之性"更佳。对我来说，"本然之性"就人们而言，是在内心深处抽象地被描绘出来的，只是人类的理想形象，而现实中存在的只有"气质之性"而已，但这说不定也是因为我的思考非常倾向于唯物论。总而言之，朱子的想法和我相反，认为本来之性、理才是真正的性，"气质之性"是第二义的性，说得极端一点儿，就是离开气质，"本然之性"依然可以成立（《朱子语类》卷四，第47条，录者不明）。朱子哲学在理气论中的理气关系部分，是认为理比气更为根本的"理的哲学"，对人性的相关思考，也是以"理的哲学"的平行移动样貌而显现。

如同方才所说，朱子认为"本然之性"是真正的性，相对于此，"气质之性"是第二义的性，毋宁说是"本然之性"的障碍，而必须要加以变化、克服。正因如此，无视此"气质之性"面向的"性即理"命题便得以成立。

也就是说，"本然之性"是"人之理"本身，所以只有"本然之性"才是"人之性"，于是"性即理"的命题就无条件地成立了，而"气质之性"由于掺入气的部分，因此如果将之一同设想进来，就不能谈"性即理"，尽管如此，朱子认为"气质之性"是价值不高、缺乏实在性的，而能够谈论舍弃气质之性、动听的"性即理"。

总而言之，朱子所说的"性即理"，是人的"本然之性"正是真正的"人之性"，也就是"人之理"本身。此命题背后背负着先前所说的朱子的理气哲学，也就是"理的哲学"的理论体系，是此庞大理论体系之一环的心性论命题。

以上是有关朱子"性即理"的说明。

三、王阳明的"心即理"

接着进入王阳明的"心即理"。

根据朱子学的理论，"心"是理和气的接合点。其宣称"心者性之郛郭"，因此心由气所构成，理寄宿于其中，故理和气在心中相接。另外，从"心统性情"的角度来看，心含有等同于性的理，以及与气相联结的情这两种面向，所以就此意义而言，也可以说心是理和气的接点。

接着，心附着于活着的肉体中，乃是存活于现实中的人心。朱子所说的"性即理"的"性"，被抽象地认为是此活着的心内在深处的某个东西，相对于此，"心"可以说是活生生的。而"心"之所以是活生生的心，与"含有气的要素"这件事有很大的关联。

另外，从"心"这个字来看，大致上相当于我们就一般常识而言的心脏及头脑两个合起来的部分。也就是说可以理解为，认识、思考、判断、感情、欲望等一切精神活动的来源就是"心"。"心"具有这样的功能，因此被称为"一身之主宰"（朱子和王阳明都使用这种表达来谈论"心"的性质），总之就是将之视为人的身体中最重要的部分。于是，"心"必定会被高举为"人之性"的决定者。

接着有关"心即理"的"理"之概念，陆象山和王阳明都未采用像朱子那样的分析性思考方式，特别是像朱子那样以"所以然之故"来表达的，理作为规定物之存在的原理那一面，在他们的脑中完全不存在。他们专心地思考人之道、人所当为之事的这种道德性的理。原本在象山和阳明处，就没有作为本体论（存在论）的理气论。虽然也不是完全没有，例如阳明也说过"理者气之条理，气者理之运用"（《传习录·中·答陆原静书》第一书第三段），但阳明所思考的"理"事实上与其说是"条理"，不如说是"所当然"（尤其是对于人们而言的所当然）较为相应。

接着有关"心即理"这个命题，一般较有力的理解是，相对于朱子学的"性即理"之说，陆象山和王阳明采取对抗的立场，也就是主张"性不是理，心才是理"，提倡"心即理"。我一开始也是这样理解的，但这样未必恰当。如同"资料"I所见，阳明自己也说了"性即理"。至少"性即理"这个命题，对王阳明而言并非眼前的对立目标。朱子认为心是理的容器，理寄宿于心中，但也认为心之外存在着各式各样的事物，而将心与理分开来思考，在心之外求事物之理。阳明反对这种想法，提倡"心即理"。阳明曾说自己少年时代学朱子学，遵从朱子"穷事事物物之理"之教，砍下庭中竹子置于桌上日夜观察，试图穷竹子之理，却不得要领，努力数日之后，导致精神疾病，而放弃这种努力（《传习录·下》，第118条），自此阳明对朱子学抱有疑问，这和"心即理"和"致良知"之说之间拥有关联，在此刻具有相当大的启示。

那么"心即理"是什么意思呢？含有"气"之成分的活生生的"心"为什么被视作"即理"呢？陆象山和王阳明都提出许多理由，但一来他们不是理论家，谈论的方式不具逻辑性，二来也不具理论性，使得他们的话语中有大量难以理解的地方。他们欠缺逻辑性的思考力和分析力，令人强烈感到他们是在一开始产生信念、感悟，再找理由来说明。我想这就是他们令人难以理解的最大原因。"心即理"命题也是一个难题，但无论如何，他的目标并不是主张"心 is 理"。

在陆象山处，"资料" H 说"人皆有是心，心皆具是理，心即理也"，这似乎是想要说"心"是具备"理"的伟大之物。

王阳明试图说的是，"心"和"理"是密切不分的，不可以将"心"和"理"分开来思考。其目标有两点：第一，"心"本来就合于"理"；第二，正因为"理"在"心"中，故不能于"心"外求"理"。伴随着这两点对人们的要求、盼望，而说"心即理"。

以上说明有稍微说得太快之嫌，因此会变得冗赘，还是先回到话题的根本，就王阳明自身言论来看，更精确地肯定"心即理"的意义。

"资料" I 之中，说了"心之本体即是性，性即是理"这两层组合，终究还是等于说"心的本体是理"。J 的后半说"心即理也，此心无私欲之蔽，即是天理"，认为私欲会将心遮蔽，如果没有这种妨碍的话，心就是理本身。这里使用"天理"一词，要言之，即等同于只说"理"。I 处出现的"本体"一词，是貌似可理解而实际上困难的词汇，在某些时候是相当于物之本质的某种东西的实体，在另一些时候又不是指实体，而是本来的、应然的姿态。在此两种意思皆通，因此难以判断是哪一种，姑且先理解为较易懂的后者。

总而言之，此处所讨论的王阳明"心即理"之说，并非主张活生生的心就直接是理，而是说心之本体（在没有被私欲遮蔽的情况下，这就是心的本来样貌）是理，但尽管如此，他似乎也不是因为想要进一步说"心之本体"就是理而提倡"心即理"。在此稍微重复一下先前说过的，由于心的本来样貌就是理，故重点在于依照本来样貌，使现实的心与理相合，再以此与理相合之心，在各种场合中应对不同的人际关系。这一点就如同"资料" J 后半段说的："心即理也。此心无私欲之蔽，即是天理。不须外面添一分。以此纯乎天理之心，发之事父便是孝，发之事君便是忠，……只在此心去人欲、存天理上用功便是。"

接着，"资料"J前半，徐爱对阳明说的"心即理也。天下又有心外之事，心外之理乎"，提问说"如事父之孝、事君之忠、交友之信、治民之仁，其间有许多理在。恐亦不可不察"（只注意自己的心，会错过各种不同的"理"，这样恐怕是不行的），阳明则叹言曰："此说之蔽久矣。岂一语所能悟。今姑就所问者言之：且如事父，不成去父上求个孝的理？事君不成，去君上求个忠的理？……都只在此心。"因此，心之外没有理。在朱子处，外在事物亦有理，而主张向外推至极致，但阳明主张没有必要这样做，因此首先，不管如何探求，自己的心以外都没有理。关于这一点将在之后补充说明。

读了"资料"K之后，就会更加明白此"心即理"主张的目标，其中谈论了"立言宗旨"，说明自己为何要提出"心即理"的理由。据此可以看到他说，世人将心与理二分看待，产生许多弊害，例如五伯（伯乃霸者，如齐桓公、晋文公等春秋五霸）高举尊王攘夷大旗，结果只是为了张扬自身权势，无非是基于私心，故于理不合，人人评价其所作所为合于理，只是心中有所不纯。而人们钦羡其功绩，而与心全不相干，只是想要表面上好看。这就是将心与理二分的想法，结果就是流于霸道之伪而不自知。有感于此，故主张使人们明白心与理原本一致，而能修炼其心，不在心外求义求理，故说"心即理"。

四、"性即理"与"心即理"

以上双方说法皆说明完毕。比较"性即理"和"心即理"的话，虽然又要再重复说明，但总之我认为应当理解为：朱子说"性即理"，这背后存在着非常严整的哲学理论体系，"性即理"是作为其"心性论"相关的一种学说而提倡的；相对于此，王阳明并未有全体一致的理论理系，这样讲虽然说得太过，但总之是缺乏体系性的理论，也很难明确地建立"心性论"

这一部分，"心即理"作为心性论命题，并未说明心是什么、心与理的关系是什么。"心即理"是以"要这样做""不要这样做"等等"教训、教诲"之口号而成立的。

朱子的"性即理"和王阳明的"心即理"，这种命题的性质中具有摩擦，因此外表看起来是相对立的命题，但其内容并非表面上那样子的直接冲突。关于这一点，我在前面已说过"心即理"和"性即理"未必是相对抗而成立的学说，还请各位回忆一下。

然而另一方面，"心即理"和"性即理"明确地显示了朱子学和王学（说"程朱和陆王"亦无妨）各自的性质特色，就这一点来说也可谓极具对照性。之前说过的"命题的性质中具有摩擦"，也是由于反映两者的学问性质差别而产生摩擦的吧。也就是说，"性即理"的命题充分表现了朱子学理论性、体系性、客观的性质；而"心即理"的主张，则典型地表现了王学非体系性、非理论性、主观的、实践的特色。就此意义来看，说两者是相对立的命题也是十分妥当的吧。

附　言

最后还想要稍微再做一点儿补充。如同"资料"J一开始的"心即理也"之后说的："天下又有心外之事、心外之理乎？"王阳明说"心外无事""心外无理"，另外也说"心外无物"。此时，关于"事""物"的意思，简单来说，在王阳明处指的是"人的行为"。再精确点说，阳明自己的说明是"意之所在"就是"物"。"意"是"意志"，例如意在于事亲，即事亲便是一物（《传习录·上》，第六条）。透过此"物""事"，也就是行为来实现理，就是人的课题，故此时事、物、理都不可能离开心。J的下半部说"纯乎天理之心"，说的是自己的心是否为与天理完全相合的状态，这一点自己的心是最明白的，因此这种清楚地深察的心的能力，王阳明称之为"良知"。借由良知的运作，必定可以判断自己的意志和行为是否合于理。想要做什么的时候，是由自己的心所决定、应对的，因此在决定如此做的自己的"意"之中，心的良知必定可以判断是否有不合于理的地方、是否有错误的地方等等。良知判断该行为合宜的时候就按照良知命令本身去行动，该行为就是合于理的善行，借由实践之，而理在行为中被加以实现。除了像这样实践以外不需在别处求理，在其他地方也找不到理，理正存在于心中。这就是"心外无理"（亦即心即理）的主张，"心外无物""心外无事"的说法，也与此相关。"事、物"的概念和朱子学的"事事物物"完全不同，因此不用说，指的也不是心外没有外界所谓的事物的意思。

如各位所知，王阳明有句有名的口号"致良知"，还有"知行合一"。"致良知"是说在个别行为中实现良知的判断，也就是按照良知命令行动，因此要言之，和刚才所说的"心即理"完全相同，只是采用别的说法而已。另外一个"知行合一"，要正确地加以说明需要讲上许久，总之就是追求"应当""不可"的认识、判断（也就是知）和实践行为的一致，因此"致良知""知行合一""心即理"三者所追求的都是同样的目标。也就是说，心与理若不相合，便不能获得知和行的一致，亦不能致良知。就此意义而言，主张心和理相即不离，追求其相合的，就是王阳明的"心即理"命题。另外要说明的是，方才虽说"心和理"的相即、相合，但阳明认为，"心与理"这种讲法已然是将两者二分的想法，其实不妥，一开始就要说"心即理"。（《传习录·上》，第34条）。

没有办法足够说明、充分道尽的地方还有很多，但由于时间限制的关系，姑且先让我在此结束话题。

参考资料

程颐（伊川 1033—1107）

A 性无不善，而有不善者，才也。性即是理，理则自尧舜至于涂人，一也。才禀于气，气有清浊。禀其清者为贤，禀其浊者为愚。（《河南程氏

遗书》卷18，第92条）

B又问："性如何?"曰："性即理也。所谓理，性是也。天下之理，原其所自，未有不善。喜怒哀乐未发，何尝不善。发而中节，则无往而不善。"……又问："佛说性如何?"曰："佛亦是说本善，只不合将才做缘习。"（《河南程氏遗书》卷22上，第72条）

朱熹（晦庵 1130—1200）

C性者，人生所禀之天理也。（《孟子·告子上》第一章《集注》）

D性者，人之所得于天之理也。（《孟子·告子上》，第三章《集注》）

E性即理也。当然之哩，无有不善者。故孟子之言性，指性之本而言。然必有所依而立。故气质之禀，不能无浅深厚薄之别。孔子曰"性相近也"，兼气质而言。（《朱子语类》卷四，第50条，刘砥录）

F性只是理。然无那天气地质，则此理没安顿处。但得气之清明，则不蔽固，此理顺发出来。蔽固少者，发出来天理胜，蔽固多者，则私欲胜。便见得本原之性，无有不善。……只被气质有昏浊，则隔了。故气质之性，君子有弗性者焉。（《朱子语类》卷四，第43条，程端蒙录）

G横渠说得最好。言心统性情者也。孟子言："恻隐之心，仁之端，羞恶之心，义之端。"极说得性情心好。性无不善，心所发为情，或有不善。说不善非是心亦不得。却是心之本体，本无不善。其流为不善者，情之迁于物而然也。（《朱子语类》卷五，第68条，廖谦录）

陆九渊（象山 1139—1192）

H天之所以与我者，即此心也。人皆有是心，心皆具是理，心即理也。故曰："理义之悦我心，犹刍豢之悦我口。"所贵乎学者，为其欲穷此理、尽此心也。（《象山先生全集》卷11，《与李宰》二）

王守仁（阳明 1472—1528）

I心之本体，原自不动。心之本体即是性，性即是理。性元不动，理元不动。集义是复其心之本体。（《传习录·上》，第82条）

J 爱问："至善只求诸心，恐于天下事理有不能尽。"先生曰："心即理也。天下又有心外之事、心外之理乎？"爱曰："如事父之孝、事君之忠、交友之信、治民之仁，其间有许多理在，恐亦不可不察。"先生叹曰："此说之蔽久矣，岂一语所能悟！今姑就所问者言之。且如事父，不成去父上求个孝的理？事君，不成去君上求个忠的理？……都只在此心。心即理也。此心无私欲之蔽，即是天理。不须外面添一分。以此纯乎天理之心，发之事父便是孝，发之事君，便是忠，……只在此心去人欲、存天理上用功便是。（《传习录·上》，第三条）

K 诸君要识得我立言宗旨。我如今说个心即理是如何，只为世人分心与理为二，故便有许多病痛，如五伯攘夷狄尊周室，都是一个私心，便不当理，人却说他做得当理，只心有未纯，往往悦慕其所为，要来外面做得好看，却与心全不相干。分心与理为二，其流至于伯道之伪而不自知。故我说个心即理，要使知心理是一个，便来心上做工夫，不去袭义于外，便是王道之真。此我立言宗旨。（《传习录·下》，第 121 条）

〔补记〕

＊关于椅子之理，我注意到朱子也说过"椅子有四只脚，可以坐，此椅之理也"（《朱子语类》卷 62，第 72 条，沈僩录）。据此可知，我在此就自身推测来说明桌子之理，该推测几乎是正确的。然而，以上所说的"所以然之故"和"所当然之则"的相关关系，朱子自己在此没有任何说明。

另外，本文根据 1976 年 10 月 21 日在驹泽大学进行的演讲之录音，对原稿进行增补，刊载于驹泽大学《文化》第三号。现就该刊本稍加修改使其易读。

"心即理""知行合一""致良知"的意义

——阳明学的性质之一

前　言

王阳明哲学的主要命题"心即理""知行合一""致良知"等的意义，都不单纯。每一个都含有两种或以上的意义。这种情形应该没有其他类似的例子。

原本在朱子处，"理"的概念极为复杂，并不单纯。根据朱子自己的说明，"理"也至少含有"所以然之故"和"所当然之则"两种意义。① 这和阳明对"良知"至少赋予"是非之心""真诚恻怛"两种说明，② 可说是具有概念多样化的这种相似之处（只不过，朱子的"理"和阳明的"良知"，其多义的性质并不相同）。

然而在朱子处，即便"理"的概念有许多种，而在"性即理"命题部分，具有"性就是理"的意思，此外无他。在此命题中，主词和述词互相规定意义而相合，在此所使用的词汇，一般具有被狭义的限定的倾向。命题本身被集中在一种意思的主张，应该也是通例。谈到朱子的"性即理"，该命题专门针对人之性，而且此时的性，单指被称作"本然之性""义理之

---

① 例如《大学或问·中》，说明"致知"之文章的一节说："至于天下之物，则必各有所以然之故，与其所当然之则，所谓理也。"另外，其他地方也将"理"说明为"如阴阳五行错综，不失条绪，便是理"（《朱子语类》卷一，第12条）或是"主宰者即是理也"（《朱子语类》卷一，第17条）。朱子的"理"具有非常多种意思。

② 将"良知"说明为"是非之心"等，可见于《大学问》和《传习录·中》（《答聂文蔚》），作为"真诚恻怛"处亦见于《传习录·中》（《答聂文蔚二》）。因为是"良'知'"，故其本义被理解为判别是非善物的能力，也就是"是非之心"，但在阳明处也有"真诚恻怛"（真挚的爱情）这种情的性质。接着在其他地方，"良知"也被赋予"心之本体""天命之性""天理""未发之中"，乃至"造化的精灵"等各式各样的说明。

性”的一面，排除“气质之性”的一面，在这些限定之上来主张“性即理”，而正是因为这些限定，反而不会有扩张到不同意思的情形。但阳明的“心即理”“知行合一”“致良知”等等，都并未被用来表达单一的意义。

这是非常有趣的问题，因此，拟先探讨此三个命题各自的意义（或是被解释为何种意义），接着试着思考这和阳明学的性质有何关联。

一、心即理

如同朱子的“性即理”的意思是“性就是理”，姑且先将阳明的“心即理”也理解为“心就是理”。进一步说，“心即理”这种表现，一般来讲，比起单纯地说“心，理也”或“心是理”，更会表现出心和理的关系非常密切（可翻译成“心本身就是理”“心无非就是理”等）。也就是说，“心即理”可被理解为强烈主张“心就是理”。

接下来根据阳明自己的说明，来确认这样的理解是否合宜：

①爱问：“至善只求诸心，恐于天下事理有不能尽。”先生曰：“A心即理也。天下又有心外之事，心外之理乎？”爱曰：“如事父之孝、事君之忠、交友之信、治民之仁，其间有许多理在，恐亦不可不察。”先生叹曰：“此说之蔽久矣，岂一语所能悟。今姑就所问者言之。且如事父不成去父上求个孝的理？事君，不成去君上求个忠的理？交友治民，不成去友上民上求个信与仁的理？都只在此心。B心即理也。此心无私欲之蔽，即是天理，不须外面添一分。以此纯乎天理之心，发之事父，便是孝，发之事君，便是忠，发之交友治民，便是信与仁。只在此心去人欲、存天理上用功便是。”（《传习录·上》第三条）

上述问答中，阳明话语里面 B 底线的部分，可以解读为是在说明前面所说的“心就是理”的意思。但是 A 的部分，似乎是在将“心即理”的内容说明为"心外无事无理"，此处就不是不能理解为是在说"心就是理，因此心外无事无理"。B的"此心无……添一分"的部分，是在补充说明上述"心即理也"的意思，同样地，此处将"心外无事无理"理解为直接说明"心即理也"的内容，也是较为妥当的。

　　②专求本心，遂遗物理，此盖失其本心者也。夫物理不外于吾心，外吾心而求物理，无物理矣。遗物理而求吾心，吾心又何物邪？心之体性也，性即理也。故有孝亲之心，即有孝之理；无孝亲之心，即无孝之理矣。有忠君之心，即有忠之理；无忠君之心，即无忠之理矣。理岂外于吾心耶？晦庵谓："人之所以为学者，心与理而已。心虽主乎一身，而实管乎天下之理。理虽散在万事，而实不外乎一人之心。"是其一分一合之间，而未免以启学者心理为二之弊。此后世所以有专求本心，遂遗物理之患，正由不知心即理耳。夫外心以求物理，是以有闇而不达之处。（《传习录·中·答顾东桥书》）

在这段文字中也说明了有"离心无理"这种意思的"心即理"。

于是，阳明的"心即理"就有两种意思：（1）心就是理（2）心外无理。在本节开头处，将"心即理"理解为"心就是理——心无非就是理"的意思，但阳明以（1）来说明"心即理"的例子实际上并不太多，而多以（2）来说明。大致上"心外无理"的表达是阳明喜欢使用的说法。其他还有：

　　③所以某说，无心外之理，无心外之物。（《传习录·上》第六条）

　　④虚灵不昧，众理具而万事出。心外无理，心外无事。（《传习录·上》第六条，第33条）

⑤心之体性也，性即理也。天下宁有心外之性，宁有性外之理乎？宁有理外之心乎？外心以求理，此告子义外之说也。理也者，心之条理也。是理也，发之于亲则为孝，发之于君则为忠，发之于朋友则为信。千变万化，至不可穷竭，而莫非发于吾之一心。（《文录·五·书诸阳卷》）

这些也是借由共同的想法、表达，将"性即理也"直接代换为"性外无理"的主张。另外，在该文中，以"心外无性—性外无理—理外无心"的形式，将心→性→理→心环绕一圈，主张心、性、理三者为相即不离的关系。

借由上述，我指出了阳明的"心即理"含有（1）（2）两种意思，而（2）的相关论述较（1）来得多〔这或许表示阳明"心即理"的主张系将重点置于（2）〕，但接下来还有几个问题必须探讨。

〔Ⅰ〕上述"心即理"的（1）和（2），当然并非毫无关系。尤其是对阳明来说，这无疑在内容上是密切相连的。正因如此，在1和徐爱的一连串问答中，形成B和A，也就是（1）和（2）两者的说明。但内容上的相关，绝不等于两者的意义是相同的，其中一方也并非是另一方必然的逻辑推导结果。在上一节中也举了例子，例如朱子说"性即理"的时候，是指"性就是理"，绝非可以扩充到"性外无理"之意（朱子反而说过性外亦有理）。另外朱熹还说"不是心外别有个理，理外别有个心"（《朱子语类》卷一，第17条），也终究没有说"心即理"。（1）和（2）毕竟还是可以明确区别的两种意思，只不过在阳明的想法中，并未明确区分二者，就这样将之相连来思考。

〔Ⅱ〕将"心即理"理解为（1）"心就是理"的时候，就像1的B所说的"心即理也。此心无私欲之蔽，即是天理"，实际上心并不是无条件地直接就是理，而是以"无私欲之蔽"为前提才能真正地说"就是理"。

⑥问："延平云：'当理而无私心。'当理与无私心，如何分别？"

先生曰："心即理也。无私心，即是当理。未当理，便是私心。若析心与理言之，恐亦未善。"（《传习录·上》，第95条）

此文也同样的，姑且说"心即理也"的同时，又说要以"无私心"为条件才与理相合。因此也会有与理不合的心（在此文中以私心称之），如此一来，严格来说，就不是"心即理"了。被无条件地当作"就是理"的，实际上不是心，而是"心之本体""性""良知"等。

〔Ⅲ〕在此，必须再一次探讨"心即理"的"即"字之意。如前所述，说到"心即理"，就表示了"心本身就是理，心无非就是理"这种心和理紧密相连的想法。一般来说，"即"字有这样的感觉。尽管如此，如同前面〔Ⅱ〕所说的，心并不是无条件的本身就是理。

来看关于"即"的其他用例，例如阳明对于"性"说：

⑦若见得自性明白时，气即是性，性即是气，原无性气之可分也。（《传习录·中·启问道通书》）

059

"气即是性，性即是气"（此语原根据程明道①）这种双方反复之语，是将气和性之概念的内涵和外延互相涵盖重叠；另一方面，如同2和5处所见的，阳明也说"性即理也"。由于理气明显是不同的概念，因此若将"即"字按上述理解，"性即是气，气即是性"和"性即是理"就不可能并存。如此一来，就必须将"即"字理解为不同的意义。也就是说，必须将"性即是气，气即是性"理解为性和气之间具有密不可分的关系（不可将性和气当作无

---

① "生之谓性。性即气，气即性，生之谓也。"（《程氏遗书》卷一，《近思录》卷一所引）明道此语是在说性和气彼此并不相离。

关的两者而分开思考）。① 这正如同阳明自己在 7 处所补充的"原无性气之可分也"。依此，"心即理"的命题，原本也就应该理解为"心与理不可分而为二"。

阳明使用"即"字的意义并非尽皆如此。当然也有许多表示"其本身就是……"之意的"即"字用例，但此处仅关注常以"即"字表示"并非相离"之关系的这一点。且"心即理"正可作为这一点的其中一例。

〔Ⅳ〕一般系将阳明的"心即理"理解为朱子的"性即理"之对立，即便这样不算全错，也还需要再探讨。况且"心即理"很难被设想为用来对抗"性即理"的命题。② 若"心即理"是对抗"性即理"而被提倡的话，就应该展开"性不是理，心才是理"的这种主张，②和⑤这种"性即理也"的话出现在阳明身上也就十分奇怪了。

阳明要对抗的目标，不是"性即理"，而是"以心与理为二—心外亦有理"的这种想法。②的后半引用朱子之语，谓其为析心与理为二的弊害之本，并展开"心即理"的主张（在⑥处亦可见类似后文㉕旨意的话），充分显示了这一点。从以下这段话来看，就更为明显了：

⑧诸君要识得我立言宗旨。我如今说个心即理是如何，只为世人分心与理为二，故便有许多病痛。如五伯攘夷狄尊周室，都是一个私心，便不当理。人却说他做得当理，只心有未纯，往往悦慕其所为，要来外面做得好看，却与心全不相干。分心与理为二，其流至于伯道之伪而不自知。故我说个心即理，要使知心理是一个，便来心上做工

---

① 根据我对阳明设想的性和气、理之具体关系的理解来整理的话：人之性与生俱有，而人之生系由气所生成，故性由气所形成，亦即性并非离于气之物。另一方面，性为心之本体，故就此意义而言，性合于理（天理，亦即道德之理）。这种性和气、理的关系，在阳明处表现为"性即是气，气即是性""性即是理"的说法。

② 阳明"心即理"和朱子"性即理"的"理"之概念亦有所不同，但这一点已在本文目的之外，故不详论。

夫，不去袭义于外，便是王道之真。此我立言宗旨。（《传习录·下》，
第 121 条）

主张心和理并非二者、不可二分，这是"心即理"的意图，因此"心即理"就直接地和"心外无理"的逻辑相结合。至于"心就是理"的这种方向，原本并非其关注所在。

二、知行合一

"知行合一"为"知与行相合为一"之意，然"相合"亦有许多意思，并非能够简单处理。从阳明自己的说明来看，也仍然不是单纯的问题。

　　⑨爱因未会先生"知行合一"之训，……以问于先生。……爱曰："如今人尽有知得父当孝、兄当弟者，却不能孝、不能弟，便是知与行分明是两件。"先生曰："此已被私欲隔断，不是知行的本体了。未有知而不行者。知而不行，只是未知。……就如称某人知孝、某人知弟，必是其人已曾行孝行弟，方可称他知孝知弟，不成只是晓得说些孝弟的话，便可称为知孝弟。又如知痛，必已自痛了方知痛；知寒，必已自寒了；知饥，必已自饥了。知行如何分得开？此便是知行的本体，不曾有私意隔断的。圣人教人，必要是如此，方可谓之知。不然，只是不曾知。"（《传习录·上》，第五条）

061

这是"知行合一"的其中一个说明。这是说，"知和行分裂"，亦即"虽知却不照做"，这是由于私欲或私意阻隔了知和行，不是知、行原本的样子。其原本的状态，是知道了就必定会依此去做。稍加铺陈来说，"知则必行—知而不行则非真知—行动才算真知"这些意思就是知行相合，知与行不可分而为二，这是此处所说的"知行合一"的内容。

⑩先生曰："哑子吃苦瓜，与你说不得。你要知此苦，还须你自吃。"时日仁（徐爱之字）在傍曰："如此，才是真知即是行矣。"（《传习录·上》，第 126 条）

这段有名的话也同样是在说"知行合一"。①

然而，阳明的"知行合一"之意不只如此。例如：

⑪知者行之始，行者知之成。圣学只一个功夫。知行不可分作两事。（《传习录·上》，第 27 条）

⑫某尝说知是行的主意，行是知的功夫。知是行之始，行是知之成。若会得时，只说一个知，已自有行在，只说一个行，已自有知在。（《传习录·上》，第五条）

⑬知之真切笃实处即是行，行之明觉精察处即是知。知行工夫，本不可离。（《传习录·中·答顾东桥书》）

从这些话来看，即便表达方式各自不同，要言之，都是从不同面向来把握知行相同的这一点。因此，如同 12 的画线部分，说到知就已包含行，说到行就已包含知。这超越了上述说"知则必行"就是知行的本来面貌 [以此为"知行合一"的（1）] 的程度，而认为"知行合一"的意义就在于"知行原本就是一体两面" [以此为"知行合一"的（2）]。

另外，根据这则说明：

---

① ⑩的后半，徐爱的发言可能混杂了他的主观解释，而与阳明自己的意旨不完全一致，但很明显地阳明的话至少说明了"行动才算真知"的这种知行关系。

⑭问："自来先儒皆以学问思辩属知，而以笃行属行，分明是两截事。今先生独谓知行合一，不能无疑。"曰："此事吾已言之屡屡。凡谓之行者，只是着实去做这件事。若着实做学问思辩的工夫，则学问思辩亦便是行矣。学是学做这件事，问是问做这件事，思辩是思辩做这件事，则行亦便是学问思辩矣。若谓学问思辩之，然后去行，却如何悬空先去学问思辩得？行时又如何去得个学问思辩的事？"（《文录三·答友人问》）

知行无疑是"本来合一"，但这不是以两者为一体两面，而是扩大行的范围，将一般属于知的部分也纳入行之中，结果就是以知是行的一种，或是作为其中一部分而被包摄之的方式，来说明知行合一。于是这和⑪⑫⑬就成了同类别貌。现将前者称为"知行合一"之（2）的甲，⑭称为（2）的乙来区别。此外，从这些言论来看：

⑮《大学》指个真知行与人看，说"如好好色，如恶恶臭"。见好色属知，好好色属行。只见那好色时，已自好了，不是见了后又立个心去好。闻恶臭属知，恶恶臭属行。只闻那恶臭时，已自恶了，不是闻了后别立个心去恶。如鼻塞人，虽见恶臭在前，鼻中不曾闻得，便亦不甚恶，亦只是不曾知臭。（《传习录·上》，第五条）

⑯来书云："所喻知行并进，不宜分别前后，即《中庸》尊德性而道问学之功，交养互发，内外本末，一以贯之之道。然工夫次第，不能无先后之差。如知食乃食，知汤乃饮，知衣乃服，知路乃行，未有不见是物先有是事，此亦毫厘倏忽之间，非谓有等今日知之，而明日乃行也。"既云"交养互发，内外本末，一以贯之"，则知行并进之说，无复可疑矣。又云"工夫次第，不能无先后之差"，无乃自相矛盾已

乎？"知食乃食"等说，此尤明白易见。但吾子为近闻障蔽，自不察耳。夫人A必有欲食之心，然后知食。欲食之心即是意，即是行之始矣。B食味之美恶，必待入口而后知。岂有不待入口，而已先知食味之美恶者耶？（《传习录·中·答顾东桥书》）

这里又出现了些许不同的"知行合一"之说明。在⑮中，将见好色闻恶臭归于"知"之问题，好之恶之归于"行"之问题，又以见闻的同时已好之恶之（亦即知的同时已有行）为例来说明知行相合。将见好色闻恶臭（对色和臭的知觉、认识加上好色、恶臭的判断）归于"知"的这一点并无大碍，但对之有所好恶的感情（好恶之"情"）归于"行"就显得勉强，另外此处的说明也还有各种疑问，这些批判先留待后文，总而言之，阳明在此将"行"的范围扩大到"情"，来说明知行合一。就此意义而言，这和上述"知行合一"说的（2）甲和乙都有些许不同，称之为丙。

⑯主要是在说知和行的先后问题，反对"知然后行"的见解，而画线的A部分中，认为"吃"这件事，并不是在知道食物的存在（或是说知道在那里的是食物）之后去吃（去做这种行为），而是在知道食物存在之前，先有想吃东西的意志，此意志为行为之始。对于认识食物存在以前，一定会先有想要吃什么的意志在活动的这种见解，仍会令人有疑问，但总之A部分的论点，无法归于上述"知行合一"说法分类的任何一种。在意旨上类似⑮，也有近于（1）的一面。另外，其后接续的B部分，展开了"行之始已为知"这种明确的（1）一类的论点。

以上，阳明的"知行合一"大致可分为两个类或细分为四类：（1）知则必行—知而不行则非知—行之始已为知。（2）知与行原本即相合—（甲）知与行为一体两面（乙）知是行的一种（丙）知与行同时发生—。接着，要列举出有关于是否可以如此理解的问题点。

〔Ⅰ〕阳明的"知行合一"说内容（他对于"知行合一"的说明）如

上，而在"心即理"方面也是一样，阳明自身或许没有意识到像我的分类一样的区别。⑯中连续地将 A 和 B 两个相异的说明并列，以及⑮中谈论"好好色，恶恶臭"［（2）类的丙］之后，随即带出鼻塞之人的话题［此为（1）类之论］，明确地表示之。此外，⑮的全文是⑨所引用的阳明话语之中省略的部分。也就是说，此处也显示（1）类之论中也掺入了异质的（2）类，而且⑨的问答之后又有徐爱的再度发问，阳明的回答中出现了⑫的话［还是不同的（2）类之论］。阳明自己应该是打算"知行合一"这一个主张有几种不同的表达。然而，从我们的角度来看，这不仅仅是表达上的不同，终究还是很明显地含有不同的意思。

〔Ⅱ〕阳明说"知行合一"时，并非没有将知和行以对等的比重来说明的时候，但基本上很明显地将重点放在行的部分。因此形成"知则必行—知而不行则非知—行之始已为知"的这种说明形式，但反过来说的"行则必知—行而不知则非行—知之始已为行"这种方向的说明则几乎未能得见。① 这种说法应该也是算是一种"知行合一"之说，但这正接近于阳明所批判的朱子式的先知后行说，② 故阳明不采此说法也并非不合理。只不过如此一来，阳明的"知行合一"说就不得不说是先行后知这种方

---

① （甲）古人所以既说一个知，又说一个行者，只为<u>世间有一种人，懵懵懂懂的任意去做，全不解</u>思惟省察，也只是个冥行妄作。所以<u>必说个知，方才行得是</u>。又有一种人，茫茫荡荡悬空去思索，全不肯着实躬行，也只是个揣摸影响，所以<u>必说一个行，方才知得真</u>。此是古人不得已，补偏救弊的说话，若见得这个意时，即一言而足。（《传习录·上》，第五条）
（乙）行之明觉精察处便是知，知之真切笃实处便是行。<u>若行而不能精察明觉，便是冥行，便是"学而不</u><u>思则罔"，所以必须说个知</u>。知而不能真切笃实，便是妄想，便是"思而不学则殆"。所以必须说个行：原来只是一个工夫。（《文录三·答友人问》）上述的（甲）为⑫的后续，（乙）为⑭的后续，皆将知行以完全对等比重而论。就各自画线部分来看，是在说知之后才可能有实际的行。这是属于例外的言论，而尽管如此，其后便接续着与之相对的重视行的文句，因此绝非重视知甚于行。接着，在⑭处说"学问思辩亦便是行"，后面说"行亦便是学问思辩"，可以看到其将学问思辩(亦即知)与行平等看待，但后者是在限定条件下说"行也是学问思辩"，而不是一般性地主张"行就是学问思辩"。行不限于学问思辩，因此毕竟还是重视行甚于学问思辩，行包含学问思辩。
② 朱子关于知、行的典型话语，应为"知行常相须。如目无足不行，足无目不见。论先后，知为先。论轻重，行为重"。（《朱子语类》卷九，第一条）

向的"知行合一"。如果完全是先行后知，就毕竟不是"知行合一"，且阳明虽然绝不会说出先行后知，但也无法否定这种倾向。在此无法明确判断，是在反对先知后行说的态势之上，自然就会倾向先行后知的话语，还是说阳明的思考从一开始就倾向先行后知，但或许可说两边都是事实。

另外，阳明扩大了"行"的范围——将"意"和"情"也纳入行，视情况也会将"知"涵盖进去——来说知行合一，但绝对不会采取相反地扩大知的范围，将行纳入知的想法。

像这样，阳明的"知行合一"虽说是合一，其实是大幅倾向行的一边的合一，可以说是将知合并到行的"知行合一"。

三、致良知

在"前言"已说过阳明的"良知"概念并不单纯，而现在的目的并不是分析"良知"的概念并正确阐明之，故此处专门就"致良知"命题，也就是"致"良知之意为何的问题加以探讨。

> ⑰若鄙人所谓致知格物者，<u>致吾心之良知于事事物物也</u>。吾心之良知，即所谓天理也。致吾心良知之天理于事事物物，则事事物物皆得其理矣。<u>致吾心之良知者，致知也</u>。事事物物皆得其理者，格物也。是合心与理而为一者也。（《传习录·中·答顾东桥书》）

众所周知，阳明的"致良知"主张是和《大学》的"格物致知"之解释相结合而提出的，这表现在上述引文中。此处说的"事事物物"就是"格物"的物，精确地说，在阳明处指的就是人的行为。因此，根据上述说明，"致良知"就是在个别行为中实现良知，简单来说就是如实地按照良知命令（亦即依循天理）正确地进行每一个行为。因此其结果就是"格物"（导正

行为)。这是致良知的第一个意思。然而阳明的"致良知"说明不只如此。根据他说的:

⑱所谓"人虽不知,而已所独知者",此正是吾心良知处。然知得善,却不依这个良知便做去,知得不善,却不依这个良知便不去做,则这个良知便遮蔽了,是不能致知也。吾心良知既不能扩充到底,则善虽知好,不能着实好了,恶虽知恶,不能着实恶了,如何得意诚?故致知者,意诚之本也。然亦不是悬空的致知,致知在实事上格。如意在于为善,便就这件事上去为;意在于去恶,便就这件事上去不为。去恶固是格不正以归于正,为善则不善正了,亦是格不正以归于正也。如此则吾心良知无私欲蔽了,得以致其极,而意之所发,好善去恶,无有不诚矣。(《传习录•下》,第117条)

"致知",也就是"致良知",就是良知不被私欲等遮蔽,"扩充到底",或是可以"致其极"的状态。也就是良知的活动达到最高度的发挥,更简单地说,就是完成良知,这是"致良知"的第二个意思。

综上所述,"致良知"的(1)是"在行为中实现良知",(2)是"完成良知",但以下这则引文又是什么意思呢:

⑲致者,至也,如云"丧致乎哀"之致。《易》言"知至至之"。知至者,知也,至之者,致也。致知云者,非若后儒所谓充广其知识之谓也。致吾心之良知焉耳。……良知所知之善,虽诚欲好之矣,苟不即其意之所在之物而实有以为之,则是物有未格,而好之意,犹为未诚也。良知所知之恶,虽诚欲恶之矣,苟不即其意之所在之物而实有以去之,则是物有未格,而恶之之意,犹为未诚也。今焉,于其良知所知之善者,即其意之所在之物而实为之,无有乎不尽;于其良

知所知之恶者，即其意之所在之物而实去之，无有乎不尽，然后物无不格，而吾良知之所知者，无有亏欠障蔽，而得以极其至矣。(《大学问》)

开头使用"致者至也"之训诂的意图并不清楚，总之前面的画线部分，是在反对朱子《大学章句》的"致知"解释，而主张"致知"是"致吾心之良知"。只不过，仅凭此处无法明白这是"致良知"说的（1）还是（2）。根据后面的画线部分，系解释为"吾良知之所知""得其极"。"吾良知之所知者"并非良知（或是良知的活动）本身，而是"我的良知所知道的事"，具体来说，指的是前文所得见的"良知所知之善"还有"良知所知之恶"。也就是说良知就是自己想要做的事情是善是恶的判断内容。然后"得以极其至"也如同前文所见，指的是将良知判断为善的就打从心里喜欢而去实行；良知判断为恶的就打从心里厌恶而阻止，除去恶念，不论善恶，都将良知判断的内容来彻底贯彻在行为上。上述⑲的中略部分里面有这样一段：

⑳今欲别善恶以诚其意，惟在致其良知之所知焉尔。何则？意念之发，吾心之良知既知其为善矣，使其不能诚有以好之，而复背而去之，则是以善为恶，而自昧其知善之良知矣。意念之所发，吾之良知既知其为不善矣，使其不能诚有以恶之，而复蹈而为之，则是以恶为善，而自昧其知恶之良知矣。若是则虽曰知之，犹不知也。意其可得而诚乎？今于良知所知之善恶者，无不诚好而诚恶之，则不自欺其良知，而意可诚也已。

其中画线处的"致其良知之所知"（而且此"良知之所知"和后文的"良知所知之善恶者"相同），和⑲的"吾良知之所知者……极其至"等同，可以将其具体的内容视作和我对⑲的说明完全一致。这仍然是对"致良知"的一个说明。

将此与上述"致良知"说的（1）（2）相比较的话，若是严密地区分，则此与（1）（2）皆不同。虽然就说法上有和（2）相似的一面，但"致"（使其实现至于穷极）的对象分别是"良知"和"良知之所知"，明显相异。因此这和（2）在内容上是截然不同的。（19）（20）的"致良知"，是试图依循良知的判断来导正各个行为，这在内容上终究和（1）几乎等同。因此虽然这可以当作"致良知"说的（3）来个别看待，但实际上将之理解为（1）类的另外一种会比较妥当。

以上，指出了"致良知"有两类或三类意思，但在此，阳明本身应该是和这些类型紧密相连，并未将之以不同的意思加以区分。⑱中说"不是悬空的致知，致知在实事上格"；《大学问》在⑳之后接着说"然欲致其良知，亦岂影响恍惚而悬空无实之谓乎？是必实有其事矣。故致知必在于格物"，据此可以确认（2）和（3）的"致良知"，必定要透过个别的行为，也就是和（1）的"致良知"相结合。从我们看来，看到的是个别的行为透过良知命令而被严格地约束，但从将良知的判断贯彻到极限的工夫同时和良知的完成（良知活动的最高度实现）相关的这一点来看，"致良知"的三种内容确实是彼此相连的，每一项都能翻译成"实现良知"来理解。但尽管如此，实现的内容和实现的方法，两者毕竟还是有明显差异。

结　语

I

以上，我指出了阳明最具特征性且最重要的命题"心即理""知行合一""致良知"的每一种都包含两种以上的意思——可以透过阳明的说明来如此理解。

像这样，各命题都具有几种意思，由于我平常并未特别注意这一点对中国思想家而言，是否十分稀有，因此不太有自信可以这么说，但就我所知，并没有其他如此显著的例子。如此一来，在阳明处为何会如此，就有探讨的价值。

我已经说明过有关各命题的几种不同类型，此处不拟再重复，在我们看来，这些种类并非彼此毫无关系，也没有互相矛盾的地方，但可以区别其中明显的意思、相异的说明。

另外还有一点，这些相异处并非基于时间先后导致的阳明思想变化。以上引用资料并未一一注记年代，但并没有发现将引用的和未引用的合并之后，资料年代会导致各命题说法不同的证据。即便不能断言完全不会因年代先后，使得思考方式不同，但反过来说，也没有可以用来积极地断定年代导致差异的材料。不如说，有许多时候是同时在一个整体的言论或文章中混合着不同意思的说明。

Ⅱ

如同以上各节所提到的，阳明自己或许没有像我一样意识到我所指出的这些各命题的多义性。我所分析出的几种意思，在阳明的脑中都各自统合为一整个的"心即理""知行合一""致良知"，可能只不过就意识到，将同一件事从别的面向、用不同的说法来说明的这种程度而已。

不仅如此，就算是"心即理""知行合一""致良知"三者，也仍然不是各自独立的，而是有密切关系的连续体。例如⑰将"致良知"和"心即理"相结合来谈。还有同样地，《答顾东桥书》中可以看到：

㉑外心以求理，此知行之所以二也。求理于吾心，此圣门知行合一之教。

㉒夫子谓子贡曰："赐也，汝以予为多学而识之者欤？非也，予一

以贯之。"使诚在于多学而识，则夫子胡乃谬为是说以欺子贡者耶？一以贯之，非致其良知而何？《易》曰："君子多识前言往行，以畜其德。"夫以畜其德为心，则凡多识前言往行者，孰非畜德之事？此正知行合一之功矣。好古敏求者，好古人之学而敏求此心之理耳。心即理也。学者学此心也，求者求此心也。……君子之学，何尝离去事为而废论说？但其从事于事为论说者，要皆知行合一之功，正所以致其本心之良知，而非若世之徒事口耳谈说以为知者，分知行为两事，而果有节目先后之可言也。

在㉑中结合"心即理"和"知行合一"，㉒前半结合三者，后半则结合"知行合一"和"致良知"来叙述。在阳明处系认为，"心即理"成立而知、行随即相合，知行合一则良知随即致。另外，致良知则知行乃真正合一，知行合一而使"心即理"成立，因此"心即理""知行合一""致良知"三者原本就是以这种形态紧密相连的。极端一点来说，此三者可谓从不同角度来把握同一件事，进行说明乃至于主张。

像这样，将不同的内容当作一个整体来思考，又从不同的角度用不同的讲法来说明。阳明的思想（＝阳明学）就是以这样的形态来构成其全幅的——至少有这样的一种面向。

这种当作一个整体的做法，和阳明的非逻辑、非分析性思考，和楠本正继所谓的"浑一的"① 思考形态应该极为相关。本文开头的"前言"处，提到朱子的"理"和阳明的"良知"，其多义的性质并不相同，而这一点也与此相关。在朱子处，他自己将"理"的概念进行理论性的分析，而采取几种规定概念的表现；在阳明处，正适于在这种浑一的"良知"概念中赋

---

① 从《宋明时代儒学思想的研究》及其他楠本氏所著书中，可以看到许多以浑一来形容阳明思想的例子。

予相应于时空背景，就种种面向而言的相异说明。尽管在朱子处也并非完全采用概念分析，但和阳明相较，就不仅仅是分析程度的差别，而是根本上两者的思维形态（以及据此的学问形态）就不同。

Ⅲ

朱子是优秀的理论家，而阳明和朱子相对反，并非理论家。上述各节中也稍微指出了阳明说法中的不完备，这些都大致上出于理论分析上的不稳定。同样不稳定的例子还可以举出许多，例如关于"知行合一"：

（a）在⑯中，说"知"食物以前已有吃食物的"意"，将之作为"意是行的开始"来说明知行合一。前面已经提到，知道食物之前是否必定会有进食的意志，这一点仍有疑问，但最重要的是，既然已谓"知是行的开始"（⑪⑫），那么就算不勉强提到"意"，应该也能明确说明知行合一。

（b）在⑮处提到《大学》的"如好好色，如恶恶臭"，以见好色嗅恶臭属"知"，好之恶之属"行"，见好色嗅恶臭之"知"的同时，已然有好之恶之之"行"，以此来说明知行合一。前面已经指出将好恶之"情"纳入"行"的这一点实有问题，而此处既然将好之恶之以"行"称之，那么见、嗅本身也直接以"行"称之，会较为简明。而实际上其后接续以鼻塞之人的论述（此论述乃另外一种知行合一论，而该论在此提及的这件事本身，实际上就有一点儿奇怪）①，其中以嗅恶臭为"行"（该处虽然没有用"行"字，但提到不嗅就不"知"臭，这和透过吃的"行"才能得到味的"知"这种知行合一论一样，故嗅的行为就是"行"）。另外，在⑭中，关于一般将"学问思辩"归于"知"的问题，说"学问思辩"（其中有"着实"这项条件）已属"行"，因此从这种说法来看，见、嗅也应该可以直接说是

---

① 只不过，此鼻塞之人的论述，将前面的"好好色，恶恶臭"之论，以及其后的"行之后可以说是知"圆滑地连接起来。参见第二节〔I〕项。

"行"。最重要的是，既然嗅恶臭、做学问思辩已属于"行"，则称呼好好色恶恶臭为"行"亦无大碍。然而，分将见、嗅属"知"，好之恶之属"行"，来说知行合一，这种谈法就显得奇怪。

（c）关于方才所说的⑭"学问思辩"之论，说不论何事均诚实地去做就是"行"，诚实地去做学问思辩的工夫，则学问思辩亦为"行"。然而在《答顾东桥书》中，同样谈到"学问思辩"，同时展开了有关学问思辩行皆为为学手段，并无缺乏"行"的学（例如学孝，要实践孝道之后才可称为学），因此学的开始即已有"行"，"问""思""辩"皆无非是"学"，因此都是"行"的相关议论，和以"学问思辩"为"知"而与"行"相对（或是先于"行"）的见解正相反，"学问思辩"皆是"行"的这个结论与⑭无异，但导出结论的过程则大不相同，因此两种论述的进行方式差别就让人感到相当怪异。

（d）在⑯处出现"知行并进"一语，其他也有"知行合一并进"的说法，都是阳明屡次使用的表达方式。说知行合一，而另一方面又说"并进"，说"并进"就使得知和行并非合一，而是两件事，这无论如何都不得不说有语病。

以上，指出了几点"缺陷"，将"心即理""知行合一""致良知"各自视作一个理论或是当作理论体系的一部分时，上述的缺陷就不得不说是理论（或是说明理论时）的非常大的弱点。另外更重要的是，"心即理"等各命题原本就各自都有好几种意思，而且这些意思相异的说明都毫无逻辑性、并列地赋予各命题，这一点作为理论（或是作为说明方式）是致命的缺陷。

然而，阳明学并非一种理论体系，可以说在阳明处并无理论。在朱子处，不论是"性即理"还是"居敬穷理"，都结合在朱子学的全幅理论体系中，拥有各自的位置，是明确的一个理论；而阳明的"心即理""知行合一""致良知"等，是为了修养而存在的口号，而非理论。而且其并非逻辑

073

性地推导出的主张，而是基于领悟、体验而提倡的教诲，① 这使得相应于各种场合来说明这些命题、采取各种不同说法得以可能。

Ⅳ

在⑧之中，关于"心即理"的部分说是"立言之宗旨"，对阳明来说，这是最重要的。他谈到，将心和理分离的想法产生种种弊病，为使无此弊而说"心即理"，这是提倡"心即理"的目标。因此"心即理"是作为修养之教的口号，此"立言之宗旨"屡次为阳明所提及。对于"知行合一"也说：

㉓如今苦苦定要说知行做两个，是甚么意？某要说做一个，是甚么意？若不知立言宗旨，只管说一个两个，亦有甚用？……今人却就将知行分作两件去做，以为必先知了然后能行，我如今且去讲习讨论，做知的工夫，待知得真了，方去做行的工夫，故遂终身不行，亦遂终身不知。此不是小病痛，其来已非一日矣。某今说个知行合一，正是对病的药，又不是某凿空杜撰。知行本体，原是如此。今若知得宗旨时，即说两个亦不妨，亦只是一个。若不会宗旨，便说一个，亦济得甚事，只是闲说话。（《传习录·上》，第五条）

㉔问知行合一。先生曰："此须识我立言宗旨。今人学问，只因知行分作两件，故有一念发动，虽是不善，然却未曾行，便不去禁止。我今说个知行合一，正要人晓得一念发动处，便即是行了。发动处有不善，就将这不善念克倒了，须要彻根彻底，不使那一念不善潜伏在胸中。此是我立言宗旨。"（《传习录·下》，第26条）

---

① 印象中,山下龙二曾说过阳明学实际上是阳明教。原本儒学和儒教就常被用作同义词，有时候朱子学也可称作朱子教,尤其是阳明学具有适合被称作阳明教的性质。

和"心即理"一样，针对将知与行分离来思考而产生的种种弊害，而明确主张"知行合一"来当作对症疗法。另外又提到，若不了解"知行合一"的真正意义，只是在嘴上说知行为一也没有用；若是了解真意，那么说知行是一还是二都无妨。据此可以进一步明白，"知行合一"等的提倡，目的在于学问＝修养上的实际效果（当然并不仅如此，但至少这种企图相当大），并非作为理论来阐述。

"心即理""知行合一""致良知"，都反对朱子式的思维和学说，都是为了救其弊害所主张的命题，而如上所述，这些并不是与朱子学相对抗的理论。另外，对阳明来说，理论也未必是必要的。阳明透过这些口号，要求人们实践而体现理（心之理）。此又与"事上磨炼"的主张相连，要求在日常生活场域中，将行为一一加以导正，试图借此体现理。不是理论，而是这种实践才是必要的，然后阳明勤于说明这些事情来让人们了解。在此说明中，最好的结果是能够让自己所说的旨趣（立言之宗旨）让对方接纳，而随时调整说明方式，从第三人来看，或许是统一的整体，或许不是，而这毋庸置疑地并无大碍。上述诸点也使得阳明说法的内容多样化。

在前项的Ⅲ中，提到阳明说法中的种种缺陷，特别是作为理论时，这些缺陷十分重大，但"心即理"等命题既然并非理论，那么所谓的缺陷也就没有那么大的意义了。对我们来说，更重要的是明了阳明如何为了响应于当时状况，让对方接受其说法而花费心思。例如，在（c）处所谈的学问思辩和行的关系，只要能够说明一切都是行的这一点即可，因此就算说明方式不同，也不是多大的问题。在（d）处也是，重要的是知行不可分，因此"合一"和"并进"的字面差异就属于支微末节。另外在（a）处，在对方提出"知道食物后进食"的这种先知后行说之后，为了破除该说而甚至随机提到"想要进食的意图"。即便意存在于知之前的这种想法不能说不是阳明的本心所在，但是否可以理解为阳明基本上认为"想要进食的意志必定在于认识食物之先"，实有问题。有关阳明的言论，如同其自身所言，特以汲取"立言之宗旨"——想要说什么——为首要，不可拘泥于用语和文章。①

稍微岔题：阳明的说明是否具有能让对方接受的效果？该说明的优劣程度，对阳明来说也不是可以忽略的事。在探讨优劣程度问题时，我所谓的说明上的缺陷，毕竟还是造成了负面作用，没有这些缺陷的地方毫无疑问地具有较高的说服力。另外，令人感到意外的是，阳明也常使用训诂方法（⑲的"致者至也"以下即为一例）。虽说阳明学不是理论，但时常构筑其理路，也喜欢譬喻而屡次使用之。然而，训诂式的说明多不成功，② 理路方面也如前所述，多有缺陷。譬喻不适当之处同样所在多有（⑮的鼻塞人话题即为一例），其原本就欠缺理论式的分析乃至构成力。因此，逻辑上的

---

① 顺带一提，《传习录·下》，第75条有一段甚为有名：先生游南镇，一友指岩中花树问曰："天下无心外之物，如此花树，在深山中自开自落，于我心亦何相关？"先生曰："你未看此花时，此花与汝心，同归于寂。你来看此花时，则此花颜色，一时明白起来。便知此花不在你的心外。"这里说山中的花也是在人对其加以认识的情况下作为花而存在，因此可以视作观念论式的认识论。但在这里，由于友人插入了一句阳明的"天下无心外之物"之语而随机展开此论，如果认为阳明原本就已建立此认识论的话就很危险了。说起来，阳明说"心外无理，心外无事，心外无物"时的"物"，就是所谓"意之所在"（简单来说就是人的行为），指的不是草木等物。在此问答中，应该是友人强自牵合山中之花与"心外无物"，因此阳明顺势说明这些理由。只不过，阳明抱持着"天地万物与我一体"的想法，从该立场展开和作为存在论的唯心论，乃至作为认识论的观念论相通的论点（例如《传习录·下》，第136条），这则山中花之论，也或许要当作仅限于此状况的方便言论较为妥当。因此这虽然也还是不能说不出于阳明本心，但总而言之，只着重阳明的字面意思是很危险的。另外，如同上述之例所见，不论是"心外无物"，还是"心即理"和"知行合一"，一旦说出此语，就会产生所说的话独立出来，远离了说话者的意图而为人们所接受，人们仅由字面表现去理解意义的可能性。这一点也是我们身为研究者必须要注意的。

② ⑲的"致者至也"以下是一个不成功的例子。另外，同样在《大学问》中，其说明"格物"时说："物者，事也。凡意之所发，必有其事。意所在之事，谓之物。格者，正也。正其不正，以归于正之谓也。……《书》言'格于上下''格于文祖''格其非心'。格物之'格'，实兼其义也。"对于"物"的说明和"格者正也"的训诂，虽然意思简单易懂，但"格"字兼有"至""正"两义这一点显得奇怪，且解为"至"之意正是朱子之说，而此时"格物"之意为何就完全不明白。然而，《答顾东桥书》中说："格字之义，有以'至'字训者，如'格于文祖''有苗来格'，是以'至'训者也。然'格于文祖'，必纯孝诚敬，幽明之间，无一不得其理，而后谓之格。有苗之顽，实文德诞敷而后格，则亦兼有'正'字之义在其间，未可专以'至'字尽之也。如'格其非心''大臣格君心之非'之类，是则一皆正其不正以归于正之义，而不可以'至'字为训矣。且《大学》格物之训，又安知其不以'正'字为训，而必以'至'字为义乎？"据此，"格物"之格专以"正"为其义，格兼有至、正两义似乎是一般之论。尽管如此，在其后的引用例中，格同时有至和正义的相关说明非常稀少，似乎并未言及。更何况这种训诂方式皆甚为拙劣。

说服力并不充分。

只不过，阳明在另一方面无疑地具有极大说服力。也就是说，教学内容的简明、诲人不倦的诚恳与热情、驱使对方实践的气魄、由强悍意志所支撑的阳明自身的实行力、严苛人生经验所打造出的人格魅力，这些使得与阳明来往的人们产生感佩，而得以成为极大说服力的根源，这一点从书信和语录就可以充分观察到。

阳明学的根本性质的其中一点就在于此，我在拙作中所指出的都与这一点有关。

V

在上文中我提到，"心即理"等命题并非理论，而有关阳明对于这些命题的说法，重要之处在于把握其所言之旨趣，不可拘泥于语言和文章表面。在充分了解这一点的同时，我仍然勉强地将阳明的三个命题各自作为一个理论来处理，然后根据语言和文章，将阳明非逻辑性的说法进行逻辑性的分析，指出彼处和此处意思不一等等，穿凿附会地说"心即理"是在说心和理的关系，"知行合一"是在说知和行的关系，"致良知"是在说致和良知的关系。阳明自身一定不会做这样的分析，不会做这种令人困惑、庸人自扰的事。

㉕或问："晦庵先生曰：'人之所以为学者，心与理而已'。此语如何？"曰："心即性，性即理。下一'与'字，恐未免为二。此在学者善观之。"（《传习录·上》，第34条）

这里说朱子的"心与理"想法都是不可成立的，因此像我这样，从一开始就将心与理、知与行分而为二来看待，来讨论其相互关系，实不相应，这正只能遭受不解"立言之宗旨"的批评。

说起来，研究人的思想时，从与该思想家想法完全相异的基准来分析其思想并分类之，就很有问题。例如说阳明哲学是主观唯心主义的说法是最近有力的见解，但我并不喜欢这种判断，也不认为是正确的。阳明并没有唯心唯物、心物问题的想法。虽然确实也有浓厚的唯心论倾向，但另一方面也有唯物论的一面。① 虽然称之为"主观"不会引发异见，但简单地贴上唯心论的标签就会引起较大的抵抗，至少不应该不再加以慎重绵密的探讨。

我的论文虽然和上述弊病之例不同，但还是站在和阳明不同基准上去衡量阳明思想，和上述例子不会没有共通点。但我不是信奉阳明之教的阳明学（阳明教）之徒，因此也不可能站在和阳明相同的立场，依循阳明的想法思考（但我到目前为止尝试努力理解阳明思想），忠实地以其本来面目来说明并实践，或努力做到这些。此外也不是做到这些就足够了。我只能站在研究阳明的立场来理解阳明思想，按照我所理解的，用我自己的话说出来。

我照我的方式试图理解阳明的"心即理""知行合一""致良知"之说，苦于其难解——主要是和常识性的一般理解不同的，含有几种不同意思的这一点——耗费许多心力，最后达成上述的理解。以防万一，在重新再次调查相关概论书和专著时，② 看到这些大致上都是在我的分类中各举一种意思来说明，不然就是不同种类的说明毫无区别地并列（不加区别地叙述）。这些都和我的理解结果相异，故我在了解"阳明起必易吾言"的情况下，大胆地写下这篇论文。

我也有自己对阳明"立言之宗旨"的理解，但那充其量只是站在研究

① 对心加以重视，说心外无理、事、物，以及其他诸如注⑫等等，包含许多可以说是唯心论的要素，但这种被重视的心毕竟还是寄宿于活生生的肉体中的心，由气所构成，因此从这一点来看，也可以说是十足唯物式的想法。关于理、气的思考方式，和朱子相比，也是属于唯物论的。

② 此调查劳烦当时东京大学研究生上田弘毅，至于所调查的书和论文有哪些、含有哪些说明，为避烦琐，在此从略。

者的立场来理解，我依然只能分别从心与理、知与行的观点来探讨"心即理""知行合一"等的意思，这实在是不得已的。

另外，我在写这篇论文时，并未读尽所有与阳明相关的资料。因此在阳明研究专家看来，我的理解或许有不充分或偏差之处，就算理解的方式没有错误，也或许还有更适合、应该引用的例文。关于这几点，若能得到方家指正，则幸之甚。

二 气的哲学

明清时代气的哲学

"气的哲学"是在宋代以后的理气哲学中，相对于朱子学这种重视理甚于气的"理的哲学"，而反过来重视气甚于理的哲学。用稍微更好理解的话来说，称为"气一元论"（在单元论的意义上）也大致正确，但我在此要探讨的问题不仅是存在论方面的，毋宁说重点是在别的面向，因此在扩大范围来思考的意义上，名之为"气的哲学"。

一、理的哲学——关于朱子

"气的哲学"是作为朱子学之理气哲学的反动而生，因此在思考气的哲学时，必须要先了解其先行的，成为其发生之契机的朱子哲学。

I

宋代的理气哲学由朱子（1130—1200）集大成。朱子的哲学一般称作"理气二元论"，虽然这种称呼方式未必适当，但总而言之，他以"理"和"气"来说明宇宙万物的形成。

"气"虽然不是物质本身，却具有形成物质的可能性，也就是所谓的"原质"，是物质性的根源，又称作"一气""一元气"等。由于具有阴阳两面的性质，故又称作"阴阳二气"。比气更接近现实物质的称作"质"，大致上即为木火土金水"五行"。然后借由阴阳和五行的流行、交感、结合，而产生存在于现实世界中的万物。同时还有将气和质结合而成的"气质"

一词，有时候"气质"似乎也会指涉现实的物质本身，但原本的意思还是在物质之前的物质性因子。

"气"一词在一般的理气哲学中，大致上都用作上述的物质性根源之意，但在"理"的部分，其指涉内容就因人而异，无法简单地下定义。就算只谈朱子，他所说的"理"也具有非常广泛的内容。概括言之，朱子的"理"首先是使宇宙万物依其本身而存在的"存在原理"；第二是规定物的存在形态的"统制原理"；第三是作为应然之道的"道德原理"；第四是常识性的所谓"道理""条理"。然后这些内容以"所以然""所当然""主宰""道理""条理"等词汇来说明。要言之，"理"是一切的最高原理，因此又被赋予"纯粹至善"这种性质。

接着朱子认为，气所构成的事物背后必定有该物之理。毋宁说，有了此理才使得该物成立（此时大致上还是有个别的物之理，但根源性的理只有一个，此关系以"理一分殊"一语来表示）。于是理气先后就变成问题，根据朱子，有理则有气，有气则理赋予其中，离理无气，离气无理，理和气是相互依存、同时存在的关系，但推到极致处，则被称作"理先气后"。[①]此"先后"之意，并非简单的"理先存在，其后产生气"，而是可以理解为万物系由物质根源的气所生，而此时的气已受到作为存在原理、统制原理的理所规定，因此在这种意义上表现为"理先气后"。但朱子也说过"理生气"之类的话，[②]因此事实上问题又更复杂一点儿，不过现在的目的并不是要讨论朱子哲学本身，因此不拟深入。总而言之，朱子的宇宙论确实是由理和气所构成，同时理和气被赋予的地位并不对等，理远远优越于气，这是一大重点。

关于理和气的不对等，在人性论的部分以更清楚的形式呈现。由于朱

081

---

① 相关的思考多可见于《朱子语类》卷一开头部分。

② 《朱子语类》卷四，第 65 条，潘时举录。亦见于《性理精义》卷一《太极图说解》"集说"中的朱子之语。

子以理和气来说明天地万物的成立，因此也同样以理和气来说明人类，也就是说人的气质随阴阳二气的交感凝结而生，然后理（天理）附着之。此理就是"性"，"性即理"的命题于焉成立。然而如同理不能离气而存在，"性即理"的性（也称作"天地之性""本然之性""义理之性"）也不能离开气质而独立存在，借由寄宿在气质中才能真正地成为人之性，这称为"气质之性"。另外，此时并不是气质属于肉体、理属于精神，而是说精神性的部分也是气质的活动。

本然之性乃是理，就此而言，是万人同一而且纯粹至善的，而气质之性受到气质影响，因此会相应于气质的清浊厚薄等差别而产生种种位阶，禀受浑浊劣薄气质的人，就会受到低级气质遮蔽，本然之性无法呈现，由此而产生恶。于是乎，虽然气质并不都是恶，恶却由此而生，因此和纯粹至善的"性即理"相比，无论如何都被归于恶的一边，乃至被说"所谓恶者，却是气也"。①

另外根据朱子，性必定寄宿于气质中，透过气质才能显现，因此现实中存在的性只有气质之性，本然之性不过是其中所被设想的东西而已。但朱子本身并不是这样认为的，本然之性才是性，气质之性并非本来意义上的性，反而是被当作本然之性的障碍而要否定、克服的对象。正因如此，便得以无视气质之性，而"性即理"的命题于焉成立，就这样和"性善"命题相联结。更极端一点儿来说，义理之性似乎被视作独立于气质的存在，且较气质之性更具有优越的实在性。② 然而这种想法，从他的理气观来推演的话也可谓理所当然的归结。

恶的起源被归于气质，同时被归于根源于气的情和欲。情和欲未必皆被当作恶的要因，但和气质一样，其恶的方面还是被加以强调。③

---

① 《朱子语类》卷四，第40条，黄㽦录。
② 《朱子语类》卷四，第47条，录者不明。
③ 《朱子语类》卷五，第68条，廖谦录；卷八，第27条，郑可学录。

如上所述，根据朱子，本来至善，不含恶之要素的本然之性，受到气质和情欲的妨碍才产生恶，因此朱子的修养论采取排除成为阻碍的情欲，借由变化气质来回复本来的至善之性的方式。[①] 作为其修养方法而加以提倡的就是"居敬穷理"。有关"穷理"的部分在此无法触及，而"居敬"是为了达成所谓"存天理、去人欲"的有力手段，要言之，无非就是排除人欲之显现的"妄思妄动"，[②] 因此提倡"主静"。他重视静甚于动，这和他认为气和情欲属于"动"，相对的理和性是超越于动静的"静"有关。

Ⅱ

以上虽嫌粗略，但已叙述了朱子哲学体系的其中一面。最终其根本在于，他以理和气来说明一切事物，将理当作存在原理、统制原理、道德原理来赋予最高地位，他的宇宙论、人性论、修养论都以此理论来贯串，因此我称之为理的哲学。不过我的理解是，此理气哲学的全盘体系是预设性善说的理论而建立的。

上述所提及的朱子学说若要更进一步概括言之，则为理气相互依存、同时存在，但追根究底而言，理优先于气，虽然气质之性以外无义理之性，但最终只认为义理之性才是性；虽然气质和情欲未必是恶，但终究会流向恶的一边。因此朱子原本的思想具有非常广泛的妥协性，绝不是单方面独断的产物。然而只从其重点面来强调的话，就会变成"理先气后""理独立于气而存在，气从属之""义理之性是独立于气质的性，气质之性非性""理为善，气质为恶""性为善，情欲为恶""存天理、去人欲""无欲"等主张，产生非常极端的面貌。明代以后，朱子哲学具有被反对派特地从这种极端面貌来理解的倾向。

原本在朱子学中，坚守这种极端面貌的话，就会更使被称作理的道德

083

---

① 《朱子语类》卷四，第60条，滕璘录；卷八，第27条，郑可学录；卷12，第71条，董铢录。
② 《朱子语类》卷12，第94条，杨方录；第104条，潘柄录。

律以最高的权威来压制到人身上，这甚至是凌驾于人类力量之上的宇宙原理这种绝对的存在。这种理的结构规范着人们，把人们的感情和欲望当作是违背理的东西而加以否定，因此人们被要求克服、导正溢出这种规范的情欲，将自己置入理的结构中，这就是他们的修养功夫。在此就浓浓地显现出元明清时代，身为朝廷官学之朱子学的官学、御用学（朱子自身并不属于此）性质。就这样形成了强调形式的严格主义，产生顽固的道学先生。气的哲学乃是对这种朱子学有所反弹而兴起的。

二、气的哲学——关于戴震

气的哲学的完成者是清代的戴震，字东原（1723—1777）。其源流可上溯至明代中期，不过在这篇短文中无法从起源处来对各年代逐一详论，故接下来拟先以完成者戴震的思想作为气的哲学的典型，针对他来充分探讨气的哲学的意义，然后在下一节简单叙述具有可发展至此之可能性的气的哲学之展开。

I

戴震彻头彻尾反对朱子学，其最大的问题在于"理"。《孟子字义疏证》是他阐述自身哲学的最得意著作，在开头处，他首先对理下定义：

> 理者，察之而几微必区以别之名也。

然后他更进一步说明，这种区别所显现的规律，也就是"分理""肌理""文理"等，又将此规律之有条不紊规定为"条理"。[①]

他将自然界的样貌理解为"气化流行，生生不息"，也就是用阴阳五行

----

① 《孟子字义疏证》，第一章。

的流行来说明一切。① 他将现成存在的事物当作实体（他称之为自然），不认为有超越于阴阳的原理性的理，完全属于气的哲学。不过"自然"中会有"失"，其本身并不完整。要达到"必然"这种没有"失"的"理想状态"，才会使得"自然"整全，他称这种"必然"的状态为"理"。② 换言之，"理"指的就是自然的条理有条不紊的完整状态。光是这样说的话意义并不明确，个中结构要从接下来谈的性和情欲等相关部分来理解。

因为他以气来说明一切，所以也只以气来说明人之性。他不承认朱子说的"义理之性"，主张气质本身才是性。③ 据他所说，性是分于阴阳五行的"血气心知"所形成的万物之个别性，其为该物能力活动的一切根源。④ "血气心知"也就是气质，在此也以"血气心知"来说明"性善"。对于朱子当作恶的根源予以否定的所谓"声色臭味"或"饮食男女"等欲望，以及怀生畏死之情，他认为这是血气中所固有的"自然"，又肯定此为养其血气所不可或缺者。⑤ 也就是说，他认为这种情和欲才是性，⑥ 正由于此情，"恻隐、羞恶、辞让、是非"四端才得以成立，此四端便会发展至"仁义礼智"这种"必然"，也就是"理""善"。⑦ 他又认为喜好理是"心知"的自然，达成理、善主要是由于心知的活动。⑧ 人之性，也就是血气心知，具有这种达到善的能力。换言之就是"才之美"，他称此为"性善"。因此他所说的"性善"并非朱子所说的本然为善，而是认为，性是"自然"，善是"必然"，善是"扩充"自然之性之结果所达到的目标。于是朱子透过修养，变化气质而回复本然之性的"复初"说被加以逆转，而展现了扩充气质而

085

① 《孟子字义疏证》，第 16 章。
② 《孟子字义疏证》，第 13、15 章。
③ 《孟子字义疏证》，第 27、28 章。
④ 《孟子字义疏证》，第 20 章。
⑤ 《孟子字义疏证》，第 8、10、15、21、28 章。
⑥ 《孟子字义疏证》同，第 28 章。
⑦ 《孟子字义疏证》，第 21 章。
⑧ 《孟子字义疏证》，第 21、28 章。

"至"善的发展方向。①

像这样，他将朱子当作恶的根源而否定的气质和情欲，反作为善的根源而积极肯定之。至于从何处寻找恶的起源的问题，他则专归之于"习"。他所说的"性善""才之美"，也会因为"失养""不扩充""反复梏亡""陷溺其心、放良心"（这些都是"习"）而产生不善。② 然而他说，这种不善不过是起因于习，并非才和性之罪，不影响性达到善的可能性，也就是性善。③ 于是他批评朱子因为将理气当作"二本"而将恶归咎于气质，④ 将性和才当作"二本"而将恶归咎于才。⑤

接着有关理和情欲的关系，他反复不断地批评宋儒"以理为别如一物，得于天而具于心"⑥。宋儒由于认为理存在于自己心中，因此独断地认为自己的心就可以当作理，产生种种弊害，他称此为"意见"而加以批判。⑦ 另外，由于宋儒将理和欲视作对立，故产生"无欲"之说，导致常见的"存天理去人欲"的主张。但一切如同上述，戴震肯定情欲为维持生命的不可或缺之物，认为理、善也是以情欲为根底才得以可能。只不过人性的血气心知之自然毕竟会有"失"，情欲之失为"私"，知之私为"蔽"。情欲是极需要达遂的，但需要经由去除此"失"、正而不失的达遂方式。⑧ 情欲为自然，理为其必然，而情欲无过无不及的理想之达遂状态就是理。⑨ 去除"私"之失，遂其无过无不及的情欲又是如何？根据他的说法，情和欲是天下万人皆同的，因此以己之情欲推度他人之情，也就是透过"忠恕"去除

---

① 《孟子字义疏证》，第 14、31 章。
② 《孟子字义疏证》，第 21、30 章。
③ 《孟子字义疏证》，第 23 章。
④ 《孟子字义疏证》，第 14、15 章。
⑤ 《孟子字义疏证》，第 30、31 章。
⑥ 《孟子字义疏证》，从第五条开始屡次出现。
⑦ 《孟子字义疏证》，第五章。
⑧ 《孟子字义疏证》，第十、40 章。
⑨ 《孟子字义疏证》，第二、三、十章。

"私"，就能遂天下万人之情欲，这就是理、善。① 能够达成这一点的毕竟还是"知"的活动。而他为了去除知之失的蔽，故提倡"学"。②

Ⅱ

以上只触及戴震思想的一小部分，他引用所谓的"六经孔孟"，主张自己的说法就是六经孔孟的真意，同时批判程朱混入了"老庄释氏"，因而失去了六经孔孟之真意。这确实是一种反程朱哲学。我现在要处理的问题不在于他的说法和朱子的说法何者近于孔孟真意，以及作为宇宙观、人生观何者为优，在此拟探讨两者究竟如何相异，来阐明戴震思想所具有的意义。

两者最显著的相异处在于对"理"的想法。不过戴震批评宋儒以理为别如一物，这作为朱子批判则未必合乎事实。如前一节所述，朱子的确是并非没有将理当作独立于气的存在的一面，但从朱子自己的话语来看，他很明确地否定理是"一物"，③ 在朱子处，理也并未被认为是具有充分意义的存在。④ 另外，戴震不把理当作属于物的"一物"，而说是物的"条理"。然而在朱子处，也同样将理理解为"条理""文理"，⑤ 就这一点来说两者的"理"是重叠的。而且在戴震处，理依然被赋予"理想的""善"这种高价值，因此就这意义来说，毕竟是比"自然"之阴阳五行之气来得优越。

两者对"理"的想法有何本质上的差异：第一，相对于朱子在现象世界的物的背后，树立一种存在原理、统制原理、超越于现象的"理"，戴震则不承认这种理，完全不去思考这一类东西；第二，朱子说理"寄宿"或"附着"于气，也就是将其设想为"在物之中"，相对于此，戴震的"理"指的是物之状态。要言之，可以说戴震将"理"从朱子学中一切的原理的

---

① 《孟子字义疏证》，第二、五章。《原善》卷下，第一章。
② 《原善》卷下，第一章。
③ 《朱子语类》卷一，第11条，万人杰录；卷三，第19条，李闳祖录等等。
④ 安田二郎也将朱子的理规定为"意义"，正因为是意义，故要求其实在性（《中国近世思想研究》，页78—80、86—87）。
⑤ 《朱子语类》卷一，第12条，曾祖道录；卷六，第五条，胡泳录。

地位拉下到物之状态的位置。

两者的另一个明显相异处是对待情欲的方式。戴震对朱子将天理和人欲视作对立而否定人欲予以攻击，认为应该否定的只有"私"而已。但朱子本身并未一概否定情欲，朱子所否定的人欲实际上是"私欲"。朱子即便将天理和人欲当作对立两者，但同时也会以"私欲"为对立，[①] 频频强调"去除私欲、私意"。[②] 对《论语》"克己复礼"的解释，也说"己谓身之私欲也"，[③] 以"私欲净尽"来解释仁[④]（对于仁的这种解释，戴震亦然）。于是，两者的欲望观中亦可看出共通点。而且戴震也不是无条件地肯定情欲，而是要求去除情欲之"失"，无过无不及，正当地达遂之的"节"之工夫，如此才算是理、善，像这种情欲，朱子无疑地也会加以肯定。因此，也可以说从表面上来看，两者实际上的情欲观并无差异。

但尽管如此，不得不承认根本上的差异：朱子毕竟还是强调情欲作为理的对立者乃至障碍的一面，倾向否定情欲的方向，相对于此，戴震强调理无法离开情欲而实现的一面，而积极地肯定之。可以说，戴震将被不当压抑的情欲，提升到人们本来就必要、不可或缺之物的位置。

再者，两者的另一个明显相异点是"复初"的问题。朱子将理这个最高最完美的存在，当作本然存在的状态，设定在出发点之前，因此采取了借由学问修养来回复本然状态的方向。在戴震处，完美的状态并不是性本身，而是应该经过努力后到达的目标，将之置于前方。这就是从自然通往必然的方向。安田二郎说道：此"必然"不是我们所说的"自然必然"的

---

① 《孟子字义疏证》卷四，第43条，程端蒙录；卷五，第76条，程端蒙录；卷九，第17条，潘时举录等。

② 《孟子字义疏证》卷六，第78条，杨道夫录；第86条，录者不明；第106条，杨道夫录；卷95，第107条，杨道夫录等。

③ 《论语·颜渊》，《颜渊问仁》章集注。

④ 《朱子语类》卷六，第104条，杨道夫录；第106条，杨道夫录；第108条，李曾祖录；第109条，吴雉录等。

必然，而是"当为的必然"之意。① 不过戴震非常厌恶"本来""应该"的这种想法，在他的初期注作《原善》（三卷本）中除了自然、必然外还可得见"本然"这一用语，但后期的《绪言》到《孟子字义疏证》这一连串著作中，这一用语就被废止了。另外他反对朱子将"道"解释为"日用事物当行之理"，排除"当行"的观念，而将道规定为日常所行之事本身。② 因此他的"必然"，就应该是有意识地和安田氏所言的"当为的必然"，也就是道德的"当然"有所区别。只不过"必然"一词给人的感觉，难免会有设定了"必须要如此"，也就是"当然"的预设，但从戴震以"自然之极则"或"自然之极致"之语来说明"必然"③ 的这一点来看，他并未想着"本然应如此"，而是赋予该词汇达到"自然"的理想状态的这种发展的意义。要言之，和之前的情欲论合并来看，或许可以说，相对于朱子设定了理这种从一开始就决定好的结构，具有非发展性的、静的倾向，戴震则排除了这种预先设定的结构的束缚，将实际事物当作出发点，试图将之提升至理想的状态，具有发展性的、动的倾向。

Ⅲ

以上探讨了朱子和戴震的思想异同，要言之，其差异的根本之处，在于两者所设想的"理"之性质。因此我将戴震归于气的哲学而与朱子的理的哲学相对立。然而此理、气，是在已建立、完成的理论体系上才是根本的问题，并不是思想的出发点。也就是说，戴震的朱子学批判，并非始于与理相对的气，而是从更加切身的日常体验出发来思考。如此一来，就会将之理解为对理这种形式性的、非人性之结构的由上而下的压迫，所进行的人性化的、各种欲望之由下而上的反动。戴震的理批判中，不仅止于抬举情欲来面对理的这种冷静的理论，而是具有更相即于实际生活的感情所

089

---

① 安田二郎译《孟子字义疏证》第 13 章注。
② 《孟子字义疏证》第 31、33 章。
③ 《孟子字义疏证》第 15、32 章。

隐含的呼唤。

上文已经提到，他批评宋儒以理为得于天而具于心，结果却将自己独断的意见当作理来操弄，以至于产生种种弊害。他又对有势有位者、口才便给者们恣意卖弄他们的理，也就是独断的意见，凌虐弱势者、口拙者的情形痛加攻击，批评说凡是离情求理，都属于这种"意见"。① 这或许正是基于他自己负面经验之愤慨的表现。此乃《孟子字义疏证》之朱子学批判的开场白，这一点绝非偶然。与此相似的愤慨呼声在他的著作中屡次出现，不暇一一枚举。例如他感叹："圣人治天下，体民之情，遂民之欲……尊者以理责卑，长者以理责幼，贵者以理责贱……下之人不能以天下之同情、天下所同欲达之于上；上以理责其下，而在下之罪，人人不胜指数。人死于法，犹有怜之者；死于理，其谁怜之！"② 或是提出辩护说："人之饥寒号呼，男女哀怨，以至垂死冀生，无非人欲。"③ 诸如此类，都是对于眼前社会现象的愤慨，是弱势者对有权者的怒吼，这正是他的朱子学批判之出发点。上面已指出戴震对理的批判，是人类情欲对形式化、非人性的理的反动，而其同时也是对属于官学的朱子学的反动，更进一步说，可以理解为下层士大夫对上层权力者的批判、反动。

说到戴震，乃是汉学大家，但他的生涯并不顺遂。家境贫穷，科举亦不中。四十岁才成为举人，但在会试中持续落第六次。五十岁后经由友人推举与乾隆，任命入四库全书馆。仅经过三四年后，就于五十五岁时死去。其为官也不过至翰林院庶吉士，尤其是在入四库全书馆之前备尝艰辛，在乡里发生官司问题，曾被同族豪强勾结知县来欺凌。④ 这样的戴震会产生反抗思想，也不足为奇。

① 《孟子字义疏证》第五章。
② 《孟子字义疏证》第十章。
③ 《孟子字义疏证》第40章。
④ 以上主要根据段玉裁《戴东原先生年谱》。

他基于这种生活经验，批判有权者的不当压迫，扶持弱势、底层之人，对饥寒号呼、男女哀怨寄予同情。他的气的哲学、强烈肯定情欲的思想，确实是站在下层者的立场来批判上层权力者的哲学，也是批判官学的异端思想。只不过，就算说是反抗、批判、异端，也并不彻底，当然包含相当大的界限。如上所述，他的情欲肯定论中已然含有界限，重视导正情欲的"节"。另外，他在天下的"同情""同欲"中追求理。这种想法主张使包括庶民在内的万人情欲得以达遂，排除权威者的独断意见之压迫，而此想法则以将万人的情欲视作等同，可将自身情欲推及他人为前提。就这一点而言，从他的思想中可以看到浓厚的折中妥协性质，而这种界限主要就是下层"士大夫"立场所含有的界限。

但尽管如此，他的思想毕竟还是站在批判者立场的异端思想。正因如此，正统派士大夫们对其有诸多攻击。和他同时代的人，包括程晋芳、朱筠、姚鼐、翁方纲等，以及其后的方东树、唐鉴、魏源、夏炘等人的反对论点可为代表。① 这些反对论点的内容，由于都不甚特出，故应该没有一一说明的必要，要言之，是在攻击他与程朱相异，甚为可怪，攻击着眼点为"戴震否定理而肆其情欲"。正统派士大夫进行这样的攻击，也可以成为证明我将戴震思想视作异端的反抗思想，尤其重视情欲问题的这种见解并无错误的一个佐证。

三、气的哲学的展开

到戴震手上完成的气的哲学，若和宋代的张横渠区分的话，系始于明代中期。最早的例子为罗钦顺（整庵 1465—1547）。其后在明代，有王廷相

---

① 程晋芳《勉行堂文集·正学论三》。洪榜《初堂遗稿·卷一·上朱笥河先生书》。姚鼐《惜抱尺牍·六》。翁方纲《复初斋文集·卷七·理说驳戴震作》。方东树《汉学商兑》卷中之上。唐鉴《国朝学案小识·卷十四·休宁戴先生》。关于魏源部分，根据钱穆《中国近三百年学术史》第十一章。夏炘《夏仲子集·卷三·书戴氏遗书后》。

（浚川 1474—1544）、蒋信（道林 1483—1559）、魏校（庄渠 1483—1543）、王道（顺渠 1487—1547）、刘邦采（师泉，王阳明门人，生卒年不详）、王畿（龙溪 1498—1583）、吕坤（新吾 1534—1616）、唐鹤征（凝庵 1538—1619）、杨东明（晋庵 1548—1624）、孙慎行（淇澳 1565—1636）、刘宗周（念台 1578—1645）等，到了清代则有陈确（乾初 1604—1677）、黄宗羲（梨洲 1610—1695）、王夫之（船山 1619—1692）、颜元（习斋 1635—1704）、李塨（恕谷 1659—1733）、程廷祚（绵庄 1691—1767）等人，而至戴震（1723—1777）。戴震以后有程瑶田（易畴 1725—1814）、章学诚（实斋 1738—1801）、凌廷堪（次仲 1755—1809）、焦循（里堂 1763—1820）、阮元（芸台 1764—1849）等。

事实上若不一一说明这些人的思想，就无法谈论气的哲学的开展轨迹，但由于所费篇幅甚巨，无法允许，故详细的论述俟诸他日，此处拟姑且作一全盘统整，仅止于叙述他们的思想特征和其展开面貌的概要。

I

他们都反对朱子学的理气观，他们反对"理先气后"乃至"理独立于气，别为一物而存在"的这种想法。而他们的主张则采取"天地间唯一气""理不离气而存在""有气才有理"这一类的模式。整体而言，就是试图建立作为宇宙论的以气为首出的原理。理在这时不被认为是存在原理，最多只是作为被称作"主宰"的统制原理，彻底来说，只是以"条理"一词来表示气的"正确状态"。

若是用气来说明天地万物，则当然也必须以气来说明人类。因此对于人之性也用气质来说明，他们在这部分也反对朱子学的性论。也就是说，他们反对将义理之性和气质之性分别看待，将善归于前者，将恶归于后者的想法。然而只以气质之性来建立性善说的做法有两点困难：第一是由于必须承认气质是参差不齐的，因此无法一概将之归于性善；第二是气质和情欲是连带的，因此主张性善就必须要肯定情欲，使其正当化，但不论如何肯定其正当性，将恶的原因归诸"习"，习也终究是和情欲相结合而成立的，因此也无法忽视情欲流于恶的可能性，因此无法断言气质和情欲皆为善。所以王廷相和蒋信不得不采取"性有善有不善"的说法。为了克服这个困难，他们之中也有人不仅仅以气质为性，而认为是"气之善、气之灵""气之条理"等。但如此一来，已然大幅涉及朱子学的"性即理"思考方式。原本朱子自己也如同第一节所谈到的，为了完善地构筑"性善说"的理论，而建立"义理之性""气质之性"，以之形成理气哲学。因此气的哲学家们无法贯彻气的哲学，而不得不掺入理的要素，这种表现也多半是和性有关的部分。另外也可以说，这是只要坚持采取性善说，就难以避免的事。

用气质来说明性，就必须以情欲为性所固有之物而肯定之。而且气的哲学家一般的倾向是以"气化流行生生"来理解自然样貌，会将自然之生生皆视作善。因此会肯定情欲具有使人作为人而达成生，实现善的可能性，将灭绝情欲当作破坏生，阻碍善的实现而排斥之。他们攻击这种"存天理、去人欲"之说，主张正确地使情欲达遂才是理。只不过为了要"正确地"达遂，就需要"节"之，强调这个方向的话，就难免使得曾经否定的"去人欲"之说再度复活。事实上这种例子大量存在于他们之中。另外，为了节制情欲，有时也会提倡"礼"。除了戴震、颜元以降的众人，大致都是"礼"的主张者。这种礼不是为了"矫正"情欲，而是用来"适切地达遂"，伴随着情欲来探讨，其实礼比理有更进一步形式化的固定结构，因此礼的主张，终究不得不说是远离肯定情欲的本旨。

明清时代展开的气的哲学，大致上具有上述内容。继续深入气的立场的话，理论上就会归结于戴震的思想。戴震的思想在我看来是如此伟大，而他以前的众人，是有矛盾的，无法消除朱子的理的影子。这些都是朱子的影响。他们都反对朱子，但他们的思考都还是就朱子的理气哲学体系来进行的，于是他们仍然直接沿用朱子所使用的"理气""义理之性、气质之性"等词汇，因此自然就被朱子牵着走，产生矛盾混乱。另外，他们的朱

093

子批判也未必正当，所以即便否定独立于气、优先于气的理、否定有别于气质之性的义理之性，事实上朱子的本来之理也还是就这样残留着。就算更进一步否定这种理，在许多时候也只是否定"理"这个词汇，依然留下用别的词汇来说明的理（相当于"所当然""所以然"者）的影子。还有在所有脉络中，理都被赋予"正确的""善的"这种高等价值。因此在他们的思想体系中无法完全抹杀理，就算表面上否定理，"理一分殊""本然之性"这一类思考方式也会很轻易地复活，使他们的思想不够彻底，产生混乱矛盾。在戴震处，理依然被赋予"有条不紊的理想状态"这种高等价值，但他稳定地贯彻其主轴，避免混乱，就算有不完备之处，也完成了和朱子对抗之一贯的气的哲学体系。

还有，关于他们对朱子理解的不当之处，虽然也有一些需要讨论的地方，但作为思想史问题，重要的不是正当与否，而是肯定他们批判属于官学的朱子学，主张新的气之哲学的这种事实即可。①

Ⅱ

接着关于上述所举的明代十二位、清代十二位学者，陈确和黄宗羲是刘宗周的门人，李塨是颜元的门人，程廷祚是李塨的门人，戴震以后的五人都是其朋友或私淑者，这些团体中当然会有思想上的影响，但除此之外，明代众人之间只有些许同乡关系，其思想受到何者影响、为何者继承等等这些相互关系皆不明朗。② 除了方才举出的三个团体，暂且先将他们的思想

---

① 本节所采用的气的哲学的资料，无法一一列举。有关个学者的著作、文集、全集之类等等，在明代主要根据黄宗羲《明儒学案》，并参考秋月胤继《元明时代的儒教》。在清代则使用冯友兰《中国哲学史》、钱穆《中国近三百年学术史》、胡适《戴东原的哲学》《颜李学派的程廷祚》。另外，Forke 将罗钦顺和杨东明视作一元论者(A. Forke：Die Gedankenwelt des chinesischen Kulturkreises S. 54)，但我不采取此说。

② 胡适透过程廷祚来说颜、李思想影响了戴震(《国学季刊》5—3《颜李学派的程廷祚》)，钱穆主张毛奇龄对戴震的影响(《中国近三百年学术史》第 356 页)，但仅凭其中所举的证据无法令人信服。尤其是毛奇龄关于"理欲"有和戴震相似的说法这一点，实际上比起气，理的色彩更为强烈，因此钱穆说法无法成为探讨的问题。

视作个别独立的存在。于是乎虽然不会是按照时代来依序发展，但从中还是可以看到某种程度的发展流变。

明代的十二位学者，大略来说，王畿以前的七位主要活跃于正德（1506—1521）至嘉靖中期（1522—1566），其中可以王廷相为代表。吕坤以后的五位主要活跃于万历（1573—1619）年间，可以唐鹤征为代表。比较前期与后期思想的话，前期气的哲学还很微弱，特别是关于重视私的这种情欲问题，除了罗钦顺以外，皆采取否定态度。到了后期才开始产生以"条理"来解释理的想法，似乎已采取肯定情欲的态度。作为气的哲学，确实被深化、被彻底探讨之。尤其是在唐鹤征处，可以看到和戴震极为相似的思想。只不过关于"性"的问题，众人皆未彻底。

关于明代诸人，除了刘宗周完全是没落地主以外，[①] 其他人的家世都不明朗，但除了刘邦采和王畿，[②] 其他十人都是"尚书""侍郎"等级的堂堂大官。因此就我所指出的关于戴震的意义，似乎不能据此认为他们也是反抗者、异端者。但他们的官场生涯并不顺遂，所有人都毫无例外地与皇帝和权臣宦官起冲突，而一再遭逢颠簸，王廷相等人甚至还曾经下狱，没有一个人是能在官场上终老的。[③] 从这一点来看，他们不是单纯地处于高位的压迫者，而是健康的士大夫、官僚，至少可以认为他们对统治权力采取批判的立场。

到了清代，气的哲学为"明代遗老"所支持，特别是黄宗羲、王夫之、颜元等等在遗老中最有力的学者亦包含在内。顾炎武也谈到一些只言词组，从中可见类似气的哲学的主张。[④] 而他们强力地展开了接续明末的肯定情欲的想法。然后，顺着颜元——李塨系统到程廷祚，构筑了最接近戴震的形

095

---

① 《刘子全书·卷四十·年谱》。
② 此二人亦官至正五品。
③ 只有魏校有些不确定。
④ 《日知录》卷一《继之者善成之者性》《形而下者谓之器》，卷三《言私其豵》。

态，至戴震而集大成。气的哲学到了戴震就停止发展，自此以后，只有章学诚稍微有不同的色彩，其余都可视作戴震的支流。在戴震以后，随着"礼"的主张，多少有些转向，即便在当时出现有力的反击，但借由汉学、考证学大家之手，气的哲学还是被继承下来。至于阮元以后的流变问题，由于尚未持续研究，故不能置喙，但到了阮元时，属于道光年间，进入清代末期，中国的历史也进入了下一个阶段，因此可以认为另一个思想的潮流已经开始了。

清代的十二位学者所处的社会立场和明人差异甚大，当到"大学士"的阮元是个例外，而姑且不论遗老，程廷祚和焦循未能当官，其他人也都是微不足道的小官，并未超过戴震当到最高的"翰林院庶吉士"的程度。中国所谓的士大夫大致上都是地主，而且是可以当官从政的统治阶级。拥有可以成为统治者的可能性，却无其位的他们，就不是充分意义下的士大夫。[①] 也就是说，他们的立场不属于正统的士大夫，而仍然属于批判者。特别是被称为"遗老"的人们，生于明末，基于民族思想而拒绝出仕清朝，始终站在彻底的批判者立场上。还有，遗老们一样提倡"经世致用"之学，其政治论毫无例外地，采取反对上层权力之粗暴、压迫的重民思想而加以展开，这也和肯定欲望的思想不无关系。气的哲学就是由这些人所支持的哲学。

四、气的哲学的思想史意义

根据《明史·食货志》等文献，可以看到明代的社会、经济状态自正统（1436—1449）时期开始出现恶化的倾向。关于其原因和恶化症状出现的样貌，由于学力、时间所限，在此不拟触及。总之，恶化的倾向至正德时期开始显著，从嘉靖末到万历，机制逐渐失灵，其后走上崩坏一途，农民暴动频仍，明朝因而覆亡。到了清代，暂时回复安定，但中国的社会持

① 颜元等人则不属于地主，而是农民出身。

续从根部崩溃，产生朝向近代化的准备。气的哲学首先出现在正德时期，至万历时深化，这一点和上述明代社会动向相对照来看，就十分耐人寻味。

从理的哲学转至气的哲学的变化，其似乎可以理解为具有以下三种意义的思想活动：第一，从理这种观念性的、抽象的存在转变为器这种实在的、具体的存在；第二，因此也是从主观的存在转变为客观的存在；第三是理这种超越于人类的、非自然的存在转变为情欲这种极为人性的、自然的存在。接下来就将此动向和同时代兴起的其他思想活动一并探讨，思考其与气的哲学的关联。

首先第一是阳明学，尤其是被称为"左派王学"① 之系统的思想。王阳明（1472—1528）也是不将理气二分的学者，他面对朱子的"性即理"而主张"心即理"，面对"性"而高举"心"。朱子的"性"被设想为原本就能确实存在于人类深处之物，其甚为抽象，而非血肉；阳明所标举的"心"则始终都是具体的活人的心。② 至此为止，都显示类似气的哲学的倾向，但阳明又将此心与"理"相结合。依此，"心""良知"就是本来完全至善之物。于是阳明学就处于和气的哲学完全相反的立场，故受到戴震的批判。③ 将活生生的心直接与理相结合，就是将人心提高到理的高度，而使得心神秘化，其结果就是极为趋向观念式的、主观的一面；相反的，将处于超越人们之上的理往下拉到与人相同的位置，其结果就是产生足以得见客观的、批判的可能性。例如阳明否定"孔孟"的绝对权威，而代之以自己的"心"，④ 这种态度经由立于左派王学顶点的李贽，号卓吾（1527—1602）之手而使其更加彻底。⑤ 在此，将自己的心作为一切的标准，暴露出极为主观

097

---

① 关于左派王学的一般性质，岛田虔次的《中国近代思维的挫折》有生动的描写。

② 楠本正继博士亦将"心即理"思想规定为"浑一的、具体的、动的"思想（《九州岛大学法文学部十周年纪念哲学史学文学论集》《关于宋明儒学的一个考察》，1937）。

③ 《孟子字义疏证》第14、33章。戴震攻击王阳明的地方只有这一点。

④ 《传习录·中·答罗整庵少宰书》等。

⑤ 容肇祖《明代思想史》，第239页。

的性质，同时也将被视为神圣的圣人往下拉入凡人之列，使之成为客观的批判对象。另外，将"心即理"的立场继续推阐的话，就也必须将心中的情欲当作理来肯定。阳明主张"无欲""主静"这一点就不得不说是矛盾的。当然，阳明的这些词汇是与深刻体悟相结合的，因此单纯照字面理解就会有危险，但尽管如此，根据山下龙二的说明，王阳明在晚年时渐渐地不谈"存天理去人欲""静坐"等主张（也就是"心即理"的思想被彻底实践了），就这样，阳明晚年的思想经由王畿而连结到李贽的系统，最后在李贽处，就强烈地展开将"私欲""求利心"等当作"自然之性"而加以肯定的主张。[①] 左派王学之人不太谈理气论，但不论如何，如上所述，和气的哲学属于不同系统的他们，采取更尖锐的反抗形式来展现和气的哲学具有许多共同要素的思想。即便左派王学具有和气的哲学完全相反的一面，但实际上是属于同一方向的思想，但前者由王阳明到李贽，建立庞大系统的同时，后者也由罗钦顺、王廷相到唐鹤征构筑巨大体系，两者显示了同样的动向。只不过，左派王学由于其反士大夫的过度激烈倾向，而至明末断绝；较之稳健的气的哲学则维持士大夫的方向而延续到清代。此外，否定形式化的理而重视自然情欲的思想，在此两派以外亦有之，例如属于文人系统而受到李贽影响的袁宏道（中郎 1568—1610），和继承其流变的袁枚（随园 1716—1797）等。[②]

要指出的第二点是在小说界中，出现自《金瓶梅》以降的人情小说、市井小说。在此之前的小说主要是志怪小说和传奇小说。四大小说中，也是像《三国演义》《水浒传》《西游记》等超越于一般人之上的要素较多，到了《金瓶梅》，则是非常人性化的小说，可以看到关于情欲的赤裸裸描写。《金瓶梅》出现于万历年间，而不论是其后的《三言》《二拍》，还是清

---

① 容肇祖《明代思想史》，第 244—251 页。
② 《燕京学报》23 期，郭绍虞《性灵说》，以及杨鸿烈《袁枚评传》。

代的《红楼梦》和《儒林外史》或更之后的作品，大致上都是摆脱了超越于一般人之上的要素而属于人性化的小说占优。小说界的这种变化，也应可视作与气的哲学思想同一方向的一连串活动。

最后必须要谈一下清朝考证学的兴起。清朝考证学产生于对明代性理学的否定（特别是在明末称为"心学"者）。从心学到考证学的推移，可以理解为从主观到客观、从直观到实证、从神秘到合理的思潮变化。如此一来，毕竟还是与从理的哲学过渡到气的哲学的活动有关。我现在对于从哪里观察考证学之源流的问题尚无定见，如果直接援用钱穆和胡适的说法，[①]则起于明代中期，可以杨慎（升庵 1488—1559）为代表，其为嘉靖时人。到了万历时代的陈第（季立 1541—1617）则初步形成了杰出的考证学。此处亦可得见与气的哲学相同的发展形态。而且进入清代后，考证学经由黄宗羲、顾炎武、王夫之等人而开启迈向全盛期的开端。在此便与气的哲学家乃至人们重叠。在考证学全盛期的乾隆、嘉庆（1736—1820）时，气的哲学也到达顶点。属于气的哲学的戴震以下众人，同时也是优秀的考证学者。尤其是考证学大家戴震的前辈惠栋（定宇 1697—1758），虽然也和顾炎武一样只谈到一些只言片语，但有关"理欲"部分，也表现出和戴震相同的见解。[②] 考证学和气的哲学之间就像这样，具有许多相同之处，这一点绝非偶然。只不过考证学自清初发展以来就一路向前，风靡全学界，而气的哲学的势力就显得稍微微弱。一般认为当时的学问是训诂考证，而行为规范是朱子学，因此思想界仍在属于官学的朱子学的压倒性控制之下，我现在也是这样认为的。但将黄宗羲、（顾炎武）、王夫之、（惠栋）、戴震、程瑶田、凌廷堪、焦循、阮元这些有力的考证学大家并排的话，就会产生这样的疑问：难道气的哲学不正是支撑考证学的哲学吗？要谈论对应于从

099

---

① 钱穆《中国近三百年学术史》，第 136 页。胡适《胡适文存》第二集，卷一《费经虞与费密》，第 108 页。

② 惠栋《周易述·易微言·下》《情》《理》。

心学到考证学的这种学问上的大变化的哲学思想层面的话，毕竟还是需要提到气的哲学，还有从学问的性质来说，比起和朱子学相结合，考证学和气的哲学相结合较为适当。但是要做出这种断定的话，只举出这十位学者还是不足以立论，而且程晋芳、朱筠等人对戴震很快地就发出批判的这个事实，也是对这种断定的有力反证。此一问题的解决终究还是有待于日后的研究，因而在此就仅止于指出此两者之间有密切关系。

以上所谈到的几个思想潮流，要言之，是和气的哲学思潮具有思想史上的相同意义的一连串流变。其可以理解为从中世过渡到近代的转变。而我将之理解为：这是在明清过渡期中，被称作士大夫、地主但又属于下层阶级者，经常受到压迫、没落危机的威胁，因此对于庶民性的东西怀有亲近感，对上层权力采取批判的态度，又对时代动向最能敏感察觉的下层地主层的思想。

另外，若将左派王学和考证学连接起来理解的话，就有必要再一次检讨"考证学是对以左派王学为中心的明代心学的反动"这种一般说法。我对此问题也拟加以探讨，但现在须予以保留。

(1950.10.31)

〔补记〕本文为我的处女作，系将研究所五年之间的研究报告（1950 年提交与东京大学）之一部分摘录，进行整理改写。"气的哲学"是我首先开始使用的用语，而有关"气的哲学"的系谱之思考，则从胡适《戴东原的哲学》（原本发表于《国学季刊》2—1，1925 年，后附录于《孟子字义疏证》而单行，商务印书馆 1927 年）得到诸多启发。另外，在列举出的"气的哲学"的人名中，必须删除明代的刘邦采，加入湛若水（甘泉 1466—1560）、吴廷翰（苏原 1498？—1570？）、宋应星（长庚 1587—清顺治年间）、方以智（密之 1611—1671）四位。另外，原文中将王道的生卒年误植为另一同名异人的年份，在本文中已订正。

本文之所以列举刘邦采，是由于将《明儒学案》卷19的刘邦采传记中，黄宗羲的理气论之语误读为刘邦采的见解。其后山下龙二在撰写《罗钦顺与气的哲学》（《名古屋大学文学部研究论集》9，1961年），前来询问我本文中刘邦采的部分是否有误，才注意到这个错误。撰文不精，惭愧之甚。我已在当时对山下氏提出订正，在此拟进行正式的修改，将该人名删除。

加入湛若水，是基于我近年来的研究（参照本书《明代气的哲学之成立——以湛若水为中心》）。方以智为学界所知，是在我撰写本文之后，而宋应星虽然作为《天工开物》的作者，向来都是著名的学者，但其思想方面的著作最近才为人所介绍（《明宋应星佚着四种 野议、论气、谈天、思怜诗》，上海人民出版社，1976年），因此这三人并未被本文所举出，亦属不得已。但吴廷翰一般虽然不是著名人物，不过如果研究明代思想而不知吴廷翰是不行的，实应感到可耻。本文发表后，随即从相良亨处得知吴廷翰，不胜惶恐。关于吴廷翰的问题，虽然为时已晚，最近已预定撰写相关论文。

另外，本文中以气的哲学为下层地主阶级的思想这一点，乃是略嫌性急的粗糙论点，关于这一点，在上面提到的湛若水相关论文中也有提到，故在此不拟触及。

还有，关于朱子的"理"和戴震的"必然"之理解方式等需要订正的地方还有好几个，在此斗胆不加修改，以发表当时的原貌而为。

1980.07.05 记

明代气的哲学之成立

——以湛若水为中心

自我写下《明清时代气的哲学》这篇论文以来，已经过了二十年。我将宋代以降的理气哲学中，赋予气更高于理的地位的哲学理论或思考倾向，称之为"气的哲学"。在上述拙作中，我提出了"气的哲学"的系谱，说明其或许可以理解为朝向中国思想近代化的过渡活动。将宋代以后的哲学都以理气哲学这种架构来加以把握的做法是否正确，"气的哲学"这种构想作为思想史的理解是否妥当，虽然这些或许还有问题，但我的基本观点并未改变。

其后，我按照时代上溯，将心力放在以追寻明初以来理气哲学的全盘流变为主，虽然并未集中在"气的哲学"本身的研究，但打算从更加广阔的视野来努力试图综观"气的哲学"。现在将要叙述此研究过程中所得到的、关于明代"气的哲学"之成立的见解之一端，只不过这次要举出的"气的哲学"的对象范围较之前来得大，其理由如下：

第一，在之前，由于我的知识不足，遗漏了理当列入"气的哲学"系谱中的人——例如吴廷翰（苏原）等。第二，之前只列举了非常用心深入钻研，明确地提出、肯定"气"的优越性之旨的人——然而限于篇幅，只举出人名，而未触及思想的具体内容，其后山下龙二在《罗钦顺与气的哲学》（《名古屋大学文学部研究论集》哲学9，1961年）中十分详尽地加以论述。另外，虽然说"明确地"，但也造成了由于误读资料，而列入不应提到的刘邦采的这种漏洞——而在那之后眼界稍开，故试图拓展"气的哲学"的范围。

一

在明代中期近十年间，相继出现了罗钦顺（整庵 1465—1547）、湛若水（甘泉 1466—1560）、王守仁（阳明 1472—1528）、王廷相（浚川 1474—1544）四位著名学者。

其中关于罗钦顺，我在之前的论文中，指出"气的哲学"始于明代中期，"最早的例子为罗钦顺"，其后山下龙二于前述论文中有所详论。罗钦顺有时被视作朱子学者，有时被视作朱子学批判者，就此而言，他的评价不一，他缺乏关于"理"的思考的明确性，大致上具有"气的哲学"的要素。王廷相是我在之前的论文中，将之作为此时"气的哲学"论述者的代表人物而举出的学者，山下氏对此也添加了详细的说明。总而言之，在提倡"气"的优越性这一点上，展开了彻底的主张。在中国思想史研究中，将罗钦顺和王廷相（尤其是王廷相）当作唯物主义思想家，也是因为这一点。[①] 王阳明貌似不太关心理气论（本体论），但他是"理者气之条理，气者理之运用"（《传习录·中·答陆原静书》）的这种理气不分论者，至少并未设想像朱子所说的"所以然"之理那样，一种比气更具根源性，规定气之存在的"理"。对于周濂溪《太极图说》，他也说"太极之生生，即阴阳之生生"（同上），因此无论如何可以说，在谈论物的存在时，"气"较具有优越性。就此意义而言，王阳明亦可列入"气的哲学"。（王阳明的"心即理"的"理"，也不是作为存在原理的理，而是道德之理。而且所谓的"心即理"，比起"心本身就是理"，"心外无理"的意思更为强烈。[②] 也就是说，不是理来规定心，而是心包含着理。）

那么，湛若水又是如何呢？首先探讨他的理气论（本体论）。[③] 现将湛若水关于理气的言论中，列举主要的几条如下：

----

① "文化大革命"之后的情况并不清楚，但在此之前，中国的思想史研究，都将重视"气"的哲学视作唯物论。例如张岱年《中国唯物主义思想简史》(1975 年)中将罗钦顺和王廷相当作唯物论者，侯外庐主编《中国思想通史》第四卷下(1960 年)中以王廷相为唯物论者。还有，作为《中国唯物主义哲学选集之二》的《王廷相哲学选集》（侯外庐等编，1959 年版）由科学出版社出版，侯氏在序文中说明王廷相为唯物论者的原因。只不过根据他们的看法，王阳明是极端的唯心论者，具有和王廷相等人在本质上相对立的思想，因此像我这样将王阳明列入"气的哲学"，就十分奇异。据管见，"气"可以说是物质的根源，因此我所说的"气的哲学"无疑可以视作唯物论(尽管无条件地这样划分仍会产生疑问)，但"气"是和"理"相对，而不是和"心"相对的概念。因此无法单纯地因为重视心就视其为唯心论，由于心是由气所构成的，因此既然气和唯物论相联结，那么阳明学应该也可以算是唯物论。

② 关于这一点，请参照拙作《"心即理""知行合一""致良知"的意义——阳明学的性质之一》的第一节。

③ 关于湛若水的理论，秋月胤继《元明时代的儒学》(1928 年)中已指出其"执以气为主之一元宇宙观""主张气一元论""以一气解释宇宙，同时阐明其存在的绝对无限性"，强调了和我所说的"气的哲学"相通的一面。另外，冈田武彦《湛甘泉的学之精神》(《哲学年报》18 辑，1955 年)中，说"主张理气的一体合一，反对两者的分说对言……强调两者浑然一体之所以"，将其理解为和秋月氏截然相异的理气论。此处亦须再详细探讨。

①宇宙间，只是一气充塞流行，与道为体，何莫非有？何空之云？虽天地弊坏，人物消尽，而此气此道，亦未尝亡，则未尝空也。（《甘泉先生文录类选①［以下略称为《类选》卷17《寄阳明》）

②观天地间只是一气，只是一理，岂常有动静阴阳，二物相对，盖一物而两名者也。夫道一而已矣，其"一动一静""分阴分阳"（《太极图说》）者，盖以其消长迭运言之。……亘古亘今，宇宙内只此消长。观四时之运与人一身之气可知，何曾有两物来？古今宇宙，只是一理，生生不息。（《明儒学案》卷37，湛若水条目所引《语录》②第39条）

③古之言性也，未有以理气对言之者也。以理气对言之也者，自宋儒始也。是犹二端也。夫天地之生物也，犹父母之生子也。一气而已也，何别理附之有。古之人，其庶矣乎。刘子曰："人受天地之中以生。"中也者，和也。人也者，得气之中和者也。圣也者，极其中和之至者也。阴阳合德，刚柔适中，理也，天之性也。夫人之喜怒，气也。

---

① 湛若水的文集有《甘泉先生文录类选》21卷和《湛甘泉先生文集》32卷两种。志贺一朗认为，《类选》几乎不过是《文集》的直接引用，收于《类选》的文章中，仅《寄王阳明都宪》一文不见于《文集》中（《日本中国学会报》21集《王阳明与湛甘泉》，1969年）。然而，《类选》的部分，根据内阁文库本，系门人周孚先等编辑，于嘉靖九年(1530)湛若水在世时刊行；《文集》的部分，根据日比谷图书馆藏（后移交至东京都立中央图书馆）市村文库本（同治五年刊本），系湛若水殁后，门人洪垣等于万历七年(1579)刊行，因此《类选》不可能是《文集》的直接引用。另外，由于《文集》较晚完成，故文章数多，内容完备，和《类选》所收者颇有出入，有收入《类选》而未收入《文集》者亦有一定数量。总之，《文集》较为整齐，《类选》则属于较根本的资料，故凡《类选》所刊之资料，均根据《类选》来标示其出处。只不过本文所引之《类选》资料，皆亦载于《文集》。

② 《明儒学案》的湛若水部分收入《语录》部分五十四条。另一方面，《湛甘泉先生文集》亦收入五十四条。两者相比，仅十五条共通，其他皆不相同。共通部分散见于全书中，此十五条顺序相同，而有若干字句异同、繁简差异。此处所引用者，含有《新泉问辨录》中没有的部分，《语录》中的该部分并未见于《类选》和《文集》，只能引用《明儒学案》。据《明儒学案》文本，虽有属于何条之问题和字句上的异同，本文暂且权从于"莫本"。以下二例并同。

其中节焉，理也。《易》曰："一阴一阳之谓道。"道也者，阴阳之中也。"形而上者谓之道，形而下者谓之器"，器即气也。气有形，故曰形而下。及其适中焉，即道也。夫中何形矣，故曰形而上。上下一体也。以气理相对而言之，是二体也。（《湛甘泉先生文集》以下略称为《文集》卷二《新论》第 66 条）

⑤外气以求性道也，吾只见其惑也。是故夫子川上之叹、子思鸢鱼之察、《易》一阴一阳之训，即气即道也。器其气也，道其理也。天地之原也，器理一也。犹之手足持行也，性则持行之中正者也。故外气言性者，鲜不流于释。（《湛甘泉先生文集》卷二《新论》，第 77 条）

根据这些言论，湛若水主要以"气"来解释物的存在。只不过他谈到"气"时，大抵都会同时和"理"和"道"一并叙述，此时"理气"乃至"道器"关系，就会有未必明确的部分。尽管如此，他关于这一点所说的，仍然是强调"离气离器则别无理"（以"将朱子学理解为'理气分离的思维'"为前提），因此很明显地完全没有朱子学那种"将理视作气的存在根据"的立场。然而②的结尾处有"只是一理，生生不息"，虽然上文并未引用，但他屡屡谈到"理一分殊"，就这一点来看，似乎也可以看到以理为存在根据的想法，因此基本上，还是将他的想法理解为"理"是"气"之中正较为妥当。然后，除了上述引用诸例之外，亦多可见"宇宙间只有一气""一气于天地间充塞流行"之类的话，于是纵观其理气论，虽然并不那么明确，但在谈论物的存在时，气的比重还是显得较大。

接着，为求周全，拟先探讨湛若水对应到上述理气论的心性论、修养论内容为何。

关于人性，在上述④之中，强调"不可离气而求性"的想法，但尽管如此，性并不单纯是气，而是具有"中正"的性格。

⑤天地之性也，非在气质之外也。其中正焉者，即天地之中，赋予人者也。故曰天地之性。是故天下之言性也，皆即气质言之者也。无气质，则性不可得而见矣。故生而后有性之名。……气质之中正，即性而已矣。（同，第69条）

这段话也更进一步明确地表达相同意旨。接下来：

⑥性者天地万物一体者也。浑然宇宙，其气同也。心也者，体天地万物而不遗者也。性也者，心之生理也。心、性非二也。（《类选》卷一《心性图说》）

据此，基本上还是以和天地万物相通的"气"来说"性"，但同时又以之为"心之生理"，因此和上述的"中正"之说明一并思考的话，就无法否定湛若水多少将"理"的性质赋予"性"。这一点也可以说对应到他的理气论中，理气关系不明确的现象。

于是，在⑥之中，说"性"的同时也说"心"，而在其后又对心的广阔进行种种强调：

⑦心也者，包乎天地万物之外，而贯乎天地万物之中者也。中、外非二也，天地无内外，心亦无内外，极言之耳矣。《类选》卷一《心性图说》

还有：

⑧圣人之学，皆是心学。所谓心者，非偏指腔子里，方寸内，与事为对者也，无事而非心也。（《明儒学案》卷37《语录》第23条）

像这样，不只是以心为通贯，包括一切的伟大之物，同时对于"心之本体"，也会以心为具有本来灵妙的明觉活动者：

⑨吾常观吾心于无物之先矣，洞然而虚，昭然而灵。虚者心之所以生也，灵者心之所以神也。吾常观吾心于有物之后矣，窒然而塞，愦然而昏。塞者心之所以死也，昏者心之所以物也。其虚焉灵焉，非由外来也，其本体也。其塞焉昏焉，非由内往也，欲蔽之也。其本体固在也，一朝而觉焉，蔽者彻，虚而灵者见矣。日月蔽于云，非无日月也。鉴蔽于尘，非无明也，人心蔽于物，非无虚与灵也。心体物而不遗，无内外、无终始、无所放处，亦无所放时，其本体也。（《类选》卷15《求放心篇》）

虽然没有像王阳明一样说"心即理"，但也说了"天理者，吾心本体之中正也"（《文集》卷三《雍语》第1条）、"理也者，心之本体也"（《文集》卷三《雍语》第39条），因此至少在某种前提下，也可能会说出"心即理"。

既然如此重视心，于是就会说出⑧里面的"圣人之学，皆是心学"。在⑨中说心会"欲蔽之""人心蔽于物"，而排除这种"欲"和"物"的妨碍，显现"心之本体"，就成为他所说的"心学"的重要内容。

于是，湛若水的最具特征性的工夫口号就是"随处体认天理"。此"随处体认天理"，是扣合着《大学》"格物"的解释而说的。他将"格物"的"格"解释为"至"或"造"，将"物"解释为"理、天理、道"等等。于是"格物"就是"至其理"，就训诂方面看是极似朱子格物穷理说的解释，但在给王阳明的信中，他说明道：

⑩仆之所以训格物者，至其理也。至其理云者，体认天理也。体认天理云者，兼知行合内外言之也。天理无内外也。陈世杰书报吾兄疑仆

随处体认天理之说，为求于外。若然，不几于义外之说乎？求即无内外也。吾之所谓随处云者，随心随意，随身随家，随国随天下，盖随其所寂所感时耳。一耳。寂则廓然大公，感则物来顺应。所寂所感不同，而皆不离于吾心中正之本体。本体即实体也，天理也，至善也，物也。而谓求之外，可乎？① （《类选》卷18《答阳明王都宪论格物》）

如其所述，此内容与朱子的穷理相异，是在谈更明确的心的修炼。另外又说：

⑪认得本体，便知习心，习心去而本体完全矣，不是将本体来换了习心。本体元自在，习心蔽之，故若不见耳。不然，见赤子入井，便如何"朋""彡"发出来？故煎销习心，便是体认天理功夫。到见得天理时，习心便退听。（《明儒学案》卷37《语录》第13条）

遮蔽心之本体者，在⑨处是"欲"和"物"，但在此处则改换为"习心"，总之，这是在说明去除障碍，使心的本体显现的努力，就是"体认天理"。

湛若水与王阳明之间有亲交，关于修养方法，如⑩处所见，虽然在意见和理解方式上有若干龃龉，但在同样的地方说明"随处体认天理"时，说"兼知行合内外"，而在没有引用的部分，后文又出现"良知良能"之语。两人的修养论中有不少相似的成分。但另一方面，也需要注意⑪的"知习心""见得天理"等处。

从这段话来看：

⑫行短而知长，行方而知圆，行有止而知无穷，故行一而已。造

---

① 该文开头"仆之所以训格物者"的"物"，于原文中无此字，但此处理应添入，故笔者补之。

其极之谓也，非造其中之谓也。若夫知者，所以赞天地、达古今、通
昼夜、尽终始之变，以至于化育。非天下之聪明睿知，其孰能尽之？[①]
（《文集》卷二《新论》第44条）

其中关于知和行的议论旨趣亦有难解之处，但要言之，似乎是肯定知具有
较行来得大的价值。冈田武彦也已指出湛若水重视知，[②] 如此一来，虽然宣
称知行合一，但湛若水的"体认天理"之说，很明显地与王阳明的修养论
有出入。就此意义而言，还是如同将"格物"解释为"至其理"的训诂所
表示的，其中具有和朱子穷理说相近的一面，正因如此，而招致阳明"求
于外"的批判。

二

在此，为了表示"气的哲学"的典型理论，拟略述清代戴震（东原，
1723—1777）的哲学。

然而，虽然统称为"气的哲学"，其内容因个别的思想家而有差异，
因此"气的哲学"并不具备固定的理论体系。另外，也很难说只有戴震
的理论才是"气的哲学"的典型。然而，作为思想史上的事实，"气的哲
学"系经由戴震而集大成；作为"气的哲学"之理论体系，戴震的理论
最为完整、一贯，于是确实可以说"气的哲学"在戴震手上发展至应有
的方向。

戴震的"气的哲学"理论体系大致如下（关于戴震的哲学，已于前一
篇论文中说明，故此处仅止于简略记其要点而已）：

天道即为阴阳五行流行、万物生生的这种流行生生的样貌。由于其认

---

① 该文"所以赞天地"的"赞"，原文作"潜"，据学海类编本《甘泉新论》改之。
② 冈田氏前揭论文。

为万物的存在皆由气所构成，故戴震完全不认为存在着朱子所说的，作为万物存在原理的理。原本对戴震而言，就没有朱子所说的形而上世界。据戴震的解释，形而上为形以前（有形之物成立以前的阶段）之意，就是气还未成形。在朱子学中，气是具有成形的可能性之物，属于形而下；而在戴震处，则将理解释为气和物的条理，或是相对于气和物这种"自然""实体实事"的"必然""纯粹中正"。另外他说，"必然"（亦即理）是"自然"的极致，达到"必然"状态，"自然"才会整全。

关于人性，戴震所设想的性，也只是朱子所说的"气质之性"，眼中完全没有被称作"本然之性""义理之性"的一面。当然也就不会得出"性即理"。性是气，是自然，是实体实事。因此性之中有缺陷（用戴震的话来说就是"失"），不是本来完美的"善"。"善"是相对于性这种自然的必然，也就是立基于性这种自然，以累积学问和修养的努力的结果为目标，此无非就是"理"。人性的实体是"血气、心知"，根源于血气的活动是情、欲，根源于心知的活动是知。情欲和知都会有"失"，不过人可以去除这种失（此时"知"的活动会被特别重视），而实现善（没有失的状态，也就是理）。正因为人"性"具有这种实现善的素质，故就此意义而言，人性为善。

戴震就这样将气质之性直接当作性善说的根据而肯定之，于是，也会正面看待气质中固有的情和欲。他将情和欲特地当作人的生命中不可欠缺之物而积极地肯定之。当然，这不是说情和欲就直接等同于善。他认为，情和欲之中也会有失，情欲之失就是"私"（私欲。细分而言之，则情之失为偏，欲之失为私。另外知之失为蔽）。虽然这应该算得上是恶的原因，但戴震反而重视其成为善的根源的一面——无情欲则无"不仁"这种恶，但同时"仁"这种善也无法成立。如前所述，欲之中有"私"这种失，而去除此"私"，而能够使万人之欲皆同，则理也作为欲的达遂方式而实现了，这也就是仁，就是善，因此若无欲，则仁和善也都无法实现——而主张

"人之性为善"。

于是，朱子和戴震都共同持性善说，但两者的性善之意差异其大。在朱子学中，性（本然之性）就是理之本身，纯粹至善，原本就具备仁义礼智之完美之德，因此是"性善"，只不过性会受到气质和物欲的遮蔽，因此会要求排除其妨碍，回复本来的完美之性。相对于此，戴震认为性是"自然"的出发点，并非完美之物。从"性"出发，累积去除"失"并实现理的努力，借此可达到善。就拥有能够达到善的能力这一点而言，就是"性善"。

还有，戴震认为"理在事中"。自己的智力可以毫无障碍地活动，欲望得以正当地达成，这些都是理的实现，而一般来说，理是在外界事物中被认识的。事物的条理、秩序、法则，或是物的正确无误之存在状态等等就是理，因此认识主体（心知）能加以把握。此时将真相正确无误地加以掌握，就还是一种"理的实现"。无论如何，都和朱子学与阳明学的"理在心中"具有思考方式上的大幅差异。在朱子处，理存在于心之外的各种事物中，但也内在于个人的心中。"性即理"的理就是如此。王阳明主张理不在心之外而说"心即理"。在戴震处，欲无失（理实现于欲之中）的状态，就是不只是自己的欲，而使万人之欲一同达成；知无失（理实现于知之中，也就是形成正确无误的认识）的状态，就是万人一同认可之，因此总而言之，理的存在（成立）及其认识方式，被彻底客观化了。

在朱子处，理被称作"天理"，具有伴随着天的偌大权威，且被赋予纯粹至善的性质，而含有道德上的高度价值，而且在实在性的这一点上还是优先于气的根源性的存在原理。在戴震处，理也还是拥有"正确无误"的这种高度价值，但此价值并不会影响到存在论。另外，即便"正确无误"，人和物也不是在存在的一开始就具备之，而是作为人要实现或是认识的目标而设立的。

三

现在尝试将上文所述的戴震理论视作"气的哲学"的最完备理论，来和湛若水的理论相比，再次进行探讨。

首先，湛若水的本体论，无论如何，已具有适合归属于"气的哲学"一类的性质。只不过其中含有作为"气的哲学"，显得暧昧不彻底之处，其明确程度，在同时期的四位学者当中，远远不及王廷相，也居于罗钦顺之下（因此在前一篇论文中，并未将湛若水纳入"气的哲学"中）。尽管如此，仍可以说较王阳明来得立场明确。

在人性方面，以气或气质来论述的这一点，也毕竟还是和"气的哲学"相应。只不过，他说性是气质之中正、心之生理，这样还是并未贯彻"气的哲学"，而朱子"性即理"式的性说在其中留下了痕迹。另外，有关湛若水重视心和心学的这一点，将于其后再述。

如9处所见，欲望被视作遮蔽心之本体之物，因此他和朱子一样，将"天理"和"人欲"视作相对立者，采取了否定欲望的立场。还有，在湛若水所说的修养方式中，主观的体悟一面和客观的穷理一面（从另外的观点来说就是行的一面和知的一面）相混合。关于这几点，将和心的问题一并来探讨。

有关心与气、心学与"气的哲学"之关系：

心是人的认识之主体，也是行动之主体。用他们的方式来说，就是"心为一身之主宰"，而此心系由气所构成。在朱子的理论中，心是人之理所寄宿的地方（此寄宿之理为人之性），而不是理本身；心本身由气所构成，知觉、思考等心的功能，也都是气的活动（只不过，在朱子处，心并不单纯是气，由于理寄宿于其中，故心是人身中理和气的接点）。不论如何，心是众人身体的一部分，因此原本就和气密切相连，又和人的生命直接相系。

因为心和气密切相连，所以重视心的心学之立场，原本就具有容易和重视气的"气的哲学"相结合的倾向。然而，心学强调心的权威性，专事于心的修炼，故其求理方法趋于主观、观念性，这和戴震式的"气的哲学"极为倾向客观、实证的这一点，确实是互相对照的。戴震的哲学乃是反对朱子学而成立，然而就这一点而言，心学的立场可以说比朱子学还要远于戴震。而且这种距离随着心学对"心即理"旨趣的强调，而更加遥远。在此意义下，戴震和王阳明（"心即理"的心学代表者）分别立于最遥远的光谱两端。同样可以列入"气的哲学"两者，竟具有如此相反的性格，堪称奇妙。（因此在上一篇论文中，我把"气的哲学"和王学当作完全不同的哲学。不过，王阳明哲学可以称作"气的哲学"、王学门流中出现许多明确提倡"气的哲学"的这些现象，也是明确的事实，"气的哲学"和心学原本就有如此深厚的关系。只是两者还是不同，因此心学者并非尽皆主张"气的哲学"，而且"气的哲学"中，也含有具备浓厚心学倾向者，乃至毫无心学成分者，十分多样化。）

心学是明初以来风靡一世的学风，湛若水也具有浓厚的心学要素，但在有关上述问题的部分，也同时具有主知主义的倾向，因此不像王阳明一样极端。罗钦顺和王廷相当然也都具有心学的要素，但此二人的王学色彩十分稀薄。尽管如此，和戴震相比，也不得不说仍然处于光谱的遥远一端。

"气的哲学"原本就含有认为应肯定情欲的倾向，心学亦具有同样的性质。说起来，朱子学主张"心统性情"，认为心具有情（根源于气质），也就是情和欲系与心和气相连。因此可以说，若是重视气和心，那么就非常自然会归结到对情欲的肯定。

"气的哲学"中的情欲肯定论，在戴震处极为典型地表现出来。如同多位学者所指出的，在清初的王夫之（船山 1619—1692）和颜元（习斋 1635—1703）处亦明显可见。然而，在"气的哲学"系谱中，也有否定情欲的例子。例如王廷相在本体论的面向上非常彻底地主张"气的哲学",可是对于情欲却采取明确的否定式思考(于是王廷相基于此立场,对于性无法取性善说,而采取了当时十分罕见的"性有善有恶"之说)。另外,罗钦顺和王廷相相反,在本体论面向上并未采取如此彻底的"气的哲学",但关于情欲的部分,反而是肯定论者。

心学系统学者中亦有情欲否定论者。实际上否定论者或许还比较多。大致上,由于一般的想法是属于天理的至善之"心之本体"为物欲所蔽,故产生恶,因此无论如何都会倾向于否定欲望,强烈地倾向于主张"存天理去人欲"的工夫。湛若水(属于"气的哲学"系谱,同时也是心学者)也是如此,和王阳明亦同。只不过王阳明在晚年逐渐放弃天理人欲论,在此延长线上(王阳明的思想在其整段生涯中,从右派的线往左派的方向变化发展),王学左派的情欲肯定论于焉成立。

于是,不论是"气的哲学"还是心学,都未必会肯定情欲,但两者的发展结果都是情欲肯定论,就这一点来看,可以确认两者本来就都具有认为应肯定情欲的倾向。

以上,湛若水的哲学,尽管有各种不完备之处,但总之可以称作"气的哲学"。然后理论的各种不完备,是"气的哲学"的草创期所导致的不得不的现象。

四

值得注意的是,明代中期,1500年前后,有力的四位学者,彼此具有相当大的个人差异,而四人皆主张"气的哲学",而且此为"气的哲学"的开端。在上一篇论文中,严格地缩限了"气的哲学"的范围,因此整个明代仅止于举出罗钦顺、王廷相以下十一位学者,而若是采取本篇这样的广泛理解,那么有关其势力和思想史之意义的看法就会大不相同。

虽说"气的哲学"始于湛若水当时,但在此之前当然有以"气"来说明物的生成和存在的理论。宋代张横渠和程明道的思想是如此，在更早以前，"气"一词也大量见于《孟子》等先秦诸子处。但古代的"气"与其说是物质根源，不如说是生命力之根源，和宋代明代的"气"似乎性质大异。张横渠和程明道的"气"毫无疑问地属于宋明学的"气"，但并未经过和"理"的对立，是在此之前的"气"。① 在朱子学式的存在论中的"气""理"对立，是程伊川之后的事。另外，朱子以周濂溪所说的"太极"为"理"，但那是基于朱子自身哲学所做的个人解释，周濂溪本身并未提到"理"。虽然他也不太明确地谈到"气"，但周濂溪的"太极"还是属于气。

经过朱子学的理气论，从"理""气"的紧张关系出发而倾向"气"之一方的"气的哲学"，始于明代此时。

有许多学者并未直接论及理气问题，故很难明确地断定之，但在此四人以前的时期，朱子学的势力压倒性地强，因此大致上可认为朱子式的"理的哲学"占优势。就像当时也有胡居仁（敬斋 1434—1484）这样，极端地以理为首出的学者。然而，在此四人以后，并未得见有如此明确的"理"之论者，且王阳明以降，王学系统学者多加入了"气的哲学"的系谱——其中的蒋信（道林 1483—1559）、王畿（龙溪 1498—1583）、唐鹤征（凝庵 1538—1619）、杨东明（晋庵 1548—1624）、刘宗周（念台 1578—1645）都是明显的"气的哲学"学者，故于上一篇论文中已列举之——将自此以后的时期视作"气的哲学"占全面性优势的时期，应无大误。

从"气的哲学"兴起到占优势这一点具有何种意义，要回答这个问题并不容易，而且又可以多种角度得出各种不同的答案，而在我看来，答案

---

① 虽然指出说和"理"产生对立关系以前的"气"和之后的"气"彼此并不相同，但"气"的概念本身并未如此相异。重视"气"的立场会和着重于宇宙"生生"活动的观点相联结，这一点在两者之中是共通的。但是在和"理"的关联这一点上，有关"气"的想法当然是相异的，于是作为"气的哲学"的意义也应该相异。

就是重视如实的自然的存在之思想转而占据优势的这一点。

凡是重视规定事物存在方式的根据、应然的状态（也就是"理"），甚于现实中存在的事物（此为"气"的世界），就是朱子式的思考形态，这也是宋代的精神特征。"气的哲学"将此逆转，乃是重视现实的存在物本身的哲学。谈到"人"的部分，就会重视自然如实的人类、活生生的人性。这种风气在此时以降一般而言得到趋于强化，而相对于宋代精神而言，此显示了典型的明代的时代精神。①

不过，要谈论这一点，光是从哲学思想这一面来谈是不够的，必须要综观宗教、文学、美术、工艺等广泛的文化史全盘。虽然也可以做出某种程度的推测，但现在并未做好完整叙述的准备，故仅止于指出上述所理解到的部分。

接着，为何此时会兴起"气的哲学"并大为盛行，这也是困难的问题。当时确实要求一种与朱子学性质相异的新思想。虽然可以说明代的文化进入烂熟期，但即便如此仍不能算是充分的回答。在上一篇论文中，叙述了将"气的哲学"理解为下层地主阶级的思想，而得到佐伯有一"下层士大夫思想还在学步期"的批评指教（历史学研究会编《历史学的成果与课题》Ⅲ，1952年），而上述我的论点虽然并非完全误判，但也是未成熟的粗率之论，"学步期"是完全适切的评论。如今已没有那种说出不计后果的发言的愚勇，这也不是光用粗糙的阶层论就能处理的问题。我对这一点始终留心思考，但研究尚未进展到足以得到让自己满意之结果的程度。

不过虽然稍微离题，但我做出了以下的思考：我一直都认为，中国思想史的时代区分，在宋初（仁宗时）和清末（鸦片战争时）画上了巨大的分隔线（若使用中世、近代等词汇，则以宋初至清末为中世，清末以后为

---

① 楠本正继指出，从朱子学到阳明学的思想史流变，"可以说是尊重生命的明代思想，取代了重视道理（法则）的宋代思想"（《宋明时代儒学思想的研究》末尾，1962年）。楠本氏在此之前亦屡次提及同样的意旨，而我在此所说的，也得力于他的说法。

近代)，其中，可以将明末（亦即十七世纪初，万历中期开始）至清末这段视为过渡期，但几年来开始考虑将过渡期的上限稍微往上提。如今我的看法固定在将上限提高约百年（也就是将四位学者的时期以后当作过渡期）之处。[①]

代表中国的中世思想的，不用说，就是朱子学。朱子学的势力直持续至清末。中国思想借由超越朱子学（也同时超越了儒教）而完成近代化。达成使朱子学崩溃之角色的思想就可以视作过渡期的思想，此时，可以将"气的哲学"视为其核心。还有，此过渡期或可名为"近世"。

此一问题事实上也还需要再详细讨论，但这一次的主要目的并非探讨时代区分，故仅止于指出以上几点。最终以补充上一篇论文的形式而完结，但今后仍拟将"气的哲学"放在我的思想史研究中心位置来进一步考察。

〔补记〕本文提到将王阳明列入气的哲学系谱的看法，这也是有点过于性急的断定，仍然非常不稳。如同本书《序》所说，我现在认为，将王阳明的立场视作以与"气"相异的"心"为首出的哲学，较为妥当。不过如同本文所言，"气的哲学"和"心的哲学"确实有共通之处，因此强调这一点也未尝不可，但另一方面确实存在相当大的差异点，因此也不能无视这种异质面。

1980.07.05 记

---

① 我向来对中国思想史时代区分的见解，系以"宋明性理学—清朝考证学"此理解为前提而成立，由于认为明学（代表者为王阳明心学）将宋学（代表者为朱子学）的本质性特征"修养即学问"的这种性质推到极致，故将朱子学和阳明学视为一体，而将明末以后，以心学到考证学（在这中间我又放入"经世致用之学"）之转换的这种形式来加以把握，于其中追求过渡期的出发点，但这种区分方式，有过于只重视学术史的面向之嫌。现在我认为，作为思想史，阳明学的成立与"气的哲学"之成立可以视作反朱子学的形成，将之视为过渡期之始较为妥当。

117

程廷祚的气的哲学

——以和戴震的比较为中心

前　言

程廷祚为清代前半期的学者，生于康熙三十年（1691），卒于乾隆三十二年（1767），字启生，号绵庄、青溪居士，江苏省上元（南京）人。参加六次乡试都落第，虽曾被推举为博学鸿词科，亦不见用，终其一生而为诸生。在学问上，年轻时极受颜李学影响，排斥困于训诂辞章之末、驰于高远的空理空论之事，主张以经世致用为目标，以实践躬行经史之学为宗旨的修养之学，也就是修己治人之实学。着有《大易择言》三十六卷，《论语说》四卷，《春秋识小录》三卷，《晋书地理志证今》一卷，《青溪集》十二卷、续编八卷、附编三卷等其他约十种。

我曾于拙作《明清时代气的哲学》中，概观明代罗钦顺等开始至戴震而集大成的"气的哲学"的流衍，写下"顺着颜元——李塨系统到程廷祚，构筑了最接近戴震的形态，至戴震而集大成"，此一见解至今未变。

气的哲学的思想家中，也有的看法重视王夫之和颜元甚于戴震，[①] 这是将王夫之善于把握事物运动和变化的样貌，以及颜元在学问上重视实践要素的这一点予以高度评价所致，而在气的哲学的体系整合性、理论的完成度上，无论如何必须将戴震放在顶点的位置。

气的哲学乃是明代中期以后[②]到清代中期，在中国思想史上恒常持续的

---

① 　侯外庐《中国早期启蒙思想史》，1956 年（《中国思想通史》第五卷）等。其他在中国持唯物论立场的思想史研究，大致上都有如是评价。

② 　北宋张载（横渠）等人亦可称作气的哲学，在此以前也有各种可称作气的哲学的思想，但在此处则限于在朱子理气哲学完成以后，认为气优先于理的哲学。

一种思想形态，但并不是作为特定学派的思想而由某人传给某人来继承，只有颜元（1635—1704）、李塨（1659—1733）、程廷祚三人具有师生或类似于此的个人联系，因此在气的哲学方面或许也有继承乃至于影响的关系。从颜李、程廷祚到戴震（1723—1777）的关联并不明显，而胡适在《戴东原的哲学》（《国学季刊》2—1，1925 年）中，指出程廷祚和戴震有直接见面接触的可能性，推测颜李哲学透过程廷祚而直接影响戴震。接着在其后所写的《颜李学派的程廷祚》（同，5—3，1936 年）① 中，又更进一步，举出程廷祚《青溪集》中两处谈到戴震的事实，② 附带说明戴震有非常大的可能性受到程廷祚影响。

然而胡适所举出的，并非是可以断定程廷祚直接影响戴震，或颜李思想透过程廷祚而影响戴震的明确证据。即便程廷祚提到戴震之名，这也和戴震提到程廷祚和颜李之名大不相同。总之，影响的有无并不容易断定，故先不论，而程廷祚的哲学理论和戴震相似，此乃不争之事实，因此在本篇拙作中，在留心于两者之间的影响关系之余，拟探讨两者具体上何处相似以及何处相异。

程廷祚和戴震的相似点，在胡适的《颜李学派的程廷祚》中亦有述及若干，但仅列举几点而已，并非全盘的系统性对比，故极为不足。在此，拟举出戴震的哲学理论与朱子学间的显著差异点，就此部分比较程廷祚与戴震，重点式地探讨两者的异同。

在叙述形式方面，以下所举的各项目，将按照Ⓐ朱子的理论Ⓑ戴震的理论Ⓒ程廷祚的理论这样的顺序来对比叙述之。另外关于Ⓒ程廷祚的部分，

---

① 《国学季刊》第五卷第三号于民国 24 年出版，但胡适论文篇末写的日期为 1936 年 4 月 7 日。

② 其一为《青溪集》卷三《六书原起论》中说"又六品之中，名转注者，有展转训注之义"，其下注记曰"近日新安戴东原说"。另一为卷 11《与家鱼门论万充宗仪周二礼说书》中说"闻里中戴东园（按：当作原）素留心经义，足下早与往复，望走札问以……"，要族孙程晋芳（鱼门，1728—1784）询问戴震关于士大夫寝庙制的问题。

由于一般不太为人所知，故尽量以具体的文章资料来表示，而Ⓐ朱子和Ⓑ戴震的说法已众所皆知，因此除非有适合引用原文的地方，否则将采取尽量简略叙述的方针，此为因应篇幅限制的做法。

一、理气关系

Ⓐ朱子的哲学是理的哲学，以理为优先于气的存在原理，就极致处来说，理先在于气，[①] 规定气的存在。

Ⓑ戴震不承认先行于气、规定气之存在方式的理的存在。戴震并未直接论及理气的先后，而是基本上将理解释为"条理"，例如他说"理也者，情之不爽失也"（《孟子字义疏证》第二章），像这样，将事物的正确无误状态称为理，戴震的理就是如此。当然，理不得先于气而存在，他原本就不认为有离气而独立存在的理，气并非由理所支撑，而是独自地存在和运动变化之物。

气化流行，生生不息，是故谓之道。（《孟子字义疏证》第16章）

此即根于该见解之语，重视气往复运动而生成万物的不断的活动，以此气之活动本身而为现实世界的一切，不承认有超越于此的理的世界。

Ⓒ程廷祚在理气方面说：

自后儒之论兴，而天下乃群然贵理而贱气。……自天地而下，一气而已。……太极亦气也。"易有太极，是生两仪"。天地之间，惟气能生物，而谓理能生两仪可乎？……气其大始，而理其后起者哉！

---

① 朱子原则上不认同"理先气后"，强调理气本来"无先后可言"，但终究不得不说理在先（例如《朱子语类》卷一，第11条，万人杰录）。其赋予理"所以然之故"的性质，于是"理先"就是理所当然的理论归结。

《《青溪集》① 卷七《原气》）

关于理气关系，他比戴震更加明确地论述之。"后儒之论"指的是朱子学，自不待言。"自天地而下，一气而已"和戴震的说法虽然不同，但也是典型的气的哲学家的话。以太极为气的论点，也极为明快地显示了气的哲学的立场。以气为原初者，以太极为后起者而明言"气先理后"，也令人眼睛为之一亮。上述引文中省略的部分，也包含"气外无性""气外无理""气外无道"等语句，整体而言，他频繁地强调气相对于理的优越性。

　　戴震常提到的"生生"，他也屡屡强调：

　　　　天地一交，而生生不已。（《青溪集》卷七《原道》）

　　　　天地以生生为心，圣人以生生为学。（《青溪集》卷七《原教》）

如同《原气》文中所说的"惟气能生物"，生生的活动是气的固有表现，重视生生乃是气的哲学的一个特色。

二、理的概念

　　Ⓐ朱子的"理"的概念极为复杂多样，具有以"所以然之故"（又譬喻为"主宰"）、"所当然之则""条理"等语句来说明的各种面向。
　　Ⓑ戴震在《孟子字义疏证》一开始劈头就说：

　　　　理者，察之而几微必区以别之名也，是故谓之分理，在物之质曰肌理、曰腠理、曰文理。得其分则有条而不紊，谓之条理。

　　① 　程廷祚文集部分依据金陵丛书本《青溪集》。

此处将理规定为"条理",如上一节所说,主要以事物正确无误的存在状态为理。接着戴震将自然中现实存在的气以及气所构成的事物,或是其存在状态称为"实体实事",将相对于此的理(正确的存在状态)称为"纯粹中正"①,另外又将此实体实事称为"自然",将纯粹中正称为"必然"。也就是将事物的纯粹中正状态、必然状态称为理。然后他主张,必然为自然之极致,在必然之中,自然才得以整全,自然与必然乃是二本,非一本。②

◎程廷祚对理直接进行说明的资料并不多,但在此处则明确地以和戴震相通的"条理"来解释理:

> 天理二字始见于《乐记》,犹前圣之言天道也。若《大传》之言"理",皆主形见于事物者而言。故"天下之理""性命之理"与"穷理"③与"理,于义"皆文理、条理之谓,无指道之蕴奥以为理者。(《论语说》卷三《颜渊问仁章》)

"文理"一词亦和戴震共通。另外,上一节所引用的《原气》文句中的省略部分说:

> 徒见其后来(谈"万物化生之后"),条理之分明,文理之灿者,乃群然贵理而贱气。

---

① 在最初所写的《原善》三篇及《读孟子论性》之中为"中正无邪",将各篇总括而成的《原善》三卷本中为"纯懿中正",在《绪言》中为"纯美精好",将之增补而成的《孟子私淑录》中为"中正不失""纯粹中正",到了定稿《孟子字义疏证》中则固定为"纯粹中正"。另外,"纯粹""中正"原本为《周易·干卦·文言传》之语。

② "一本""二本"来自孟子批判墨者夷之,认为夷之以根本为二时所说的话(《孟子·滕文公上》)。戴震批判朱子学以自然与必然,也就是气与理为二本。

③ 金陵丛书本《论语说》之"乐记"作"学记",明显有误,故改之。另外"穷理与理"之处,原文"天下之理性命之理与穷理与理"不通,故将"与"改读为"之"。

虽然此处并非说明理的文字，但也使用了条理、文理等与理相当的词汇。

戴震的"实体实事"等各种语汇，是极富个性的用语，而在程廷祚处虽然没类似的精彩议论，但只就谈论理的部分而言，两者之间有以下的共通语例。以下拣选几个片段之处：上文引用的戴震《孟子字义疏证》第一章中有"几微必区以别之"，后文有"岂或爽失几微哉"，相对于此，程廷祚亦曰"未尝有几微之不顺于理"（《大易择言》卷13，剥卦六二爻辞），同样使用"几微"之语；[①] 相对于戴震的"必然"，程廷祚则屡次使用"理之必然"（《大易择言》卷九、21、30等）。

三、道、形而上下的解释

对于《周易·系辞传上》的"一阴一阳之谓道""形而上者谓之道，形而下者谓之器"两处，Ⓐ朱子将之解释为"阴阳气也，形而下者也。所以一阴一阳者理也，形而上者也。道即理之谓也"（《通书解·诚上篇》）。他将形而上解释为形以上，也就是超越形迹之意，而理（道）充于其中；将形而下解释为形以下，也就是有形迹之意，气及万事万物充于其中。阴阳之气本身非有形之物体，而是产生有形迹的个别事物（器）者，因此属于形而下的世界。

Ⓑ戴震全面地反对上述朱子的解释，认为道是行（行走、运动、进行）之意，因此并非"所以一阴一阳"，而是一阴一阳本身，也就是气为阴为阳的变化运动（戴震常说的气化流行）直接就是道。他将形而上、形而下解释为形以前、形以后，阴阳五行之气的流行是万物成形以前的阶段，故为形而上之道；个别事物（器）成形以后属于形而下的世界（以上据《孟子字义疏证》第16、17章）。

上述戴震之说与朱子相异的重点，第一是戴震将朱子认为不属于道的

---

① 除此处之外，戴震亦有其他使用"几微"之例。程廷祚在同书同卷的《复卦·象传》处亦有相同用例，唯并非与理相关的言论。

一阴一阳（气之运行）直接视为道，第二是戴震将朱子当作形而下的阴阳五行之气视为就是形而上，第三，因此朱子所说的形而上世界，在戴震的理论中完全不存在。

◎程廷祚虽未如同戴震一般直接明示"道者行也"的训诂，但也从和戴震相似之处出发：

> 道犹路也。谓之道者，言道乃阴阳所行之路。（《大易择言》卷34，《系辞上传》"一阴一阳"）

又批判程朱之说：

> 若程子谓"阴阳是形而下者"，朱子谓"阴阳迭运者气也，其理则所谓道"，此皆显与《大传》违悖，不可不知。（《大易择言》卷34，《系辞上传》"一阴一阳"）

又说：

> 阴阳之外无所谓道可知矣。（《大易择言》卷34，《系辞上传》"一阴一阳"）

> 善、性既皆得谓之阴阳，则阴阳又不得为形而下者矣。（《大易择言》卷34，《系辞上传》"一阴一阳"）

> 气之外无道也。（《青溪集》卷七《原气》）

其强调道与阴阳之气不相离，且明言阴阳乃形而上者，对于阴阳和道、形而上下关系的理解，有多处与戴震的思考相重叠。另外，关于《易》的形而上下部分，他说：

> 形而上下即谓乾坤形而上、形而下也。卦象以前为形上之乾坤，卦象以后为形下之乾坤。（《大易择言》卷 34，《系辞上传》"是故形而上者"）

此处不以"形"为造化、生成的万物之形，而是解释为画易卦时的卦与形。此意虽与戴震不吻合，但将形而上、形而下解释为形以前、形以后的这一点则正和戴震一致。另外，在此以形为卦之形，而前面"一阴一阳"段落处引文中可见的"形而下"，则是着眼于普通的万物之形。

然而有一点令人在意：上一节所引的"天理二字始见于《乐记》，犹前圣之言天道也"（《论语说》卷三）一文，据此，理和道的概念彼此会有许多部分重叠，因此上述对于道的理解就有开启疑问的空间，但在天理、天道部分，或许对于理和道就有不同的理解。

四、性与理气

Ⓐ朱子基于其理气二元论的想法，将人之性二分为属于理的性（本然之性）和处于气的影响之下的性（气质之性），且建立了相应于理的哲学，而忽视气质之性一面的"性即理"命题。然后，他将本然之性如其字面意义，作为本来的性、第一义的性；以气质之性为第二义的性，或者应该说是必须要克服的性。

Ⓑ戴震站在气的哲学的立场，不承认朱熹所说的本然之性这一面。各人的肉体（戴震称之为血气心知）由属于物质性根源、形成万物的阴阳之气分化而成形，在此，随着各人禀受的阴阳五行，而显现出个体的个别性，此个别性即为人之"性"。"血气心知"一词出自《礼记·乐记》"夫民有血

气心知之性"，血气指的是身体，心知指的是具有知觉和思考之作用的心。戴震谓此血气心知为性的实体，因此其中并无本然之性、气质之性的区别，毋宁说其专就气质之性的一面来思考性。另外，只从气质的一面来思考性，就会不得不认为性会随着个体而有各种不同。

◎程廷祚也专就气来谈性：

性无所谓义理气质之分也。有之，自宋儒之论性始。（《论语说》卷四《性相近也章》）

胶理以言性，则不知性。（《青溪集》卷七《原道》）

他反对区别义理之性、气质之性，或是以理为主来思考性的朱子学性说，而且又说：

性不可以为非气，明矣。孟子曰"形色，天性也。"夫以形色为性，则气之外无性也。（《青溪集》卷七《原气》）

他强调性系由气所构成。[①] 在这一点上，其气的哲学的立场明确程度不下于戴震。又说：

《记》曰"凡生而有血气之属者必有知"[②] ……惟人之血气尤正，

---

① 有两处资料启人疑窦：①"然则性之义云何？曰：人所以生也。《中庸》曰：天命之谓性，言性者天之所以生物，即物之所以有生命者，生之本也。"（《青溪集》卷七《原道》）性就是气，天借由气而产生人和物，借由气而生命于焉成立，此一旨趣还能明了，但天借由性，而人和物或是生命得以成立的想法，就难以理解。②"宋人言变化气质，亦属切要之论。但不合以气质为性。且指孔子所言，为气质之性耳。"（《论语说》卷四《性相近也章》）"以气质为性"之处的旨意，作为批判朱子学之语，对我来说不太能理解。

② 《礼记·三年问》："凡生天地之间者，有血气之属必有知。"

而其知有独异焉。……天于人物既皆与以血气，而又异其心知者，此天之有意与？天之无意与？（《青溪集》卷七《原心》）

值得注意的是，他和戴震同样使用血气、心知之语。只不过如前所述，血气心知典出于《礼记》，并非程、戴两人的自身用语。

五、性善与智愚

Ⓐ朱子的性说之中，性（本然之性）是人的理本身，是万人齐一且纯粹至善的，就此而言乃是百分之百的性善说，朱子将《孟子》所说的性善理解为像这样子的性善说。关于《论语·阳货》的"性相近也，习相远也""唯上知与下愚不移"，他将"性相近"的性解释为兼气质而言，气质之性原本有美恶的差异，但一开始并未有如此差别（＝相近）；另一方面，气质的相近之中，也会有美恶之固定，不因后天的习而改变（＝不移）的部分。

Ⓑ戴震仅以气质论性，故认为性打从一开始就是各人不同之物。还有，性是他所说的人的自然、实体实事，故自然本身必定有"失"，达到与去除此失之必然（纯粹中正），也就是与理相合的状态，才会实现善。于是性就绝非如朱子所言的，原本就是百分之百的善，而是在具有能够实现善之可能性的意义下而为善（《孟子字义疏证》第21章等）。

在此，关于孔子的"性相近"，他说，大凡任何事物，均依"类"而有大的区别，众人之性即便有个人差异，亦彼此相近。对于上智、下愚，他强调智愚和善恶是两回事，善恶是互相对立的概念，而智愚不过是单纯的程度差别，即便智愚的等差（当然，这也是性的个人差异）因人而异，所有人也都可以实现善，也就是说人性为善这一点是不变的，就此意义而言，人与人之间彼此相近（《孟子字义疏证》第20章、第24章等）。

在众多不将智愚、能力高下与善恶做区别，而谈论性之善恶的性论中，指出智愚与善恶分属不同问题，这应该说是戴震的卓见。

127

◎如上所述，程廷祚专以气来论性，而根据以下说法：

> 形者，天之所生也；性者，天之所赋也。……天地自一交以后，
> 以糟粕者成其形，以精英者立其性。(《青溪集》卷七《原人》)

> 人乘天地之气以生，天地虽有不善之气，而生人之气则无不善。
> 性也者，其气之至善者乎? (《青溪集》卷七《原性》)

> 人乘此至善之气以生，而谓性有不善者，岂情也哉? 夫性不可见，
> 而性之善则动而可见。(《青溪集》卷七《原性》)

> 性生于天者也。……性者至善之气也。(《青溪集》卷七《原性》)

他以至善之气构成人性为性善之根据，又以天为此至善之气的根源。此性
善的意义未必明确，但他提到"至善之气"，又使用"性之本然"之语
(《论语说》卷四《性相近也章》)，《原道》文中也有"复至善之性"的说
法，因此他应该认为本来之性是百分之百为善的。

对于"性相近"，他说：

> 夫尧、舜不世出，而孟子以为人皆可以为尧舜者，言凡人之生[①]，
> 皆与尧舜相近也。然则"性相近"之说，即"性善"之说也。……
> "唯上智与下愚不移"，则中人之智可移于愚，中人之愚可移于智，中
> 人之智与愚亦可互移于上下。……夫人性皆同，故曰相近。(《论语说》
> 卷四《性相近也章》)

---

① 原文的"凡人之生"的"生"，或为"性"字之误。若如此，"凡人之性皆与尧舜相近"较易理解。

他将"性相近"理解为"人性皆同为善"，又将上智、下愚之论解释为上智与下愚是特别的例外，一般人则是可移于上下。

以上，在这一点上，程廷祚的性说与戴震大为不同。而程廷祚之论似乎可谓稍欠精彩。在上述引用的资料中，他区分形和性，只以性为精华，将之作为气之至善者而特别重视，但这种做法缺乏说服力，而且也很难想象天地之气中同时有不善之气与至善之气。

将性规定为至善之气，这也不是不能说是程廷祚性说的一个特色，但其实作为气的哲学，其中含有不够彻底的弱点。说起来，若是以气说性，则承认性的差别，就会是当然的归结，而戴震的性论也是如此；朱子的性论中，则由理担任同一性原理，气担任不齐一原理的角色，气质之性因人而异。然而程廷祚却说：

> 智愚贤不肖之不齐，其故安在？曰：此非天之所为也。（《青溪集》卷七《原人》）

他将智愚贤不肖的个人差别之原因，归诸性以外的时代、风土、家运、父母生活、本人后天经验等等，只将性作为万人同一的至善之物，在这一点上由于追随朱子学的性善说，而折中至善的至善说与气的哲学，而导致"至善之气"这种很勉强的说明。

六、对于复性、复初的理解

Ⓐ朱子如上一节所述，认为人之性为本来的人之理本身，是纯粹至善的完美之性，因此人的学问修养之努力，就是回复此完美之性——也就是"复性""复初"。《论语》开头第一章的集注处，也将"学"说明为"明善而复其初"。

Ⓑ根据戴震，性的出发点并不是完美的，性是自然，是实体实事，善

129

和理是性的完成状态，是学问修养之努力的到达目标。在此，戴震认为，就像人的身体从幼小状态开始，借由饮食来生长一样，德行也是从蒙昧开始，借由学问来达到圣智，他直接地反对朱子式的复初、复性这种想法。（《孟子字义疏证》第 14 章）

ⓒ程廷祚认为人的气质不免有偏，接着又说：

> 因偏以流于习，而去性始远矣。古圣贤设教，惟于人之气质，加以矫偏救弊之功，不言复性而性已复。盖性者，天地之中也，偏去而中见矣。（《论语说》卷四《性相近也章》）

另外在《原道》中，又说圣王的心境为：

> 仁以居之，义以宜之，……其要惟在正人心之所感，以复于至善之性。

这很明显的是采取复性说。他承认气质之偏必定伴随于性，但同时他将性视作本来至善之物，故由此倾向复性说。

复性、复初的问题和上一节探讨的性善理解之间具有深刻关系，因此和上一节一样，对于这一点的想法，程廷祚的见解和戴震并不一致，而较近于朱子。

七、情欲肯定论与节欲

Ⓐ朱子"性即理"的性说之中，属于理的性完全不含恶的成分，而将恶的根源归诸气。更具体来说，乃是归诸心、归诸情欲。心由气所构成，属于理的性寄宿于其中，与此相应的"心统性（理）情（气）"想法于焉成立。这种情（包含欲。一般而言，情和欲视情况会区别并举，另外也时常

以情和欲的其中一者来兼言另一者）被当作是恶的根源。虽然情并不完全地被视作恶，但原则上情欲被归为恶的一边，被视作理的相反，于是就形成了"存天理、去人欲"式的情欲否定论①之修养论。

Ⓑ戴震反对前述的情欲观，特别是强烈反对将理视作情欲的对立面。戴震以血气心知为性的实体，而以欲、情、知为此血气心知所具有的活动。欲、情、知也是他所说的自然，因此各自有其失（欲之失为私，情之失为偏，知之失为蔽），达成去除此失的必然（欲、情、知正确运作的状态），理便得以实现。反过来说，理正是伴随着情和欲而存在，离情、欲则无理（也就是善）。像这样，戴震以情、欲为道德的根本，以之为人为了生存而不可或缺之物，又为人性固有之物，而积极地肯定之。于是情欲并非应当压抑而去除的对象，而是应该积极地达遂之物，只不过他强调，并不光是达遂自身一己之情欲而无视他人（此即为私），而是有必要均衡地使自己的情欲和他人的情欲都得到满足（此即为实现理的正确方式）。然后，为了实现正确地达遂情欲的理、善，必须适当地"节"其情欲（《孟子字义疏证》第11章），然后，他认为正确地调节情欲而能够实现善，此乃是透过知的活动，而特别重视知。知亦有失，若去除此失，则能达到"聪明圣智"这种理想的明智状态（知之必然）。依循此明智而使情和欲合于理（《孟子字义疏证》第30章）。最后，人之所以为人、人性为善的根本，就归于人拥有优秀的知的活动这一点。

Ⓒ程廷祚批判了《论语·颜渊》首章中朱子集注中，以天理、人欲相对立的做法，②反对朱子学的欲望观。他又反对朱子将同章的"克己复礼"

---

① "存天理去人欲"不限于朱子，也是宋明学者时常提及的修养论口号。人欲指的是私欲，也就是恶的欲望，因此"去人欲"就字面而言，未必直接就是欲望（也可说情欲）否定论，但实际上强调"存天理去人欲"乃是欲望否定论者的立场，而欲望肯定论者绝不会采取这样的主张。

② 参照第二节索引之《论语说》卷三《颜渊问仁章》。该处其后又批判道："宋人以理学自命，故取《乐记》天理人欲之说，以为本原。"

之"己"解释为"身之私欲",主张害仁者不只是私欲(《论语说》卷三,同章),这也是从同样的观点来出发。另外他说:

> 天地一交而生生不已,至善之原由此开,而物感之端亦由此启。其端则有三:饮食也,男女之欲也,乐生而恶死也。是三者,名为"物感",而亦发于至善之性。惟其感物既深,则渐流渐远,以及于陷溺,而天下之祸烈矣。圣人曰:"吾将夺而饮食,禁而男女,杜而乐生恶死之心"毋论断断有所不能,即能为之,亦必暂效于前,而终败于后。是与于天下之祸者也。不如因其所感而利导之,以益明夫至善之所在,而道之大用行焉。至善者,天之命也。天无乎不爱而有乎至善,人无乎不爱而有至善之性。道也者,广其爱而节其爱者也。无以节之,则饮食也,紾兄之臂亦可也;男女也,搂东家之处子亦可也;乐生恶死也,凡可以得生者,可无弗为也。(《青溪集》卷七《原道》)

他强调,饮食(食欲)、男女(性欲)、乐生恶死的感情,皆是由至善而发的正当者,不可压抑禁止。在此,他举出饮食、男女、乐生恶死,这和戴震在展开其情欲肯定论时说"怀生畏死,饮食男女,与夫感于物而动者"(《孟子字义疏证》第21章),或是说"人之饥寒号呼,男女哀怨,以至垂死冀生"(《孟子字义疏证》第40章)的这些十分相似。这些话语中,饮食男女出自《礼记·礼运》"饮食男女,人之大欲存焉","感于物"来自《乐记》的"感于物而动,性之欲也",具有共通的出处,因此不只用语,在这一点上,程、戴两人的想法也非常近似。

接着,前面引用的《原道》文章中提到"节其爱",其他亦有提到"节"欲望的文章(《青溪集》卷七《示家塾文》)。这种"节"的话语,来自《礼记·乐记》的"好恶无节于内,知诱于外,不能反躬,天理灭矣",总而言之,两人在提倡节欲的这一点也是一致的。

接着，程廷祚认为人之所以为人，也就是人之所以异于他物者在于人心，并重视作为心之活动的知：

> 心者知之所载也，气之至清者也。《记》曰"凡生而有血气之属者必有知"。……惟血气之属，得气之正，而能有知焉。惟人之血气尤正，而其知有独异焉。（《青溪集》卷七《原心》）

他并未像戴震一样，将情欲和知相提并论，也没有谈到正确的知的形态，但以知为人之所以为人的部分而予以重视，这一点和戴震乃属一揆。

不过，如上所述，程廷祚对情欲加以肯定，但在关于情欲的话中却说：

> 汉、唐以来之豪杰，……以反经合道之论为人欲横流之资，其弊可胜道哉？（《青溪文集续编》卷一《易论》）

他批评说，本来正确的话语，为了遂人之欲而被利用来当论据，产生弊害，因此可以说当然会将"人欲横流"视作不好的状况，这是"存天理去人欲论"的反过来的说法（参照注⑭），像这种言论，并不相应于欲望肯定论者。

八、重视欲望的政治论

⑧戴震基于他独特的情欲肯定论，而重视民众的情和欲，主张王道的一切就是要使这些情欲满足（《孟子字义疏证》第十章）。而他这样的政治论，系与激烈的社会批判之主张相结合而展开。例如：

> 尊者以理责卑，长者以理责幼，贵者以理责贱，虽失谓之顺；卑者、幼者、贱者以理争之，虽得谓之逆。于是下之人不能以天下之同情、天下所同欲达之于上；上以理责其下，而在下之罪，人人不胜指数。人死

于法，犹有怜之者；死于理，其谁怜之？（《孟子字义疏证》第十章）

这些"理"造成的害处，就是轻视情欲，或是将之视为与理相对者而试图压抑，他认为此根源于错误的朱子学式的欲望观。

◎程廷祚也相应于此欲望肯定论，而说：

处丰之初天下方来合于我，而我之明，未能徧照，则不能使人各得其欲，而不足以为丰。（《大易择言》卷 29，丰卦初九《象传》）

此处并未从正面主张欲望的充足，但正由于这里并非需要特地展开其政治论之处，因此可以说他认为政治的根本条件正在于让民众的欲望得到满足的这种见解，很直率地显现了出来。只不过此处确实不免有捡拾片言只语之感，因此并不算是像戴震那样有特色的强烈主张。

结　语

现在试将以上分作八项来探讨的结果予以重新整理：

（1）关于理气关系，程廷祚的"气的哲学"的立场极为明确，其气先理后的主张较戴震来得明了，强调"生生"的这一点也和戴震相通。（2）关于理的概念，两者基本的共通点在于将理理解为条理，另外也多少可见其他的共通用语，但并未看到程廷祚对于理之概念的明确分析。也就是说，两者的理的性格虽然相似，但思考的精确度大相径庭。（3）在道、形而上下的解释上，至少是在道、形而上下、理、气（阴阳）等用语相互关系的把握方式上，两者是极为一致的。（4）关于性和理气，在贯彻只以气来思考性的"气的哲学"之立场这一点上，程廷祚不逊于戴震，血气心知的用语也是共通之处。（5）关于性善和智愚的问题，两者皆以气（血气心知）来说性，同时相对于戴震认为性有个别差异，其本身并非至善，程廷祚则认为性属至善，万人皆同，因此在这一点上，两人说法差异甚大。对于"性相近"的解释、对智愚与善之关系的把握方式，也彼此相异。(6) 对于复性、复初说的见解，由于与对性善的理解密切相关，故与前一点一样，两者的见解在此亦相反。程廷祚依循复初说，戴震则正面反对之。(7) 关于情欲肯定论与节欲，两者的想法甚为一致，皆反对天理人欲说，认同情欲为人的固有之物，此外也有用语相似之处，关于情欲观的全盘想法更是极为类似。(8) 重视欲望的政治论主张，在与前项相关之处，两者有共通点，但论述方式的规模则异，不论是质还是量，程廷祚均远不及戴震。

最后，从气的哲学之观点来看程廷祚的思想时，在许多点上都和戴震非常类似。特别是（甲）在探讨宇宙万物的生成、存在时，认为气是根源性的，更优先于理（这是气的哲学的根本立场）。（乙）于是就重视阴阳之气的活动（生生之动）本身，将之视为道，不承认还有其他动的根源（超越阴阳的形而上之道、所以然之理）的存在。（丙）以理为气和事物的条理。（丁）只以气作为构成万物者，因此也以气来说性。（戊）将基于气的情和欲作为人所固有之物，以及自然生生运行所必须者，而积极地肯定之。（己）此情欲肯定论也反映在政治论上。在以上几点中，两者具有共通之处。当然在这些部分中，两者并非全然一致。现在无暇详论其异同，概括言之，虽然算是含有共通成分，但程廷祚不像戴震那样，其思考精密深刻，且具有优秀的体系性。

两者说法具有明确区别之处为性论，在以气论性的部分两者一致，但在此之后就完全相异了。性论以外的部分则大致可见共通点。明清时代气的哲学的全体之中，有几个可以指出来的共通之理论困难，[①] 最大的弱点就是性论的部分。程廷祚在其他部分都到达了近于戴震之处，但只有在性论

135

———————

① 主要的几点在于如何理解"理"、如何说明"性"及"性善"、如何看待"情欲"等等。戴震无论如何，总算是用了自己的方式克服这些困难，完成了气的哲学的体系。

部分无法接近之。

　　拙作以"气的哲学"——特别是戴震的气的哲学——为尺度来衡量程廷祚，来大概确认其与戴震之间的距离远近如何，总而言之，可以说达到了相当接近之处。只不过在前言处提到的，程廷祚对戴震造成的直接影响这个问题，依然无法确切地断言之。就影响关系来说，应该可以认同两者的思想可能具有亲近性，但气的哲学在程廷祚之前就已经拥有相当的历史，来自程廷祚以外的人的影响应该也很大，戴震自己也没有提到任何关于气的思想家的前人之事，不只是程廷祚，特定的思想家对戴震产生的影响，也是无法断定。

　　还有，只将程廷祚一人拿来和戴震比较，并不太具有大的意义，至少，将颜元一并纳入来比较的成果会较大，这一点自不待言，但限于篇幅，颜李等其他问题俟诸来日，总之先将拙作当作程廷祚相关的基础研究之一来进行发表。

第二部

从明学到清学

一　经世致用之学

明末清初的经世致用之学

明代的代表学问，乃是所谓的性理之学，特别是明代中期以后，乃是王学心学，而清代则为考证学，自不待言。以人的修养为目标的明代心学，和实事求是的清朝考证学，明显是相对照的学风，但在学术思想史上，并不是反对前者而突然出现后者，而是在前者与后者之中，曾有一时期以"经世致用之学"为口号。

现在拟就此经世致用之学，考察其成立的面貌与实体，及其在从心学变为考证学之过程中的角色。

一

明代心学是什么性质的学问？当时的学者、思想家们，当然并不是全体一致的，有朱子学派、有王学派，王学派中又分为几个系统，还有朱王折中派。然后这些各个流派之间，有各自学说上的差异，但即便如此，在他们的学问中还是可以指出共同的性质的。

也就是说，首先一言以蔽之，他们的学问，乃是以自我修养而成为圣人为目标，于是个人的内心修养就成为学问的中心。现稍加详述其内容："体认"具有实现天地间人们原本的正确存在方式之可能性的人类本质——此称为"本体"，及其获得方式，并透过实践来试图实现之。然后在此，体认的主要手段乃是包含读书、静坐等在内的思索，而读书的范围大致上是以所谓的道学为中心。修养实践大多不是指在日常生活、社会生活场域中来实践，反而是更狭窄的、直接修炼内心的方法，在极端的表现中，也似乎只局限在体认工夫上。

接着，这种体认方式，乃是甚为主观、直观的，且屡屡与神秘性的体悟相结合，例如有名的王阳明于龙场石椁中之悟、王艮梦见天塌陷而得悟、高攀龙感到电光通体之悟等等。像这样，立足于神秘的、直观的体认来建立工夫手段，概括性的口号乃以王阳明的"致良知"为首，还有陈献章和湛若水的"随处体认天理"，罗汝芳的"赤子良心，不学不虑""天地万物同体，撤形骸忘物我"，邹元标的"识心体"，刘宗周的"慎独"等作为所谓的"宗旨"而揭示之，以之为修养规准，努力让自己接近圣人。

他们的学说，在这种体认和宗旨的周边，包装了若干貌似具有理论性的言论，但成为基础的部分则是包含上述性质的内容，势必会以悟或是信念的部分为主，而理论性、体系性的要素则极少。即便极少，在形成这些属于理论的部分时，被当作根据来使用的，主要就是经书。在此，如何理解经书就成为问题所在。但他们不是对经书进行训诂式的研究来决定其解释，而是采取将之与自己的体认相结合来解释的态度，进行训诂的工作是"词章之学"，毋宁说是被排斥的。不过虽说是与自己的体认相结合来解释经书，也并非从经书完全独立，先完成自己的独特体认，再以之为基础来赋予经书自由的新解释。"体认"本身就已经是和经书相结合而产生的，而且经书一开始就和前人的训诂、解释分不开。还有，在经书之外，还有先儒的著作、语录、佛典等道学的读书范围，这些也会产生影响。因此他们的理论所形成的样貌，实际上极为复杂，而要言之，既成的经书和他们从自己的生活、思索的体验而生的体认彼此交织，其根本的来源是经书，也就是古圣先贤的思想，然后再赋予自身的解释。于是在他们的学说中，客观的、妥当性意义上的真假，并非问题所在，而是这种体认如何深刻，如何深入阅读经书，然后使其与自己的体认相结合，并如何巧妙的赋予经书新解释，才是重要问题。即便如此，经书的恣意解释还是有个本身的限度，因此经书解释是否具有客观的妥当性，也并非不会构成问题。事实上，他们在互相批判其他学者的说法时，会主张其经书的理解方式错误、背离孔子的真精神、离儒入佛等等，终究还是主观与主观之间的对立，并不是具有充分客观精神支撑的批判。

如上所述，与其说明代心学与修养工夫相结合，不如说心的工夫本身就是学问，而这是最为个人式的、主观式的，会和修养实践贴合、相混，而且也是观念性的学问。明代的学问并非全部都是这种心学，但大体上还是不得不说心学占有压倒性的优势。

<h2 style="text-align:center">二</h2>

明代的社会状态，从正统（1436—1449）开始就已经可见恶化之兆，而从嘉靖（1522—1566）末年开始，对北方外患的军费急速扩大，接着又进行增税，索求苛税而加速社会变动。这种形势随着万历（1573—1619）末年清朝建立，而得到助长，又随着天启（1621—1627）年间，宦官派与官僚群间发生的对立抗争，而使政局不稳，世间更为混乱。最后在崇祯（1628—1644）年间，由旱灾和蝗害导致的饥荒影响下，最终被逼到绝境的农民变成暴民，被称为"流贼"的他们的力量，终于使得明朝灭亡（1644），出现了由清朝来统治中国，这种对明朝人而言的一大事件。其后在清朝压制汉民族之抵抗的统治下，再度暂时回到安定的局面，但此一大事件，对于被卷入国家、民族危机的漩涡中的学者们来说，学问已经不能是修养自己一个人的心而成为圣人的这一类事物。他们对学问的意识，是认为学问必须为了经世，必须有实际社会的作用。这种"经世实学"的想法具有压倒性势力，发生在体验到明清交替的"明代遗老"们的时代，而此一发生，又可再稍微往前追溯。

说起来，儒学本身就是从这种"学问应该是为了经世"的这种想法出发的，一切都不是从这个时代才开始的，但这种意识随着时代不同而有浓淡之差。以明确的形式提倡这种学问观的，在明代为东林学派，也就是顾宪成（1550—1612）、高攀龙（1562—1626）等，活跃于万历至天启年间的学者们。

　　大致上，万历这个时代，是施行一条鞭法这个在社会经济史上具有重大意义的税制大改革的时代，在学术思想界中也出现大幅变化。以李贽（卓吾 1527—1602）等为中心的所谓左派王学便于此时活跃，唐鹤征（1538—1619）等人的气的哲学也在此时发展。① 在经学方面，出现了陈第（1541—1617）的考证学著作，在史学方面也出现了许多研究和著作，② 在文学方面则出现了《金瓶梅》以降的新的人情小说、市井小说这一类型。耶稣会的传教士们在传来基督教的同时，也传入了欧洲的历算学。这是变动如此显著的时代。

　　接着，东林学派在学问上奉行朱子学，强调应重视名教、节义，在政治上代表一般士大夫、官僚阶层的舆论（清议），对抗当时权臣与宦官的暴政。此乃典型的正统派士大夫的团体，他们的经世之学主张的根基也在此处。以高攀龙为代表的话，可以看到他明确说到学问应为经世之实学，且本于经术，主张必须读书，③ 乍看之下，显示了他与后面会提到的经学史派遗老们的主张相似的一面，然而，此一实学着眼于政治和经济的现象，不只是将之当作学问研究的对象，毋宁说是，他们属于工夫论者，而试图将内心修养工夫活用在自身作为官员的职务上④ 的这种意义的实学。于是，它们的本领，就在于心学的修养，名教节义的提倡、实践，以及作为官员的政治活动，而不脱学问与实践、修养不分离、彼此相交的这种心学特质。

---

① 关于气的哲学,参见拙作《明清时代气的哲学》。
② 关于史学的成果,参见和田清博士《东亚史论丛》(生活社,1942 年)《明代总说》。
③ 《高子遗书》卷三《示学者》、卷十《家训》等。
④ 参见诸如前注,卷八下《与邹经会》等。

此经世之实学的意识，到了之后遗老们的时期，占据了相当的势力。可以说没有一个学者不高举经世致用、经世适用、明体适用、明体达用等口号。这种对实际社会有用之学的意识盛行，当然是出现在受到明朝灭亡前后，激烈社会变动的刺激，无法坐视不顾的他们的生活意识中。在明朝灭亡前，他们努力要挽回国家、政治的颓势。这种活动，比起平常士大夫通过科举成为官吏、忠于自身职务，偶尔赌上自己的职务和生命来反对君王和权臣之意，而坚守本分、节义，要远远来得激烈。他们之中多数直接投身恢复明朝的军事活动，在清朝的统治确立了之后，基于对明朝的思念与反清的民族感情，出现了不允许自己出仕清朝的另类士大夫群，被称作明代遗老或遗臣的就是这些人们。

他们面对明朝灭亡的这种惨痛现实，不得不深刻批判、反省导致这种事态的当时政治、经济或学问之形态。在恢复明朝的希望断绝之后，也不得不思考将来的政治和学问应当如何，他们的经世致用之学于焉成立。

三

他们主张经世致用之学这件事，和他们批判当时或是以往的学问无用的做法互为表里。也就是说，产生了认为在此之前的学问，不过是单纯地记诵书籍、为了成为官吏的手段，或是只空谈理气之说或本体、工夫，向来无实际用处，才使得世风堕落，国家灭亡，而反过来就会主张经世致用之学。然而学者们各自不同，对于历来学问批判的重点也就不同，相对的，进行新主张并实践之的经世致用之学的实体、内容，也绝非一模一样。若要将新建立的学问内容进行分类，大致可分为三种。第一，在与明学不同的意义上，重视实践的一派（现称之为"实践派"）；第二，重视天文历算、农业水利，或是兵学火器等，也就是技术方面的一派（称为"技术派"）；第三，重视经学史学的一派（称为"经学史学派"）。不过在此虽称为"派"，并非全部都具有团体关系来进行横向联结，或是具有师徒关系来进行纵向联结，总之可以根据内容来大致分为三类。接着拟探讨此三派各自的学问实体。

（1）实践派　要言之，他们的立场是认为不可只是从事记诵之学与空谈性理，而是要更加脚踏实地地进行真正的实践。例如孙奇逢（1584—1675）是遗老中的最年长者，属于朱王折中派的学者，但也是行动派的人物。魏裔介所写的他的传记①中也提到（虽然作者本人的倾向也有影响），他对父母丧事的办理足为典范，作为孝子而受到朝廷表彰，在葬礼之后日益陷入贫穷之时，也不改变志节而受他人援助，在东林党左光斗和魏大中等受宦官魏忠贤压迫并逮捕时，身犯险境，致力于援救活动，得义士之名，在满洲族入侵时死守故乡，唯有他所守的容城免于被攻陷，在兵马之间亦讲礼乐、施德化等等。他自己也强调节义，于是他可说是在比心学者的实践更宽广的意义下，将经世之学的主张在日常生活、社会生活场域中表现出来的实践家、实践论者。然而他所写的《四书近指》序文开头处，断言学的目的是为了学而为圣人，又因此重视"心"、强调静坐。② 也就是说，前述魏裔介所写的传记中说的"公学以慎独为宗，体认天理为要，以日用伦常为实际"，充分表现他的学问形态，强调日用伦常，也就是日常生活中的道德实践，这一点展现了清初的特色，但其他地方应该可说正是和明代心学同类型的学问。他的门人或是和他有交游关系的王余佑（1615—1684）、刁包（1603—1669）、魏象枢（1617—1687）、魏裔介（1616—1686）、汤斌（1627—1687）等，也大致上可说继承了这种形态。其中后三者仕于清朝，且成为尚书、大学士等级的大官，因此不属于遗老之类，但学问意识和形态则为同类。

接着，李颙（1627—1705）也是朱王折中派学者，排斥所谓空谈性理、

---

①　《孙征君先生传》(孙奇逢《夏峰集》卷首)。

②　除了《四书近指》序文之外，可见于《夏峰集》卷 11《成趣园偶书》及同书卷一、卷二《语录》中。

辞章记诵之末节、空疏无用之学，强调明体适用之学或经世宰物之学，① 以明学术、正人心为目标，② 而最终其重点在于日常的实践躬行，而溯其根本，终究还是主张"悔过自新"、呈现心的工夫。③ 还有颜元（1635—1704）等人也认为静坐、读书工夫为无用有害而予以排斥，是彻底的反宋明学的实践主义者，④ 但他也还是主张透过礼乐来修养，更阐述"习恭"工夫，使本心工夫得以确立，⑤ 也就是说和孙奇逢等人一样，含有许多和心学共通的要素。

其他还有朱之瑜（1600—1682）、陆世仪（1611—1672）、张履祥（1611—1674）等，以及遗老以外的朝廷朱子学者熊赐履（1635—1709），和清儒中最早从祀于孔庙的朱子学者陆陇其（1630—1692）等，亦属于此类。

上述列举的人们虽属于实践派、修养派，但也并非全部都只从事这一类的学问。例如孙奇逢好兵学，关心历史；王余佑通天文、地理、礼乐、兵刑、耕桑、医卜；李颙重视历史和政治（制度、军事、农业、水利等）；⑥颜元不只提倡礼乐，也包括兵和农（主要为水利），还有其著作《存治编》中也开展了政治论；陆世仪谈论了天文、地理、河渠、兵法、政治沿革、礼乐制度等；张履祥关心农业，着《补农书》；陆陇其也从身为地方官的经验出发，而多所谈论政治上的各种问题。⑦ 于是，他们的学问，从心学的心上工夫更进一步来到生活场域中的实践面，又更进一步，明确地表示试图直接处理社会各种问题的意志，但这些并未作为他们的"学问的"活动而

---

① 李颙《二曲集》卷 14《盩厔答问》、卷 15《富平答问》、卷 45《历年纪略》等。
② 李颙《二曲集》卷 17《答许学宪》等。
③ 李颙《二曲集》卷一《悔过自新说》、卷 30《四书反身录·论语上》等。
④ 参见颜元《存学编》。
⑤ 多见于颜元《言行录》。
⑥ 参见李颙《二曲集》卷七《体用全学》、卷八《读书次第》。
⑦ 主要参见陆陇其《三鱼堂外集》卷二、卷三。

出现。也就是说这些问题并不足以成为他们在学问上的关心对象，他们的为学本领终究不离修养实践。就此意义而言，他们的学问从内容上来说，应可说是继承了东林学派的脉络。

（2）技术派　万历年间，耶稣会传教士前来，特别是西方的天文历算学、测量水利技术等传入以降，这部分的科学、技术研究十分盛行，而其中的代表者首先是明末的徐光启（1562—1633）。他官至大学士，也是接受基督教受洗的正式教徒。他和传教士利玛窦颇有交情，学习天文、地理、水利之学，和利玛窦一起合作翻译《几何原本》，和传教士熊三拔共同翻译《泰西水法》，又著《农政全书》，翻译编纂《崇祯历书》。而且他从事这些学问，也还是基于对经世致用的关心。①另外，他作为政治家十分出色，也有军事的才能，是优秀的行动者。在天文历算方面，还有他的同伴李之藻（1565—1630）。以上诸人在年代上较遗老为早，但其后由于他们的刺激，在这方面出现许多专门的研究专家。

孙奇逢的门人，遗老薛凤祚（1628—1680）是《圣学心传》的作者，具有明学的要素，但其本领更在于天文历算学方面，从学于传教士穆尼阁、汤若望，翻译《天步真原》，著《算学会通》。还有他也是致用论者，同时也是实际的活动者。据说在明末动乱之际，他训练乡勇，设计兵器来防贼，也从事治水，留下著作《两河清汇》。

与此大致同时，出现王锡阐（1628—1682）、梅文鼎（1633—1721，文鼐、文鼏兄弟也是同行专家）这些大天算家，在西方天文学传入、展开研究的同时，中国古代天算学也出现了大幅的研究成果，确立了清朝天文历算学的基础。不过关于王、梅等人的经世致用意识，详情并不清楚。

如前所述，其他出现的实践派的学者之中，也有着手于这些技术方面的。还有，明末宋应星的《天工开物》，这本关于生产技术的书，也可以归

---

① 参见徐光启《徐文定公集》卷一《简平仪说序》《泰西水法序》。

于这方面的业绩。

（3）经学史学派　否定空谈性理的结果，就是朝向经学史学的研究，试图使从中得到的知识在实际社会中发挥作用。在该派中，从学问规模和程度上而言，占据中心地位的大学者，就是一般被称作清初三大儒的黄宗羲（1610—1695）、顾炎武（1613—1682）、王夫之（1619—1692）三人。

根据他们的想法，儒者之学原本就是经世之学，也就是经学史学。经书是圣贤之道，阐述根本原理（当然是为了经世的圣贤之立言），史书是各时代的具体展开之迹，记载了实际的变化。因此经学史学可发挥经世之用，为了经世之学，便应多读经书史书。① 事实上他们阅读了大量的书籍，不只经学史学。他们的学问非常高，具有庞大的阅读范围，然后以此赅博的经史相关知识为基础，来处理现实社会问题，展开许多政治论述。也就是鉴于明朝的灭亡而批判明代政治，更寄希望于将来，在政治形态、地方制度、土地制度、财政经济、科举教育、兵制、官制等各种问题上，将他们怀抱的理想和应当如何做的具体方策予以论述。当然这并未达到足以称为政治学、经济学的高度，但也不是只限于针对眼前状态的政治论，而是显示了对于各种问题，抱持着各式各样的原理方针，又列举一个个过去史实，全部作为根据并参考之而得出结论的这种用意。就此意义而言，至少在一定程度上，是具有实证性和学问性的政治论。也就是说，经学史学的成果，被活用于在学问上解释现实政治问题，黄宗羲的《明夷待访录》、顾炎武的《日知录》和《亭林文集》诸篇、王夫之的《黄书》和《噩梦》等等即为此类业绩。另外虽然不属于政治论，但还有顾炎武的《天下郡国利病书》，也

147

---

① 关于此三人的学问，参见黄宗羲《南雷文定后集》卷二《赠编修弁玉吴君墓志铭》，《南雷文约》卷四《补历代史表序》《破邪论·科举》，全祖望《鲒埼亭集》卷 11《梨洲先生神道碑文》，同书外编卷 16《甬上证人书院记》，顾炎武《亭林文集》卷一《生员论上》，同书卷四《与人书三》《与人书二十五》，《日知录》卷七《夫子之言性与天道》，王夫之《读通鉴论》卷六，《夕堂永日绪论外编》等。

是为了政治论而收集资料的产物；王夫之的《读通鉴论》和《宋论》，可说是朝向史论的发展。这些是他们的经世致用之学，为了经世的经史之学之最具代表性的具体表现。

另外，他们是在明朝灭亡后，参加反清复明军事运动的活动家，又将当时的体验、史实写成史书，[①] 这一点也可理解为和对于经世致用的关心相结合。而且他们的政治论背后为强烈的民族意识所支撑，而且其中贯穿着排斥独裁的君主专制政治的重民思想而展开的这一点，也需要注意，惟并无余力，故无法详探。

他们大幅地探讨了上述政治方面的各种问题，这不是个人内心修养的这种主观问题，而是以客观的、具体的现实事物作为对象，因此处理的态度也不得不是自然客观的，而若是要在过去文献上的史实中追求解释问题的根据的话，又更加不得不具有客观性、实证性。还有，这些赅博的文献知识，并非只用于解释政治问题，当然也会活用于处理经书史书本身，也就是经学史学本身之中，在此便产生迈向清朝考证学之发展的可能性。黄宗羲的《易学象数论》、顾炎武的《音学五书》《左传杜解补正》《日知录》、王夫之以《稗疏》为题的一连串经解及其他许多经学相关著作，大致上都是这方面的业绩。不过要注意的是，就连一般最被认为是考证学的顾炎武《音学五书》和《日知录》，至少在他自己的意识中，依然是"救世明道"之书。[②]

更进一步说，黄宗羲、王夫之分别同时也是王学、朱子学系统的性理学者，但还是形成了和心的工夫这种实践完全绝缘的理论性学问。这一点虽然重要，但目前无暇触及。

除了此三人以外，其经世致用意识倾向这种经学史学方面的学者们，

---

① 黄宗羲《行朝录》《汰存录》、顾炎武《圣安记事》《明季实录》、王夫之《永历实录》等。

② 顾炎武《亭林文集》卷四《与人书二十五》等。

首先，再往前追溯，还有前面提到的陈第。他是极具才干的军人，作为学者则是反对空谈性理的经世致用论者，[1] 同时也是著有《毛诗古音考》等书的考证学经学者。

在遗老的年代，首先可举出费经虞（1599—1671）、费密（1625—1701）父子。尤其是费密，乃是孙奇逢的门人，而继承其父之学，否定宋明道学，强调古经之道，也就是救世之实学，表彰着力于古经研究的汉唐儒者，而且留下横跨经史，各种制度、医、农等方面的著作。[2] 其他还有《绎志》的作者胡承诺（1607—1681）和顾炎武有交游关系的经学者朱鹤龄（1606—1683）和《仪礼郑注句读》的作者张尔岐（1612—1677）、黄宗羲之弟，善于易学的黄宗炎（1616—1686）、黄宗羲门人，善于礼学的万斯大（1633—1683）、《通雅》的作者，详于音韵训诂的方以智（1611—1671）、同样有关小学的《字诂》及《义府》作者黄生（1622—？）等，皆为博学、拥有考证学一面的学者们。顾炎武的朋友，共同著有《明史记》，因而遭文字狱被杀的吴炎（？—1663）、潘柽章（1628—1663）二人也属于此类。张履祥的朋友吕留良（1629—1683）是《四书讲义》的作者，在死后因笔祸事件受到连坐的朱子学者，他重视大义名分，是内心燃起民族意识的实践者，其经学者的一面并没有那么强，但也展开和黄宗羲极为相似的政治论。另外，在年龄上不能称为遗老，却度过遗老般生涯的黄宗羲门人邵廷采（1648—1711），也是具有心学要素同时又为政治论者之人，他著有《治平略》，又收集明朝灭亡当时的故事，而著有《东南纪事》《西南纪事》（然未完）。

侍奉清朝的人们之中也有许多这一类的学者，有《潜书》的作者唐甄（1630—1704）、《绎史》的作者马骕（1620—1673）、顾炎武的外甥徐乾学

149

---

① 容肇祖《明代思想史》，第272—276页。
② 关于费经虞和费密，参见胡适《胡适文存》第二集，卷一，《费经虞与费密》。

(1631—1694)、徐元文（1634—1691）兄弟，以及在此两人分别担任总裁官的明史馆和大清一统志局中，作为纂修官而集结的优秀经史学者们，例如万斯同（1638—1702）、毛奇龄（1623—1716）、顾祖禹（1624—1680）、朱彝尊（1629—1709）、胡渭（1633—1714）、阎若璩（1636—1704），以及年轻一点儿的刘献廷（1648—1695）、潘耒（1646—1708）等，不暇枚举。

透过以上的鸟瞰，具备此学问重要面向而无遗漏者，还是一开始提到的黄、顾、王三人，其他人则是拥有他们的其中一面乃至几个领域。但无论如何，在经史之学这一点上是共通的，而其后发达的清朝考证学，很明显地生于此系谱之中。

四

虽然只是概略地叙述，但将遗老时代的经世致用之学分成三种类型，举出主要的学者之名，展示其实态的话，大致上便如同上述。

将之以经世致用意识为中心来看，一般而言，比起仕于清朝之人，作为遗老而苟活的人们，此意识更为明确，另外，比起在年幼时体验到明朝灭亡者，在成人以后体验到的人们，意识更为强烈（严格来说，后者就是遗老）。这是由于经世致用这种意识，来自他们对生活其中的明朝灭亡前后之社会加以批判，感到必须做些事情的意图，又与伴随明朝灭亡之事实而涌现的民族意识相结合而高张的理所当然之事。然后随着清朝统治确立，世间混乱逐渐安定，以及清朝的文字狱压迫政策，而使经世的关心受到压抑，而此经世之学的意识，也和民族感情一起在表面上不知不觉地消失了。

在此我试作此三种分类，而综观此三派全体，可以说，学者们的关怀系从内而倾向于外，至少和明代心学者相较，学问的对象从心上工夫、修养这种个人内心问题转至外在社会生活场域。然而这种向外的形态，在其所转变的方向中又有种种差异。其中，第一种实践派的学问，最终仍不能离开宋明理学的范围，也就是不能超过朱子学和王学。于是乎就没有作为新学问而发展的余地，而逐渐从学界中消失。第二种技术派的学问，加入了西学传入的这个条件，确实具有别开生面的可能性。而且这种学问因为没有直接触及政治问题和思想问题的面向，故不含遭受权力压迫的危险，反而受到朝廷的保护奖励，在某种程度上展现了活泼的动态，但最终，从中国人的学问观来说，因为这是"技术"，所以不是正统的学问，也就是说，不能展现从经学史学中吸收而作为独立学问的发展。第三种经学史学派的学问，也开辟了和心学不同的新领域，但其后未能以相同形态发展下去，前述所说的经世致用要素被剔除了，因此其后与其说经学史学，不如说只留下了作为文献学的一面，作为所谓实事求是的考证学而延续，形成新的发展。

要言之，经世致用之学，代表到明末万历为止的心学全盛期，以及清初康熙末期以后的考证学伸展期之间的过渡期学问意识。然后其作为明代心学的反命题，是生于明末社会混乱的时代产物，随着社会条件的消失，也在留下考证学之后不见踪影。

最后，拟对称作"经世致用之学"的这块招牌做出一点儿评价。经世致用学者皆将明代心学贬为"空疏无用"，但这乃是立场的不同，并非具有固定的"实学"标准，因此不能认为明代学问一概空疏无用，他们的经世致用之学也不若字面一般具有经世的用处。首先扛起这块招牌的遗老，就其生活形态而言，必然会采取一种隐者式的生活态度，因此无论如何始终不得不对世间采取第三者观点、批判者观点的立场，光是如此就已和真正的经世致用有所隔阂。但我在此不是要说它们对明学的批判不正确，他们自身的招牌是虚伪的。他们的学问内容，比起心上工夫的心学，和从事文献考证的清朝考证学相比，算得上是相应于经世致用之名，而且最重要的是，他们批判历来的学问空疏无用，树立经世致用的意识，我个人在此想要认同此经世致用之学的思想史意义。而且从学术史来看，其作为产生考证学之转折点的活动，也是要重视的。

1953.06.30

○关于各学者的记述，除了上述所引文献，大致多利用、参照徐世昌《清儒学案》、钱穆《中国近三百年学术史》、梁启超《中国近三百年学术史》。

〔补记〕＊"陈献章和湛若水的'随处体认天理'"处有误，"陈献章和"四字当削。"随处体认天理"是湛若水所创之语，而陈献章认为妥当而表示赞同。

从明学到清学的转换

一

汉代以后的儒学发展，一般大致区分为汉唐训诂之学、宋明性理之学、清朝考证学这三种。在此要探讨的是为何、如何从其中的宋明性理学（针对的是明学）变为清朝考证学（清学）的问题，首先，关于此问题的历来说法有：

（1）梁启超在《清代学术概论》（1920）中，将清朝考证学的发生定为对宋明理学的一大反动。然后，指出明末王学末流不读书，徒空谈性理，特别是其中李贽等"狂禅一派"道德堕落，又因当时科举而使得学问趋于愚劣，于是明末学问达致空疏不学之极，由此学问的饥饿状态，必然造成反动而产生考证学。

（2）梁启超在《中国近三百年学术史》（1923）中又有对明末王学反动

之说法，但其说和（1）有所不同。根据其说，"八股先生"们的道学空谈心性，尤其是李贽一派极为堕落，加上遭逢明朝灭亡之大变，而对空疏无用的道学有所反省，对之进行反动，而转向"经世致用"的实务，接着在明朝恢复的希望完全断绝之后，又变更学风，以图将来的成果，而转向考证学。接着，他又举出几个说明王学反动自明末即已出现的例子。

（3）和以上说法稍有不同者为钱穆，他在《中国近三百年学术史》（1937）中，认为考证学源头不在清初，而是往前回溯至明代中叶，在此意义上，他特别大幅探讨东林学派的存在。其说只论及考证学先驱始于何处，并未回答从明学到清学为何、如何转化的问题，但提出了对梁启超说法［尤其是（1）］的一个反对意见。

关于从明代中叶来寻找考证学先驱的这一点，在和田清《东亚史论薮》（1942）的《明代总说》中也可看到类似旨趣的言论。他认为，明末文运隆盛，在史学、地理学等各学问领域中产生许多著作，藏书、刻书又颇为盛行，并不是到了清朝才突然兴起考证学。

（4）另外，市村瓒次郎《东洋史统》卷四（1950）中，也有和梁启超一样的反动说，不过他认为对王学的反动，乃是考证派（杨慎、胡应麟、梅鷟、何楷、陈第、黄文焕等）和实学派（王夫之、黄宗羲等）的出现，而以顾炎武为身兼实学派与考证派者，将树立考证学之功归于顾炎武，此乃他独特的见解。

以上皆为稍微老旧的说法，但其后并未得见不同的见解。这些说法中，向来最有力者为梁启超之说，尤其是（1）的说法。或许是因为此说在论述考证学之发生时，十分巧妙易懂，在《清代学术概论》之后，触及这个问题的书籍，不论是中国人的还是日本人的，大致上都采用梁启超（1）的说法，也就是说现在这种说法可谓通说。因此上述（3）所提到的钱穆及和田博士之说，与其说是单纯对梁启超说法的反论，不如说是含有对将之包括在内的通说进行批判的意义。

（2）的说法出现于（1）的三年后，在这之间，梁启超自己的见解并没有很明确的改变，但至少（2）是对（1）不完备之处的修正。在我看来，（2）较（1）来得接近真相，但或许是因为此说在他所说的"经世致用之实务"和"考证学"间的关系上有困难之处，明末清初经世致用被大加提倡的这一点，尽管有许多学者予以指出，但几乎没有人主张此和清朝考证学的发生有所关联。也就是说，（2）的说法几乎不为后来学者所采用。

二

在探讨以上各种说法的同时，拟重新从头思考从明学到清学之转换的问题。

大凡一种新学问盛行之时，必定需要批判以往的学问形态，同时会对此主张自身新学问的立场。成为明学转换到清学的钥匙者，无论如何总是明末清初的学者们（乃被称作明代遗老之人们的那个时代的学者们。以下为避烦琐，称为"遗老们"），因此接下来要试着思考他们对以往学问如何批判、提倡何种形态的学问。

首先，成为他们批判对象的是明代（主要是明末）的性理学和为了科举考试的学问，要言之，为明末学问的全体。历来的反动说，特别重视引起此反动的李贽等人的左派王学，也就是重视遗老们的左派王学批判，但这其实是另外一个问题，容后叙述。

说到遗老们如何批判明末之学，当然，此批判因学者个人而异，但整体而言，他们众口一致地攻击明末学问不过是空谈性理，又为了科举而背诵经书、练习写八股文，亦即批判当时的学问为"空疏"。

然而所谓的"空疏"有两个面向。其一为不学，束书不观，不具学问根底之意义的空疏，也就是"空疏不学"。这是和梁启超的（1）之说相关的批判，在当时的学者中，进行如此批判的人确实为数不少。另一个是缺乏实际用处之意义的空疏，也就是"空疏无用"。此"空疏无用"之批判在当时的学者中大致上是共通的，他们对此所提倡的是建立"经世致用""明体适用""明体达用"这种口号的学问，也就是所谓"经世致用之实学"。明末清初学问的一大特色，在于重视这种"用"，此可谓风靡一世之学风。这是和梁启超的（2）之说相关的面向，也有许多学者已经指出这一点。

我曾经在拙作《明末清初的经世致用之学》中论及这些，而致用之"用"有各种面貌，所重视的面貌因学者而异，因此在拙作中，将当时的经世致用之学分为①实践派②技术派③经学史学派三种。

①实践派指的是认为只为了科举的背诵之学和空谈性理是无用的，因此主张必须更脚踏实地地进行真正的实践、修养的人们，例如孙奇逢、朱之瑜、陆世仪、李颙、陆陇其、颜元等即属此类（仅举出有名的学者，并依年代顺序排列。以下同）。

②技术派指的是留心于天文历算、农业水利、兵学火器这些技术面之实用的人们，先驱者为徐光启，薛凤祚、王锡阐、梅文鼎等属于此类。

③经学史学派指的是否定空谈性理，而倾向经学史学的研究，将知识试图用于解决政治与社会问题者，先驱者为陈第，黄宗羲、顾炎武、王夫之、毛奇龄、费密、唐甄、万斯同，以及其他许多学者属于此类。

以上所分三派，虽以派称之，但并非以师徒关系和集团意识来维系的学派，只不过是依大致的倾向来分类而暂时取名。另外，也有许多归入①的人从事横跨②和③的学问，留下相关著作，许多归入③的人横跨①和②的领域，但在此以各人的核心关怀、其学问本质来进行分类。

以上三派中，①实践派的学问无关乎清朝考证学的成立。在清代也有被称为宋学派者，并存续至其后，但仍然是宋学、明学的延长，不出朱子学和王学的范围，并不能作为加以取代之的新学问而发展。②技术派多受西方自然科学影响，具有作为独立的学问而大幅发展的可能性，但当时的中国人意识，终究还是将这种学问当作技术之末，无法将之视作学问主流，最后被吸收进经学和史学中，无法作为独立的学问而发展。不过其对于考证学之成立的贡献甚为巨大。③经学史学派的学问和清朝考证学相关，成为取代明学的庞大势力而发展。也就是说，考证学的主流由此而发，从明学转换到清学的钥匙亦在于此。

回到前面的话题，攻击明末学问为"空疏无用"的背后是"经世致用"之学的提倡，相对于此，攻击为"空疏不学"的背后，是对博览古典，特别是要求读经史之书的"博学多读"之提倡。"空疏不学"之批判和"博学多读"之提倡，主要是③经学史学派的想法。实践派并未言及此。最极端者为颜元，他甚至认为只要读书就会妨碍实践，而排斥读书。当然，颜元自己应该读了不少书，但无论如何，与这种倾向相比，经学史学派很明显地属于博学主义，他们自己又依循此主张，广泛地阅读经史之书，深入贯通之，将从中所得用于经世之用上。经学史学派的代表人物为黄宗羲、顾炎武、王夫之，为了经世的经世之学之最典型表现，就是黄宗羲《明夷待访录》、顾炎武《亭林文集》《日知录》中各篇、王夫之《黄书》《噩梦》等书所见的政治论之展开。在这些著作中，他们驱使有关经史之书的赅博知识，针对现实的政治、社会问题，论述政治根本理念和具体方策。

因此，这些著作当然不是考证学的著述。但他们极为博学，预先储备了关于经学史学的深厚知识，在谈论政治社会问题时，也采取了举出经史之书所说的过去事实，以之为根据而导出结论的方法，因此其中就含有一种客观的、实证的方法，也就是相通于考证学的要素。另外，他们也有经学的专门著作，也留下其他许多经史子集各方面的著述，其中也有不少被后世学者予以考证学上的优秀评价。因此他们的学问中，确实含有考证学的要素，而朝向清朝考证学发展。

不过，他们是否将自己学问上的努力认知为考证学，至少从他们的言论中无法明确地读出这一点。刚才所举的三人中，最被认为是清朝考证学之祖的是顾炎武，但一般认为是顾炎武典型的考证学著作的《日知录》和《音学五书》，根据他自己的说明，乃是"明道救世"之书。顾炎武的门人潘耒在《日知录》序文中，称赞此书有益于世道人心，明确说道单单推崇"考据精详，文辞博辩"这一点，乃是违反先生著此书的本意。然而，稍微离题一下，在《日知录》的四库提要中却逆转这种评价，称赞此书考证精确，而难以为经世之用，说潘耒称赞此书的经世济民之面，以考据精详为末，未见稳当。潘耒认为不能仅以考据精详这一点来称赞《日知录》，表示当时还是有很多人就这一点来提出好评，但尽管如此，潘耒的序文和四库提要之文中所显现的，对于该书评价的大幅出入，也说明了两者时代（考证学草创期与全盛期）的学问观差异。而至少顾炎武当时的学问，即便有考证学的要素，也不过是从而非主。主的部分，仍不得不说在于经世致用之学。

而且这种经世致用之学的学问观，是当时风靡一世的想法，因此从明学（直接说来就是明末之学）的否定而生的，是经世致用之学，而非考证学。考证学作为经世致用之学的背面，或是其一部分、其中一个要素而存在，其后乃夺母胎而大幅发展之。

如此一来，就不是对明学的否定产生考证学，因此最初所提到的梁启超的（1）之说，认为对明学空疏不学的反动而产生考证学的这种说明，就必须要说是极为不正确的。相较于此，（2）的说法就谈论"经世致用之实务"这一点而言，乃是正确的见解。

三

那么，经世致用之学为何兴起？由何时兴起？明代经济状态的恶化倾向，自万历（1573—1619）开始显著，宦官一派的蛮横和官僚们的政争所在多有，政局纷乱。明朝和后金的战争，由于增税、饥荒、农民暴动而陷入大幅混乱，最后导致明朝灭亡。这种大动乱的结果，政治家和知识分子面临一大惨状的民族危机，当然会兴起对于何去何从、学问应如何发展、政治应如何进行的这些批判、反省，这就使得经世致用之学的主张和活泼的政治论展开而出现。

儒家之学本来也可以说是经世之学，但经世致用之学的意识在明代特别盛行，系始于活跃于万历后半期的东林学派。就此而言，钱穆在《中国近三百年学术史》的绪论中，着眼于东林学派而论考证学的源流，是有意义的。然而，东林学派的学问还不算和考证学的方向相联结的经世致用之学，且人们将经世致用朗朗上口的时间点，必须下延至体会到明朝灭亡这种决定性惨状的遗老们的年代。而他们的经世致用之学，则是作为转向考证学的转折点而发挥作用。

明末清初被大幅高举的经世致用之学的招牌，不久之后就逐渐消逝，进入清一色考证学的时代。许多学者指出，经世之学消灭，而考证学达到隆盛之极致的原因，包括清朝确立了对中国的统治，世间趋于稳定，当时进行了禁书和文字狱等思想压制政策、朝廷的学问奖励政策和为数众多的编纂事业助长其风等等，这些都可说是正当理由。但最根本的，乃是清朝政权安定，暂时恢复了政治经济的稳定，处于不知遗老们所体验到的大动乱之年代的人们依旧活跃着，而对经世致用的关心也逐渐淡薄。梁启超的(2)之说，采取恢复明朝的希望断绝后，变更学风以图将来的成果，而从经世致用之实务转向考证学的这种看法，却不见其证据，或许是他的独断推定。另外，(3)之说中所看到的，考证学并非始于清代，其源头在于明代（大致为明代中期）的这种见解，只不过是单纯拣选具有考证学色彩的人，这样不论回溯至何时都毫无限度，几乎没有意义。只不过，明代理气心性之学盛行的同时，也存在一种博学主义的倾向，且和田博士所指出的事实，和(4)市村博士所举出的作为考证派之人们的业绩也确实存在，无法否认这些就是清朝考证学的前身乃至前驱。但就学术史之大势而言，考证学之隆盛的明确萌发，还是见于清初之后，必须说其直接的出发点就在于经世致用之学的内部。

四

梁启超的反动说并不正确，但认为清朝考证学生于对宋明理学的一大反动的这种看法，作为大致上的理解，未必有误。不过反动一词并不讨喜，且这种反动的产生方式也还有疑问，但不论如何，可以看到，宋明性理学已达到一个尽头，而作为新学问的发展方向，乃转向考证学。根据我的理解，宋明性理学如同其名，在追求性理哲学理论的这一面上具有重大意义和特征，进一步就本质来说，其具有作为修养实践之学的性质。朱子具有浓厚的理论面向，而王阳明则来到修养实践即学问的这种极致，如何处理自己的心的这种心上工夫成为其中心课题。也就是说，作为修养实践之学的宋明性理学在王学处达到终点，没有更进一步往相同方向发展的余地，既然发展至此，学问就不得不往别的方向转换。于是就转换到考证学这种新的方向。我想这种理解是可以成立的。

只不过如同第二节一开始也稍微谈到的，历来主张反动说的各种说法，重视左派王学的活动——由于他们认为考证学、经世致用之实学系作为对此活动的反动而起，故此活动乃是负面意义的——这一点是极大的谬误。遗老们确实对李贽等左派王学予以激烈批判，但问题就在于此批判的方式。在此无法具体地列举，但要言之，他们的批判集中于李贽等人破坏名教、不合礼法的这一点上。李贽以此破坏名教的理由而遭到弹劾，最后在狱中自杀，而遗老们对左派王学的攻击，正与此弹劾如出一辙，因此这是从作为士大夫的道德意识立场，而对李贽一派思想、行动上的反士大夫性进行批判的方向。有时也会加上沾染佛老之说的这种理由，但绝非学问上的批判，也并非和考证学主张有所关连的批判方式。因此特地以左派王学为中心来思考从明学到清学的转换，很明显是错误的。

最后一点，历来的反动说，一般会认为明末的学问空疏堕落，因此经世之实学、考证学的学风作为其反动而兴起，但这种对明末学风的评价并不正确。这种评价是直接接受遗老们将明末学问单方面断为空疏、无用、不学之批判，于是这就是遗老们于自身特定学问立场所发的主观判断，故即便确实有这种批判，其内容也未必与事实一致。就算是被视作空疏、堕落之代表的左派王学，也有像李贽和焦竑这样，留下优秀著作的博学之士，且何心隐等人也在经世致用实务上大幅建立业绩。另外也有其他（3）之说所举出的事实，因此明末之学绝非可以空疏来概括的学问。并不是因为明末的学问空疏才使得遗老批判此空疏，而是遗老们经历了明末清初的非常状态，而建立了认为学问不应为无用之物、不应陷入不学而无根的学问，应从事经世之用的有用之学，为此必须多读经史之书的这种学问观，这种学问观使得他们做出那样的批判。

即便如此，当然也不是说他们的明学批判只不过是单纯的主观独断。明末之学很难说没有合乎他们所批判的倾向，但无论如何，把某些特定人们的主观判断直接简单地当作是客观的事实，并不正确。

〔附记〕本文为 1961 年 5 月于弘前的东北中国学会大会中发表的"从明学到清学的转换"原稿增补而成。

明末清初的思想

前　言

本文是我在去年日本中国学会第十六回大会，经学思想部会的讨论会（主题为"思想史上的明末清初"）中的报告全文。在讨论会中有若干提问和批判，其后又从两三位学者之处得到指正，然现在由于篇幅所限，故不触及其内容，也不写下我的回答，而是以报告原稿加上些许修正整理的大致原样来刊载。但无论如何，因为这是将一个时代的思想总括而论，因此并非可以简单下结论的问题，此处所说的，也不过是我研究现阶段的一个尝试性答案。而且，此处不得不以缺乏论证，仅罗列大致结论的叙述来进行，但总而言之，希望透过将之以论文的形式整理发表，来获得各位的批判指教，使我的研究更趋精密。

在谈论明清思想史（包含学术史）时，历来一般被指出的思想史上最显著之事，不用说，就是从宋明性理学转换到清朝考证学的这个事实。现在我也首先要从这个事实着眼，对此加以处理，来探讨明末清初的思想。

在此，如果将明代性理学（所谓明学）的中心倾向视为"心学"，鸟瞰从心学转移到清代考证学（清学）的样貌的话，会看到并不是到明代结束为止，以心学为主流的时期，到了清代突然转换为考证学，而是在中间存在着一段标榜着"经世致用之学"① 的时期，这正相当于现在要探讨的明末清初、十七世纪之时。（在此将明末清初等同于十七世纪这一点，也还需要详加讨论，现将此省略）②

一

首先将全部的论点进行概括并简单列表如下，且在以下以依序对各项进行解说的形式来铺陈：

---

① 这是我近年来的论点，已在数篇论文中有所触及。其中概括而论的有《明末清初的经世致用之学》《从明学到清学的转换》。

② 在此并非把"明末清初"用"明末"和"清初"两个不同时期的组合形态来理解，而是作为"明末清初"一个整体的时期来思考。另外，不可能将复杂的思想活动用何年开始、何年结束(尤其是完整的一世纪)这种整齐地方式来区分其时代，自不待言，但在此我认为可以将明末清初以十七世纪来划分。这样思考的理由，在日本中国学会大会的讨论会"要旨"书面上已大致记载，而在本文中，如下所述，此时期可与前后时期进行区别而比较思想特色，这本身就是另一个重要根据。

	A 心学(明代,十五、十六世纪)	B 经世致用之学(明末清初,十七世纪)	C 考证学(清代,十八、十九世纪)
(1)(目的主眼)	做圣(个人人格的完成)	经世致用(实学)	实事求是(阐明古典)
(2)(内容)	心之本体的工夫论、实践	政治论(经学、史学)	文献学(古典的训诂考证)(继承经学史学)
(3)(基础方法)	思索、践履、体认	读书、博学、实证、政治活动	读书、博学、实证归纳(继承博学的基础与实证的方法,实践、政治的要素脱落)
(4)(关心所在)	自己的心、人格的修养	社会、政治现状及其改善(人格修养的要素减少)	有关古典的事实、其真相的阐明(人格修养与社会关怀的要素脱落)
(5)	重视心—我、确立自己的主体性(欠缺对客观世界的探究)	认识外在社会的重要性	没入古典、学问的世界(学问与思想、生活分离)
(6)	主观主义(观念性的)	客观主义(实证性的)	客观主义(实证性的)(彻底继承前一代的倾向)
(7)	较轻视经书	尊重经书	尊重、从属于经书、平等看待经书
(8)	重视自然的人性(肯定情欲)	民本主义(肯定情欲)	不太触及
(9)	反名教(只有一部分)	尊重名教	不太触及
(10)	理气浑一的哲学	气的哲学	(气的哲学)

关于此表,在此做些许说明:首先,像这样对各时代思想进行概括来对其特色做对比,本身就是有问题的。说起来,虽然采用"心学""经世致用之学""考证学"这种区分方法,但实际上这并不是可以如此单纯地处理的事情。明代的学问并非可以全部涂上心学色彩,在明代也有经世实学的主张,也有各种考证学的要素。"心学"一词所包括的对象中,有王学系统的,也有非王学系统的。王学系统中也有所谓右派、左派等的差别,这些

在关于"经世致用之学""考证学"的时代也可以说是一样的，从（1）到（10）的各项目皆如此。于是，是否可以如此概括、这种概括方式是否妥当就成了问题，但我现在乃是从各时代之思想、学问的主流，乃至多数学者、知识分子所支持的思想、学问之倾向为何，多数人的思想中共通的强力主张为何的这些观点出发，来采取将各时代最具特征性的事件予以重点式拣选并做对照的方法。因此，不得不全部舍弃个别的不同差异和许多例外，只能采用极为巨观的方式，这是不得已的。

其次，"心学""经世致用之学""考证学"这种理解方式，或是将这三者并列对照的方法也有问题。"心学"是根据此学问主要处理的问题（亦即学问上关心的对象）来命名，"经世致用之学"表示的是此学问以之为目标的对象（学问的目的意识），"考证学"说的是其学问的方法乃至内容，各自所进行把握的角度都不相同。因此极端来说，以心的问题为主要对象、以考证为手段，且以经世致用之实学为目标，合并三者的学问形态，在理论上也可以成立。考虑这一点，我试着在上面的一览表中从一开始的（1）到（4）各项，正确地对比三者的性质，阐明各自的实相。另外，（5）以下各项，则列举支撑三者学问，或是与之相关联的思想重点。

还有，以十五、十六世纪为心学时期、以十八、十九世纪为考证学时期，乃是大略的数字，而非精密的标示方式。一般认为心学时期为王阳明（1472—1528）以后，其实从明代开始（包括一般被视为程朱学派的人们）就已经明显地出现心学倾向。[①] 因此，正确来说，十四世纪后半也就属于此时期。[②] 相反地，在考证学这一边，十九世纪后出现了公羊学，再加上将鸦片战争时期开始以后列为思想史上的近代较为妥当，因此十九世纪后半就

---

　　① 关于这一点,在拙作《圣人的糟粕》(《中哲文学会报》第一号,1974 年)中有所触及。(1980.08.01 补注)
　　② 或许心学的时期也可以更往前追溯到元代,但我的研究并未涉及元代,故在此姑且先定位为明初开始。

要剔除之。

二

关于上一节的一览表，首先从（1）到（4），来确认三时代的学问性质开始。

Ⓐ心学　（1）其目的、主眼（黑点表示一览表中的文字，以下同）在于做圣（成为圣人），也就是个人人格的完成。更进一步说，就是追求日常行动的正确性。(2) 其主要的内容，作为业绩而展现的，是心之本体的工夫论。不过由于以将自己的人格提高到圣人的高度为目的，因此不仅仅是"论"，无论如何都含有修养的实践要素，此修养的实践占了学问的重要一部分（视状况而会占一大部分）。尤其是如同以往时常为人所提到的，王学左派专论本体，右派多谈工夫，左派的修养要素较少，却是无工夫的工夫、不修养的修养，故无异于以成为圣人为目标的修养之学。(3) 成为学问基础的要件或方法，首先是思索以及基于思索的践履，也就是实践。透过实践、体验，再度进行思索，就这样，体认（并非单纯的知性认识，而是深度体验、体知的获得）得到重视。体认是有关修养实践的认识方式（或是正因为如此），但多含有"悟"的要素。而此思索、践履、体认三者，并非个别并行，而是互相交织而行，将这些全部合而为一就是他们所谓的工夫。另外，静坐作为一种工夫也屡屡被提倡。虽然也有读书工夫，但其比重并不太大，反而有被轻视的倾向。读书的范围一般也较狭窄。(4) 主要关心所在（成为学问关心对象的问题），是人格的修养问题，尤其在于自己的心。

心学即为上述的学问，其性质一言以蔽之，乃是悟与修养的学问。

Ⓑ经世致用之学　（1）其目的、主眼正如其名，在于经世致用①这一

---

① "经世致用"是此学期学问代表的标志，其他还有高举"明体适用""明体达用"之原则者。明体之体指的是心之本体，或是儒学的根本之道，故和较为政治性的"经世致用"相比，"明体"直接指向政治的要素较少，偶尔也包含心学的要素，两者旨趣相异，但在强调在世间的致用性这一点则是不变的。

点。亦即以在世间（尤其是政治）实际发挥用处的实学为目标。作为其结果，（2）的内容主要是政治论。不过政治论的根底在于经学、史学，并非单纯地谈论政治，而是基于经学、史学的政治论。① 他们也有和政治论并不直接相关的经学史学业绩，但那些在当时学者们的意识中，也还是作为经世之实学来认识。（3）学问最大的基础在于读书，而且是极为广泛的大量读书，亦即博学。作为其中心的还是经学、史学，但此时，经书主要是作为经世根本之道的承载者，史书为其实际的运用展开之迹，也就是述说成败得失者而被予以尊重、研究。然后站在透过如此大量读书所获得的丰富资料之上，多进行实证的研究。这些会基于踏查和实物观察而进行，可以说是特别优秀的实证研究。另外，这个时期的学者们，事实上多投身于直接的政治活动，他们的政治论也不单纯是纸上谈兵，而是由旺盛的行动精神所支撑。于是，经世致用之学也和前一时期的心学一样，具有和实践之间的深厚关联，但其关联方式不同，实践的场域亦相异。也就是说，在心学中，实践本身就是学问的一部分，相对于此，在经世致用之学中，实践不过是支撑学问的要素。还有，实践在心学是个人的修养，在经世致用处则是对社会的实践活动。（4）主要的关心所在在于社会、政治之现状及其改善，上述的经学、史学也是解决此问题的材料。和前一时期相较，乃是从自己的问题、个人的问题，转变为社会全体的问题。在此可以看到，前一时期中可明显见到的人格修养要素减少了。

　　以上是明末清初经世致用之学的大略，不过以上的叙述，是以该时期被称作"明代遗老"的人们（尤其以黄宗羲、顾炎武、王夫之等为中心人物）为主而说的。东林派众人和刘宗周等人具有许多心学的要素，他们可被理解为联结心学和经世致用之学的中间性的存在。

165

———————

① 经世致用之学的内容，不只是这里所说的基于经学史学的政治论，但我将之视为主流。关于这一点，在前面提到的拙作《明末清初的经世致用之学》中有较为详细的叙述。

©考证学　(1) 其目的、主眼在于以实事求是为原则，以阐明古典为目的。将这一项与之前的时代进行历时性比较的话，会看到三者各自大不相同。经世致用学者和考证学者时常批判心学空虚、空疏，但心学原本并非空虚空疏的学问。心学以自身的切实修养为目的，经世致用之学以世间政治的实用性为目的，考证学以阐明与古典相关的客观事实为目的，三者不过是所瞄准的"实"各自不同，此为三者之所以相异处（反过来说，三者各自都有"空"的缺点，然在此不能详述）。(2) 内容是一种文献学，从事古典的训诂考证（包含文献批判、校勘、辑佚等）。(3) 基础、方法为基于读书、博学而进行实证、归纳的研究。在此，虽然继承了前代以来的博学基础与实证方法，实践（此为心学以降者）、政治的要素却脱落了。(4) 关心所在在于有关古典的事实及其真相的阐明，也就是说，以古典中所记载之事为对象，将一切事实巨细靡遗地正确阐明。此时，未必会探问满载于古典中的思想及其效用，至少不会去强调。在此，心学中可见的对人格修养之关心，以及经世致用之学中可见的旺盛的政治社会关怀的要素就脱落了。

三

接着，拟探讨关于一览表中的 (5) 到 (10) 各项，支撑"心学""经世致用之学""考证学"三者，或是与之相关连的思考态度、思考内容等。

(5) Ⓐ心学的立场，首先是重视人类的心。心者非他，乃备于"我"，故重视具备此心的我，认可心乃至于我（或我的心）的极大权威。从此处而形成确立自己的主体性之主张，强调自得之学的原因也是如此。像这样重视心—我的思考方式，形成了唯心的心之世界，产生万物备于我、明白自己的心则内外皆通的想法。相反地，就显现出其欠缺对客观世界的探究。Ⓑ经世致用之学，认识到外在社会的重要性，比起内心，更着眼于外在社会的各种事物，将重心放在为了解决此问题的学问探究，以及对社会的活动。他们已经无法安居于心的世界中，反而对心之世界的独立采取否定观点。ⓒ考证学的时代中，学者没入古典、学问的世界。不属于自己在内的心之世界，也不属于将自己包围的外在社会，古典研究这种学问的世界（对自己的心而言，毕竟还是外在的）独立了出来，形成所谓为学问而学问的形态。另外，考证学不产生思想，一般也会看到学问上是汉学（考证学）、精神生活规范上则信奉宋学（朱子学）的这种分裂。就此意义而言，可以说学问和思想、生活是分离的。

（6）Ⓐ从前项所说的心学立场，会产生强烈的主观主义倾向，主观成为判断之正确性的唯一根据。然后他们的思考和"悟"相结合，而相当地观念式、非合理。Ⓑ与之相反，经世致用之学相即于客观事物而研究之，因此自身倾向客观主义，而且他们的思想多具实证性。ⓒ进入考证学时期，排斥独断，追求证据，重视判断客观妥当性的倾向极为显著，在客观主义及思考的实证性这一点上，可以说彻底继承前一代的倾向。

（7）Ⓐ前两项所说的，心学重视心和自身主体性的立场，会提高自身之心的地位，于是不认同心以外的权威。对于经书也是依样，不认同经书的绝对权威，说六经为心之记籍、是圣人之糟粕。这或许是肯定经书的极大权威之余，又强调心更为重要的言论之最，因此虽然不是完全轻视经书，但至少是较轻视经书的。他们直接在内心工夫上着手，因此不只是经书，一般都具有轻视读书的倾向。对经书的轻视也和这种路线相联系。Ⓑ到了经世致用时期，便大幅地尊重经书，尤其是将之作为经世之大道的显现来予以尊重。对经书的尊重，在这里也和整体性地重视读书之表现有关。ⓒ进入考证学时期后，尊重经书这一点也并未改变，也可以说从属于经书。也就是说，可以看到他们无条件地肯定经书的权威，顺服在此权威之下，以求专注于训诂考证中。然而在此同时，如此沉溺于训诂考证，就使得他们眼中没有经书的权威和圣人之道。也就是平等看待经书，而具有不区别经书和其他书籍，单纯当作研究资料、训诂考证材料来处理的一面。另外，也有考证学式的文献批判研究之结果发现了伪书，而使得经书价值下降的例子。然而根本上而言，他们还是认可、尊重经书的权威，这一点是不可动摇的事实。

（8）Ⓐ在心学期中，重视自然的人性，又出现了与之相关的肯定情欲的思考方式。只不过这不是全盘概括心学期的思想，而是在王学左派中特别显著，这也是十六世纪具有特色的思想倾向。然而，心学所重视的心，是现实中活生生的人的心。特别是相对于朱子等人所说的性（即理的性），也就是潜藏于现实的人性内部中的概念性之物，心乃是活生生的肉体所具备的自然之心。从这个意义来说，顺着将心视作人类本质的心学立场来推进的话，当然就会抵达重视自然人性、情欲的思考方式。事实上，心学就是这样发展，直至十六世记的左派王学。Ⓑ到了十七世纪，对民本主义的主张可明显见于政治论之中。这并不直接对应于在前一时代所指出的对自然人性的尊重，但也不能说毫无关系，因为民本主义是以满足民众生活上自然的各种要求为根本，最直接的情欲肯定，也在其中一部分的人（例如王夫之、颜元等）那里明显可见，但这很难说是当时一般的思想倾向。Ⓒ接着进入考证学时期，也有提出关于这方面的强烈言论之人（代表人物为戴震），但一般不太触及此。这是因为考证学在本质上无法触及这方面。而对于一般思考方式的印象，是肯定民本主义、对情欲则采取否定。

（9）Ⓐ在心学的一部分（中心人物为李贽）中非常明显地出现了反名教的色彩。这不能说是心学一般的倾向，但若是强调前述（5）到（8）有关心学的各项中所指出的要点的话，就会有十足的出现反名教思想之可能性。然而正如同（1）到（4）各项中也指出的，心学本来是以成为圣人为目标的修养实践之学，因此其脉络会限定在儒教的、士大夫的立场，而不会反名教，但若是稍微偏离这条脉络，就会显现出反名教（乃至无视名教）的思想。这种反名教思想，尤与前项肯定情欲的观点（这也见之于左派众人）密切相连，因此也同样是十六世纪思想的一个特色。Ⓑ在十七世纪，作为对上述思想的批判，尊重名教的脉络被强力地高举出来。① 尊重名教是东林派的重要标志，而为遗老们所继承，这和他们的经世致用目标密切相关。另外，这和他们明确自觉到士大夫立场的这一点也是互为表里的，因此在前项的民本主义和某部分中可见到的情欲肯定论之主张，当然也就由此立场而成立了。Ⓒ在考证学时期，尊重名教的立场固然并未崩溃，但和前项同样地，不太会直接触及，至少并未特别强调。

(10) 关于心学期的部分，将在后文处理；Ⓑ作为经世致用期，客观主义和情欲肯定论之关联者，则有气的哲学。在朱子以降的理气哲学结构中，说明物的存在时，认为气较理来得根本的哲学理论，我称之为气的哲学。② 这是近年来中国的思想史研究中，被用来当作唯物主义哲学的部分。将之设想为相对于唯心主义的唯物主义是否恰当，仍然是个问题，但要言之，因为气是物质性的，因此无疑地具有唯物论的感觉。总而言之，气的哲学在此时期可谓十分有力。气的哲学认为万物的存在系由气所构成，理大致上被视作气（或是由气所构成的事物）的条理、法则性，因此会确实肯定心之外有所谓心之理这种独立客观的事物存在，去探究此事物之理，而在原则上与客观主义的立场相连。另外，气的哲学对于人性，也将其本质视作人的气质，也就是肉体的一面，因此将被视为肉体机能的情和欲当作人所固有的正当之物，而产生认同的可能性。气的哲学家未必是客观主义者、情欲肯定论者，但实际上有许多例子是两者相结合的，而且如上所述，本来就具有相结合的可能性。

Ⓒ到了十八世纪，气的哲学持续发展，至戴震而达到理论上的完成。在其他几位著名的考证学者之处也可见到同一类的思想。肯定情欲的主张，在气的哲学的完成者戴震之处最为明显，但相对的，来自其他学者们的猛

---

① 对于左派王学的这种批判，并非十七世纪，而是在心学时期即已出现，但由于我将左派视为王学发展的主流，故采用本文这样的写法。

② 关于气的哲学，在拙作《明清时代气的哲学》中有更详细的探讨。

烈批判攻击甚嚣尘上，① 从这一点来看，气的哲学在这段时期究竟具有多大程度的势力，就甚有疑问了。然而，气的哲学的理论，具有适合当作支撑考证学之哲学理论的性质，或许除了情欲论方面以外，其他部分得到许多学者、知识分子的支持。② 著名的考证学者存在于气的哲学系谱中，这或许也是有力的旁证。

　　Ⓐ心学中的理气问题十分复杂。心在朱子哲学中本来属于气，但此为人之性（亦即理）所寄宿之处，故无法简单地切割。心学者之中，也有人把握住心由气所构成的这一面，而采取气的哲学的立场，但从理内在于心中这一点来看，也有人倾向于理的这一边。王阳明的"心即理"是最具代表性的主张，心学的主观主义就是从这种观点而产生的，但此时与心相结合的理，与其说是朱子所谈的存在论式的理（存在原理），不如说作为道德原理的性质（尽管朱子的理之中也含有这一面）较为强烈，于是就未必能断言，因为是"心即理"，所以就不是气的哲学而是理的哲学。大致上，心学者不太处理理气论，因此难以明确断定，不过理气浑一的想法应该是一般的倾向。

　　以上，结束了第一节所列的一览表之概略说明，在此尚有想要补充的几点。

　　首先，需要指出明末清初期的"民族意识的昂扬"。民族意识是此时期之思想的极大特色，强力地驱动经世致用的意识，又融入他们的政治论之

---

　　① 同前注。对戴震之批判的要点，不出以下范围：(1)考证学者不应谈论哲学理论、(2)与程朱相异，甚为不经、(3)否定理而直接肯定情欲，实为无礼。由此可以窥见对情欲肯定论的强烈反应，以及朱子学(作为教学更甚于哲学理论)信奉力量的根深柢固。

　　② 关于这一点，考证学者中除了特殊之人以外，不太谈论哲学，因此无非只是推测。在后面的时代，王国维在《国朝汉学派戴阮二家之哲学说》(《静庵文集》)一文中，介绍戴震和阮元的哲学后，说"戴阮二氏之说，实代表国朝汉学派一般之思想，亦代表吾国人一般之思想者也。"不过，这不是我所说的气的哲学的这种观察方式，而是指出其为中国古代的实际哲学的复活，但对于这个问题也提供了一个指示。

中，使之活泼地呈现。但由于清朝的强力镇压，在考证学时期中，至少在表面上不见踪影了。

接着，关于心学时期的（5）所说的"主体性"问题。自我尊重的意识和重视主体性的主张，最明显的时期就在于心学期，而其后就不太直接地如此主张之，但这种意识并未消灭，主体性也并未丧失。在经世致用时期，也可以看到作为社会批判或政治活动之主体的自我主体性得以确立。只不过，伴随着清朝政治统治权的建立，他们的政治民族主体性被大幅减杀，又由于清朝的思想镇压政策，失去了思想上的精神主体性。在此情况下成立的考证学，又受到从属于经书、古文献的影响，而落入宋明学者所说的记诵之学，也可以从中看到主体性完全丧失的表现。然而，不拘泥于既定的学问和前人说法，追求事物的真相、旺盛的批判与独创精神，应该也可以说是继承心学时代以来的脉络。

另外，以上我的论述，丝毫未触及朱子学。即使说朱子以后的中国思想、学问，一切都是以朱子学为前提而成立也不为过。在此当作问题来探讨的三个时期，显示了三种思想特色、学问形态，但此处所处理的所有问题，终究不出朱子学的结构。还有此时期从头到尾，朱子学都占据官学的位置，实质上得到许多人的支持。而且，不论是朝廷还是在野，有相当多人可被冠上朱子学者名号，这些地方并不能忽视。只是作为朱子学本身，在思想史的表面并未大幅显现，且若是在这里加入朱子学的问题，论点将会变得复杂，无法在此充分处理，故只能全部省略。

四

以上，将三个时期的思想性质及其特色加以比较对照并论述之，其中所指出的有关明末清初期（十七世纪）的部分，可以就直接说是该时期的思想特质。

说起来，以"经世致用"这种形式来把握这段时期的学问，这本身就

171

指出了此思想本质（也是特质）的重要部分。然而，虽说是"经世致用之学"，也未必仅属于该时期。经世致用这种想法，也存在于心学时期，在更之前的宋代也存在。尤其是先秦儒学，正是属于经世致用类型的。儒学可以说本来就是作为"经世之学"而成立。然而，这些都不像明末清初时期那样，经世致用本身广泛普及，且被强烈地意识到并加以主张。另外，这种经世致用，并不只是作为抽象的观念而存在。这是在明末清初这个特殊的历史时间点中，有关作为具有在（1）到（10）中所指出的具体内容和性质之思想而成立的意识，这一切就是这个时期的思想特质。

在此，综观一览表中所显示的内容，重新观察三时期的相互关系，可以看到，明末清初的经世致用之学，系与对前期心学的批判和否定相表里而成立，而且在许多面向上，产生出和心学时代的思想相异的部分。另外，考证学失去了经世致用之学的政治要素和行动要素，但又大致继承了其他要素而成立，且使得继承的部分得到发展。而且考证学者们将明末清初的学问理解为自身学问的出发点，和明末清初的人一样，将心学当作空疏之物来批判。这部分从思想史来看，比起明末清初之后，在此之前（亦即比起十七世纪和十八世纪之间，在十六世纪和十七世纪之间时）就有相当大的分段点。

那么，让思想像这样产生变化、又使得明末清初的思想具有上述的性质之因素为何？

首先第一是政治情势的变动（不只是明清王朝交替，而是更广泛的意义）。此一因素对思想的影响极为重大，将在后文稍微触及。

其次，作为有关下层结构的经济机构问题的，是资本主义要素的成长。一般说法是，宋代以来即有这种倾向，到了明万历（从十六世纪跨至十七世纪）开始变得更加显著。然后主要由中国学者所指出的，是伴随着此一要素的成长，唯物主义、市民阶级思想、启蒙思想于焉成立。资本主义的萌芽成长此一事实，会对思想造成影响，是理所当然的。市民阶级思想和启蒙思想也得以从中兴起。我所说的重视自然人性、肯定情欲、气的哲学、客观主义、实证方法等几点，也不可能和此事实无关。虽然基本上是这样认为的，但资本主义的发达程度和思想动向的关联，具体而言要如何来把握、相联结，目前我还不太明了。

另外一点是西方文化的输入。十七世纪初以来，耶稣会传教士以北京为中心的基督教传教，以及伴随而来的天文学、数学、测量术等等新的科学、技术的输入，理所当然地对中国人的思想（尤其是清朝考证学的勃兴）造成影响，但现在的我不过只能大概地指出其中有重大影响这一点而已。

除了这些外部因素之外，思想内部也应该有自己的因素。在明代，（甲）心学的主观主义及（乙）人格修养之学这些学问型态（此两者，尤其是后者，系将宋学的本质性推广到极点）达到终点，必然要求新的转换。这种新的方向，采取客观主义的立场，不做自己的心或人格的修养，必须要向外求取。实际上使思想转换的重大契机，是明末社会政治的危机、明代灭亡、异族王朝出现这些一连串政治情势的大变化，使得此时的知识分子的关注特别针对外在的社会、政治问题，采取经世致用之学的形态。客观主义和实证方法（气的哲学或许也有关联）亦与此相表里而成立。然后这些和新的转换的要求是一致的，同时，也促进了知识分子的士大夫自觉，而产生尊重名教的脉络。接着到了十八世纪，这种政治变动的终结，以及清朝思想镇压政策的有效作用，而剥下了经世致用的标志、去除政治色彩和行动精神，使得清朝考证学于焉成立。

像这样，明末清初的经世致用之学，系由心学大幅转换而成立，并孕育出考证学，而从中所得见的客观主义思考、实证的研究方法、气的哲学理论等等，适于全体思想、学问的近代化推进方向，但事实上，如同前一节最后也稍微谈到的，上述思想、学问之全体，都并未大步踏出朱子学的范围，三时期的三种性质，都可说是各自将朱子学中所具有其中一面扩大、引申之，而对于朱子学的哲学理论，也各自陈述相异的见解，终究不见其

173

建立与朱子学不同的新的道德原理。就此而言，这段时期也并未完成思想的近代化。（另外，我将明末到清末视为宋初以来的中世思想，和清末十九世纪后半以后展开的近代思想之间的过渡期）

最后再说一点。将明末清初思想和其前后时期相比较，可以看到明代、清代思想（尤其是学问形态）各自有所偏重，相对于此，在明末清初时期，则显得较为广泛而较少偏重。这种思想和社会生活紧密相连，也拥有明确的历史意识，同时也具有确实的实证研究法。无论如何，作为旧中国的士大夫、知识分子的思想，这显现了最健全的思想形态。

结　语

以上我的论述，应该谈到与佛教、道教、基督教等等以及和文学相关的部分，而没有涉及，终究只局限于儒学相关的范围，因此不能算是充分意义下思想全盘的观察，很遗憾地，我具有相当自信而能够说出来的部分，就只有这些程度而已。另外，这种图式性的、单纯化的看法，应该也有无法精确把握状况之处，单纯化的做法本身或许也有相当大的问题。另外也无法举出具体的事实来论证，以篇幅而言也不允许如此。总而言之，若能得到种种关于谬误或是不完备之处的指教，则幸甚之。

还有，将明末到清末（十七世纪至十九世纪前半）视为中世思想到近代思想间的思想史上过渡期，这在前一节的最后已附带提及，而关于这一点，在本文写作过程中，我强烈感觉到有必要以左派王学为中心，重新探讨十六世纪的思想，接着，说不定也有必要将明初以后（十四世纪后半以后，亦将王阳明含于其中）都纳入此过渡期之中（于是本文所处理的三个时期全部都属于过渡期）。目前只有相关构想，这也是今后须要探讨的重大问题，在此记之，盼望能一并听到各位的意见。

原题《关于明末清初思想的一个考察》

二 黄宗羲与顾炎武

黄宗羲的学问

——从明学到清学之转移的一种面貌

前　言

黄宗羲（1610—1695）是中国学术之大势从明代心学完成其至清代考证学的大幅转向时，中间过渡期的学者。而他是以继承王阳明正统为自任的儒者，同时又被视作清代考证学，尤其是其中浙东学派之祖的经史学者。也就是说，他是同时具有许多明学要素与清学要素的学者。我在此特别提出黄宗羲，是想要从他的学问中，发掘从明学到清学之转移的面貌。

大凡新的学问兴起，就是对既存学问的克服。当然，其中也会有继承既存学问、受其影响之处，但同时必须具有对之加以批判、否定，主张新的学问形态并继承既有的学问、如何批判、主张何种学问、其主张如何在实际的学问业绩上发挥，以及这些部分基于何种原因而生，然后拟于其中把握从明学转移至清学的过渡期面貌。

一、黄宗羲的学问观

首先从根据他自己的主观，来探讨他如何面对当时的学问、如何批判之的部分出发。

（1）儒者之学，经纬天地。而后世乃以语录为究竟，仅附答问一二条于伊、洛门下，便厕儒者之列，假其名以欺世。治财赋者则目为聚敛，开阃扞边者则目为粗材，读书作文者则目为玩物丧志，留心政事者则目为俗吏，以"生民立极、天地立心、万世开太平"之阔论铃束天下。一旦有大夫之忧，当报国之日，则蒙然张口，如坐云雾，世道以是潦倒泥腐，遂使尚论者以为立功建业别是法门，而非儒者之所与也。①

（2）今之言心学者，则无事乎读书穷理；言理学者，其所读之书不过经生之章句，其所穷之理不过字义之从违。……天崩地解，落然无与吾事，犹且说同道异，自附于所谓道学者。②

（3）今夫世之讲学者，非墨守训故之习，则高谈性命之理。……先生（许三礼）之学，不名一辙，以适用为是。③

（4）科举之弊，未有甚于今日矣！余见高曾以来，为其学者，《五经》《通鉴》《左传》《国语》《战国策》《庄子》八大家，此数书者，未有不读以资举业之用者也。自后则束之高阁，而钻研于《蒙》《存》浅达之讲章。又其后则以为泛滥，而《说约》出焉。又以《说约》为冗，而圭撮于低头《四书》之上，童而习之，至于解褐出仕，未尝更见他书也。此外但取科举中选之文，讽诵摹仿，移前缀后，雷同下笔已耳。……此等人才，岂能效国家一障一亭之用？徒使天之生民，受其笞挞，

---

① 《南雷文定后集》卷三《赠编修弁玉吴君墓志铭》。
② 《南雷文定前集》卷一《留别海昌同学序》。
③ 《南雷文约》卷二《兵部督捕右侍郎西山许先生墓志铭》。

可哀也夫！①

（5）明人讲学，袭语录之糟粕，不以六经为根柢，束书而从事于
游谈，故受业者必先穷经；经术所以经世，方不为迂儒之学，故兼令
读史。②

（6）当今之世，士君子不可为者有二：讲学也、诗章也。束发授
《四书》，即读时文。选时文者，借批评以眩世，不知先贤之学，如百
川灌海，以异而同，而依傍《集注》，妄生议论，认场屋为两庑，年来
遂有批尾之学。③

（7）昔之为诗者，一生经史子集之学，尽注于诗。夫经史子集，
何与于诗？然必如此而后工。时文亦然，今顾以时文为师，经史子集，
一切沟为楚汉，且并诸儒之理学，视之为涂毒鼓声。穷经之学，顾如
是乎？④

将上述言论概括之，则可看到他如下批判当时（明末）的学问：当时
的人们不认真读书，其学问毫无根底。除了为科举而念四书之外，就只是
读一点语录、摆弄训诂之末，写模仿他人的时文而已，始终空论游谈，对
世间之事不抱任何关心，最终毫无用处。要言之，他们的学问被批判为
"不学"和"无用"。

———————

① 《破邪论·科举》。
② 引自全祖望《鲒埼亭集》卷 11《梨洲先生神道碑文》。此语句多少掺入了全祖望的主观想法也
不一定，但其旨趣作为黄宗羲的意见，是可信赖的资料。以下皆同。
③ 《南雷文约》卷四《天岳禅师诗集序》。
④ 《南雷文定三集》卷一《马虞卿制义序》。

在这批判的背后，他形成了对于新学问的主张。一言以蔽之，就是要人们广泛阅读、进行实际有用的学问，这些主张在上述引文中已然出现，接着再稍微根据他自己的话语来进行确认：

（8）读书不多，无以证斯理之变化；多而不求于心，则为俗学。①

（9）学必源本于经术，而后不为蹈虚；必证明于史籍，而后足以应务。②

（10）学问必以六经为根柢，游腹空谈，终无捞摸。③

也就是说，根据他的意见，作为学问的基础，广泛阅读是有必要的，必须博学才行。尤其是必须以经学为基础。而学问的究极之处，又必须能有用于经世。因为是实学的缘故，史学又是特别必要的。

他一方面提倡"多读、博学"，同时又主张"经世之实学"。此两者对应于将明末学问批判为"不学"和"无用"。在这批判和主张中各自的双方面，事实上在他的思想中是合而为一来思考的。也就是说，当时的学问为无用之学，对他而言就是因为"不学"所以"无用"。儒者之学本来是经世之学，学问必须在世间实际产生用处，这是他的学问观的第一前提。然后为此，他认为务必要要求广博的学问基础。这种想法在他的科举改革方案④中也经常出现。根据其议，首先，考试科目范围扩大到经、史、子（也包

---

① 引自全祖望《鲒埼亭集》卷 11《梨洲先生神道碑文》。
② 引自同书外编卷 16《甬上证人书院记》。
③ 引自黄炳垕《黄梨洲先生年谱》五十九岁条。
④ 《明夷待访录·取士下》。其中说这种方法"仿朱子议"。另外，在他晚年所写的《破邪论》中的科举一项，又有更简单的方案，但目标则无异。

含宋学）、时务策。其中，关于经的部分，《易》《诗》《书》归于子午之年，《三礼》《大戴礼》归于卯年、《三传》归于酉年，各自考经义二道，并加《四书》义一道。关于答题，首先令考生列举注疏、大全及其他所有汉宋诸儒之说，最后令其以"愚按"开始陈述各自意见。透过这种考试方法，来获得可处理实务的有为人材。从博学出发而迈向经世实学，这是他一贯的学问上的主张。

他虽然提倡博学，但如同上述引文中所见，其中特别重视经学和史学。就如者而言，重视经学是理所当然的，而根据他的想法，经学当然也是可发挥经世之用者，以经书为根底，征于史书来思考实际的问题，这就是他的主张。关于史书，他也说：

（11）夫二十一史所载，凡经世之业亦无不备矣。[①]

于是作为经世之学，史学就被特别加以重视。因此他所主张的学问中心，就可以说是"为了经世的经史之学"。

另外，关于他的博学主义，并不只是所谓学问的一面，他认为文章也必须本于六经，[②] 如同（7）的引文中所见的，诗和时文也应以经史子集之学来支撑。他甚至更极端地说：

（12）诗非学之而至。盖多读书，则诗不期工而自工。若学诗以求其工，则必不可得；读经史百家，虽不见一诗而诗在其中。[③]

---

① 《南雷文约》卷四《补历代史表序》。
② 《论文管见》。
③ 《南雷诗历·题辞》。

此外，只是歌颂自己的感情而与世间无关的诗，终究还是会被他所排斥。①
当然，这并非他的诗文观的全部，但无论如何，他的博学主义和经世主义
是非常彻底的。

二、黄宗羲的学问

以上从黄宗羲的主观面考察其学问观，接下来拟客观地考察其实际的
治学面貌，并一并探讨他的学问观如何从中出现。

根据《年谱》（七室孙黄炳垕撰）十四岁条，他好读群籍，又从其父习
制义，曾于余暇时偷偷买小说来读。在《补历代史表序》中，他自述于十
九、二十岁时，每日持续读二十一史，在两年间读毕。② 读《十三经注疏》
时，用心于名物象数③；读《道藏》时，将《易》学等有关山川的部分全部
手抄之。④ 此外，根据《天一阁读书记》（《南雷文约》卷四）、《年谱》、全
祖望《梨洲先生神道碑文》等，他的读书范围从经书到九流百家，尽读家
藏之书，其他藏书家也让他来阅读藏书，或是将藏书抄写。他也大量收购
古书，刻苦学习。他所阅览过藏书的藏书家之名，有同乡的世学楼钮氏、
澹生堂祁氏、南京千顷堂黄氏、常熟绛云楼钱氏、安庆梅氏、语溪吴氏、
吕氏、海盐梅氏、鄞天一阁范氏、歙溪丛桂堂郑氏、秀水倦圃曹氏、昆山
传是楼徐氏等。这种访书的努力，从他青年时到晚年时都持续进行。

他人所写的记载含有夸张之处，因此要打个折扣，但还是可以说，他
确实读了许多横跨广泛学问领域的书籍。他这种建立在博览群书之上的学
问，充分配得上博学之名。清代学者大致上都可以称得上博学，但其中，
他的著述不论就数量还是范围来说，都属于一流中的一流。举其大略，经

---

① 《南雷文约》卷四《天岳禅诗诗集序》。
② 在《年谱》二十二岁条中，谓其同时阅读明十三朝实录。
③ 《南雷文约》卷二《张仁庵先生墓志铭》。
④ 《年谱》三十三岁条。

学部分有＊《易学象数论》六卷（五十二岁之作。以下未作注记者表示著作年代不详。＊标记表示著录于《四库全书》）、《授书随笔》一卷、＊《孟子师说》七卷、＊《深衣考》一卷等。关于律吕、天算，有《律吕新义》两卷（四十三岁）、＊《历代甲子考》一卷、《授时历》《公历》《回历假如》各一卷、《大统历推法》一卷、《气运算法》一卷、《勾股图说》一卷、《割圜八线解》一卷等。关于历史，有《宋史丛目补遗》三卷、《明史案》两百四十四卷、《行朝录》若干卷、《汰存录》一卷等。关于地理，有＊《今水经》一卷（八十三岁）、＊《四明山志》九卷（三十三岁）、《匡卢游录》两卷（五十一岁）等。关于金石，有＊《金石要例》一卷。政治论的书，有《明夷待访录》一卷（五十四岁）。性理方面有＊《明儒学案》六十二卷（六十七岁）、＊《二程学案》两卷（其子百家续成）、《宋元学案》（未完）。关于诗文，自定义有《南雷文案》十卷、外卷一卷（七十一岁）、＊《南雷文定》三十二卷、＊《南雷文约》四卷（八十三岁以后）、《南雷诗历》四卷（五十五岁）等，又注宋遗民谢皋羽《西台恸哭记》《冬青树引》，还编有《明文案》两百一十七卷（六十六岁）、＊《明文海》四百八十二卷（八十四岁）、＊《明文授读》六十二卷、《续宋文鉴》《元文抄》《姚江文略》（六十三岁）、＊《姚江逸诗》十五卷等。其他还着有《破邪论》一卷（八十岁以后）、《思旧录》两卷、《子刘子行状》两卷等。①

透过这些，可以充分窥见其博学程度，而关于这些业绩中的其中一些部分，拟再作进一步探讨。

首先是关于历算学。他的历算研究似乎始于其生涯早期。顺治二年，他在三十六岁跟随监国鲁王时，他所做的监国鲁元年大统历为鲁王所采用，颁布于浙东，此事见于《年谱》，此后数年是他着力于历算相关著述之期

181

① 除此之外还有许多琐碎的著述，根据记载书目的资料，也有一些书名相异者。另外也包含许多未刊、散佚者。然因目的在于大略表示其学问规模，故避免烦琐，不一一指出。另外不完全的、关于他的著述记载，还有谢国桢《黄梨洲学谱·著述考》中的详细叙述。

间。也就是说，这是于兵马倥偬之间进行的工作。由于今日无法看到著作原书，因此不知其程度为何，但从他自回回历至西洋历皆有着手研究来看，他是在研究当时非常崭新的学问。关于他抱持何种意识来从事此领域的学问，这一点由于他并未言及，故不明确，但应该还是基于致用之学的这种思考方式。

史学是他的经世之学的中心，这一点已如前节所述。根据《年谱》和《神道碑文》，他尝试重修《宋史》，然未能完成，只留下三卷《丛目补遗》，又编纂《明史案》两百四十四卷，不过这些都无法于今日得见。晚年为明史馆所招而不应，但他有关明史的著书则被抄录而送往史馆，此外，他也被征求有关明史纂修方面的意见，也陈述过自己的想法。另外，他的三子黄百家和门人万斯同、万言也曾代替他进入史馆，他和明史编纂之间有各种形式的关系，这一点已众所皆知。

《汰存录》是相对于夏允彝批判东林党争的《幸存录》，从为东林党辩护的立场来反驳的著作。《行朝录》由《隆武纪年》《赣州失事纪》《绍武争立纪》《鲁纪年》《舟山兴废》《日本乞师纪》《四明山寨纪》《永历纪年》《沙定州纪乱》《赐姓本末》等集结而成，① 是有关明朝灭亡后，南明诸王的反清军事活动之纪录。这些都是他自身所处时代、自身见闻体验之事实的记载，特别是《行朝录》，由于他自己也参加这些军事活动，故记载之中亦出现自己的名字，是最为生动的纪录。

《明夷待访录》② 是最应注意的著述，书写始于康熙元年，完成时间为翌二年五十四岁时。康熙元年也就是行朝桂王（永历帝）在缅甸被抓，遭到杀害之年，亦即恢复明朝的军事行动被划上休止符的一年。如同全祖望

---

① 关于《行朝录》的内容书名和种类，也有各种问题，其他也还有若干同类的著作，然目前无法触及。参照谢国桢前揭书。

② 在各种传记中可得见有《明夷待访录》两卷（今本为一卷），其他还有《留书》（在《汉学师承记》中称为《明夷留书》）一卷，然《留书》今日不存，两者关系亦不明白。

也说过的，^① 在此之前，他或许还抱着一丝恢复明朝的希望。在领悟到此希望断绝，不得不将一切寄托于将来之时，就开始撰写此书。在自序中，说此书在说明"为治大法"，又说"吾虽老矣，如箕子之见访，或庶几焉"，接着以"岂因夷之初旦，明而未融，遂视其言也亦有用秘"来结束序文。此处以《周易》明夷卦为基础，并利用《左传》（昭公五年）之句，此为《明夷待访录》书名之意。后藤基巳认为明或指明朝，夷或指清朝，或许也有这种意思。无论如何，乃是期待将来太平盛世的到来，为了彼时的明君（当然不是清朝）而陈述自己的政治意见。这的确正是经世之书。内容分为原君、原臣、原法、置相、学校、取士、建都、方镇、田制、兵制、财计、胥吏、奄官各项，叙述其所拥有的根本方针与具体方策。而且大致上，对于这些项目指出明末政治的缺陷，从中探究明朝灭亡的原因，论述应如何面对的对策。今不拟深入这里所展开的政治论内容，但这些意见并非只是意见，而是含有背后经史子集，特别是关于史学的赅博知识，以之为基础而导出一个一个的结论，这是他所说的"必证明于史籍"。作为拥有史学之支撑的政治论，此书也可说是他所主张的，为了经世的史学的最典型业绩。

他是明代研究的大家，这表示他对明代的关心非常强烈。《明史案》《明儒学案》《明文案》《明文海》《明文授读》等，都体现了这一点。《明夷待访录》亦如此，其问题的对象主要是明代。这或许也有发自对消失的自身王朝的思慕之情的意思，但不单纯只是如此。所谓明代，在他的当时就是广义的现代，至少是和现代直接相联结的时代。对明代的关心，也几乎就直接等同于对他的现代、现实的关心。他面对明朝灭亡的事实，在处于严苛现实的自身的立场努力思考，试图探究为何会如此、应该如何做。这种意识归结于他的经世致用想法。而这种对现代的关心，最直接的显现就是《明夷待访录》这本政治之论，还有记录更切身之事件的《汰存录》和

---

① 《鲒埼亭记》外编卷 31《书明夷待访录后》。

《行朝录》。《今水经》这本地理书也是，处理的问题只有河川，但如同自序中所明言的，不袭《水经注》之旧，而是作为"今"水经来记述之，这里终究可以发现同样的意识。

最后是关于性理学的部分。他时常批判明末讲学者，亦即心学者们，但并非批判心学本身。他非常尊敬王阳明，相信阳明正传系经由自己的老师刘宗周而传下来，且以其师之嫡流自任，尤其是晚年时努力阐明、发挥其师说。不论是继踵其师复兴证人书院的讲会、为了其师而写下详细的《子刘子行状》两卷、汲取其师之意撰作《孟子师说》、① 在《明儒学案》开头处特地列"师说"一项来陈述老师意见，都是这一点的显现。不过在性理学这一面，他无法凌驾其师之上。他对于师说的解释和同门陈确（乾初）之间意见不同，② 但在此陈确的想法较优。黄宗羲的性理学，即便其颇为自负，终究无法提出优秀的成果。然而另一方面，仍有一需要注意之处。

说起来，宋明性理学和修养本身就密切相关。修养自身而达到圣人的高度，可谓其理想所在。王阳明也主张致良知、事上磨炼等修养工夫，刘宗周亦重慎独的工夫。心学者常谈本体、工夫之事，而在王学门流中，一般认为左派重本体、右派重工夫，延续右派系统的黄宗羲也毕竟还是工夫论者。在《明儒学案》自序中，说"心无本体，工夫所至即其本体"，又说"修德而后可讲学"，然而他只有说出这些话而已，并未更进一步谈论心的修养方式，也没有和一般心学者一样建立工夫口号，也没有自己特地努力进行修养的记录，事实上不过是关于性理的理论叙述而已。这是他虽然属于王学系学者，但和历来的心学者之间明显地性质相异的一点。也就是说，相对于历来明学大势是专以心的问题，从内部当作学问对象来处理，他则站在从外部观察之的立场，正是这种客观的态度，才写出被称作中国最早

---

① 《孟子师说》题辞中载有自己的撰着动机。
② 关于此事，参照钱穆《中国近三百年学术史》，页 38—46。

的学术史的《明儒学案》。而这一点又涉及他的学问全体，主要是将经书和史书所记载之事和现实世间中的现象等等客观的问题当作对象而展开。

三、黄宗羲学问的背景

他抱持着第一节所叙述的那种学问观，从事上一节所叙述的那种学问，其原因何在？为了探讨这一点，接下来要简单谈论他的生涯以及周遭的世间状况。

他于明万历三十八年（1610）生于浙江省余姚市，此时为万历末年，已进入明朝衰亡期，明朝在对内对外上都面临极为艰困的状态。特别是满洲后金的建国、朝廷中宦官横行与党争、民生穷迫、农民暴动、流贼蜂起。然后终至首都陷于流贼中的李自成之手，皇帝自缢，明朝灭亡，接着异族清朝入关，开始统治中国，这些对汉民族而言最糟的悲剧到来了。这是1644 年，黄宗羲三十五岁之时的事。

他的父亲黄尊素是东林名士，在此之前，于天启五年，他担任山东道监察御史，弹劾宦官魏忠贤，因此被罢免而回乡，翌六年，黄宗羲十七岁时，和高攀龙等东林同志一起被逮捕而死在狱中。后年，他为了替父亲申冤而上京。抵达京城时，已是崇祯帝即位、魏忠贤伏诛之后，不过在有关对宦官一派的审问上，他和其他的东林遗孤都着力甚多。从此事前后开始，他依父亲遗命而从学于山阴刘宗周。他自述道，当时于此学习其师的心性之学，但其后只关心举业之事。同时又出入复社、读书社等"社"而勤勉向学。自二十一岁至三十三岁间四次参加乡试，然皆不中。期间二十九岁之时，他也参加阻止宦官一派抬头的政治运动，并为其中一位中心人物。

明朝灭亡后，福王随即于南京即位，接着同样属于明室的唐王、鲁王、桂王等于华南一带展开恢复明朝的军事活动。这些南明诸王对清朝的抵抗持续数年，但一个个被平定，只有桂王逃到南方，转战各地，其活动持续至顺治末年。黄宗羲于顺治元年，应福王之召前往南京上书。翌年集合乡

185

里子弟数百人，投入鲁王军中。此后数年间，从军于鲁王，致力于献策与实战，并曾返乡，坚守四明山山寨，与鲁王保持联络，同时躲避清兵追捕而辗转流于各地。顺治六年四十岁时，挂念老母而离军返家，这对他来说似乎是非常痛心的事，他在其后也感叹"未知后之人其许我否也"。① 返家后亦因清朝发出逮捕令，屡屡陷于危地，在逃亡的同时持续着不安稳的日子。

顺治末年暂时局势平稳，尤其是进入康熙年间，反清军事活动完全终止之后，他们也隐匿起来，过着专心讲学著述的生活。康熙十七年六十九岁时，被推举为博学鸿儒，门人陈锡嘏代替其师固辞不受。两年后再度为明史馆所招聘，然以老病为由而力辞。另外，其子百家要进入史馆之时，他寄信与徐元文，将自己比拟为伯夷叔齐，他就这样终生以明代遗老身份而活。七十九岁时，在父亲墓旁设置生前墓穴，于康熙三十四年（1965）八十六岁时过世，临终时对家人留下遗言，要求死后隔天，不用棺椁，只置一被一褥于石床上，佛事等等一概不用。全祖望曾说明道，此乃身遭国家之变，而期速朽。②

黄宗羲如上所述地度过了一生。特别是在五十岁之前，于大动乱之世中体验了波澜纷呈的生活，其中亦充满了政治活动。他所看到的这种明末之世的混乱、民生的破坏、国家民族的危机等等，当时的朝廷、官僚、学者们对此是毫无作为的，而明朝终至灭亡，他对此痛加批判。于是他在学问方面，将当时的学问断定为空疏无用，并标榜经世致用之学。在第一节所引用的文字中，可以看到（1）"一旦有大夫之忧"、（2）"天崩地解"等语，亦可知明朝灭亡的事实和他的学问观形成之间密切相连。产生他的经世时学的，就是他所生存之时代的严酷现实，其中尤为决定性因素的，就

---

① 《南雷文约》卷一《兵部左侍郎苍水张公墓志铭》。

② 以上黄宗羲略传，系据黄炳垕《年谱》与全祖望《神道碑文》。

是明朝灭亡此一大事件。

此经世致用之主张，并非他一人所独有。经世致用、明体适用这些，是他和同时代的学者们几乎异口同声的话语。[①] 也就是说，这可以说是一种时代精神。当时所有人都体验到同样的国家剧变，不论个人的生活环境有何差异，至少都意识到学问必须于世间有用，可以说所有的学者都有同样的感受，而他们的学问已不属于明末心学者流的本体工夫之论。在黄宗羲处，这种经世致用之学和博学多读的主张，或是经学史学的研究互为表里，但这是出现在什么背景之下呢？

根据他自身所说，年轻时开始立志读二十一史，是由于父亲被逮捕押送途中，叫他读时文不如先读《献征录》。[②] 还有翌年，前来吊问的父亲门人徐石麒劝说道"学不可杂，杂则无成。无亦将兵农、礼乐，以至天时、地利、人情物理，凡可佐庙谟、裨掌故者，随其性之所近，并当一路，以为用世张本"。[③] 这种个人性的事情或许也影响到他的学问形成。另外，使博学的风潮或经史之学成立的一般要因，也应该包括梁启超等人所指出的[④]刻书、藏书之风盛行。关于藏书，如前节所述，黄宗羲大幅度地利用之。还有，和当时同样属于致用论者而又重实践的孙奇逢、李颙、颜元等北方人不同，他受到了江南地方好学风气的影响。

考虑这些要因的同时，从另一方面来说，穷究经世致用之学此一主张的话，当然，要处理的学问对象就是政治和经济等现实社会问题（如同《明夷待访录》所处理的那样）。而且无论如何必须要研究历史，这也是如同他自己所主张的一样。而且以他的儒者身份来说，将经学当作根底是理

187

----

① 参照拙作《明末清初的经世致用之学》。
② 《南雷文约》卷四《补历代史表序》。
③ 同书卷一《光禄大夫太子太保吏部尚书谥忠襄徐公神道碑铭》。同文另可见于《思旧录·徐石麒》。
④ 梁启超《中国近三百年学术史》，页14—15。

所当然的，原本经书中就含有许多经世之学的要素。像他这样，就可以说经史之学打从一开始就具有形成此经世之学之基础的必然性。

四、通往清学的方向

全祖望的《神道碑文》中提到"其后梅征君文鼎，本周髀言历，世惊为不传之秘，不知公实开之"，梁启超在《清代学术概论》中引用之，又说"其《律吕新义》，开乐律研究之绪。其《易学象数论》，与胡渭《易图明辨》互相发明；其《授书随笔》，则答阎若璩问也，故阎、胡之学，皆受宗羲影响"。《易图明辨》中引用了《易学象数论》之说，《授书随笔》今日无法得见，其为答阎若璩关于《尚书》之疑的这种说法，系根据全祖望，且黄宗羲为阎若璩《尚书古文疏证》作序，故可以肯定梁启超此说。史学方面自不待言，从门人万斯同到全祖望、章学诚、邵晋涵，都成为清朝史学的中心。确实，他的学问的各种面向都为清朝考证学的重要人物所继承，这里含有他和顾炎武并列为清学之祖、特别是被认作浙东派史学之祖的理由。

不只是系列性的学问继承，在研究内容方面也是如此。例如他在经学上的代表性著述《易学象数论》，亦收入《四库全书》。而《提要》称赞其立论有根据、通晓象数，冲击历来说法的缺陷，其提问方式非常精密。全祖望亦认同这一点，激赏其为经学中稀有之书。① 也就是说，以清朝学的尺度测量此书，算是合格。然而正如同《四库提要》指责其说有独断之处，此书有强烈的以臆断之的倾向，公平而言，与其说是考证，不如将之视为他个人的见解。尽管如此，他并非本质上的清学者、考证学者，他的工作并非用文献学的方式处理古典。他的《今水经》亦收入《四库全书》，《提要》肯定其不依旧有河道地名，一切依现状来记述，此新例足以为法，而

---

① 《鲒埼亭集》外编卷 27《黄梨洲易学象数论书后》。

正如第二节所谈到的，这一点事实上正是他的特色所在，如果他真的是考证学者的话，应该就不会将《水经注》改写为《今水经》。然后在该书自序开头处说"古者儒墨诸家其所著书，大者以治天下，小者以为民用，盖未有空言无事实者也"，从这种强调该书排空言求事实的口吻来看，可以感觉到属于清朝考证学之口号的实事求是的味道，但比起这一点，他更优先地道出经世致用的主张，他的学问本领仍应说在于经世之学。

虽说如此，另一方面，在学问方法这一点上，不能忽略其中含有与考证学相通的一面。直接把第一节他所说过的（8）"证斯理之变化"和（9）"证明于史籍"视为具有实证意义的话是危险的，但通晓大量书籍、具备赅博知识，自然就会思考立基于这些知识的对象，也就是根据文献上的记载来导出结论。连《明夷待访录》这样的政治论著作，其立论也可以肯定有某种意义上的实证性，在此可得见其学问在实质上能够与清朝考证学相连的可能性。另外第二节已经提到，他的性理学显示了和明代一般心学相异的性质，这也和戴震所代表的清代哲学性质——这是作为考证学时代之哲学十分相应的学问——相接轨。

以上，要言之，他的学问本质始终是经世致用之学，考证学的要素则紧密附着之而生。在此可以得见其作为明末清初学者，从明学到清学的过渡期学者的地位。

在此要先谈的是有关梁启超以来，清代考证学是作为对空疏的明末王学末流之反动而生的这种通说。这种说明非常简单易懂，而且粗略来看，确实可以说在王阳明处达到顶点的性理学在此停滞，而转向考证学。但这种通说极不正确，有所错误。

王学末流指的是以李贽等人为中心的所谓左派王学，而黄宗羲确实对他们予以批判。他从学于刘宗周时，左派的陶奭龄也同时在讲学，而黄宗羲则对陶氏一派进行对抗，排击其说。在《明儒学案》中，左派的《泰州学案》也被附在王门各学案的最后，对于泰州学派全体和各别所属的学者，都随处附加批判。对于左派的重要人物颜山农、何心隐不立独立传记，不过于《泰州学案》总论中列举其名而已，至于李贽则甚至无视之。也就是说，对于他们的反弹意识十分强烈。然而黄宗羲加诸他们身上的攻击，其主旨在于指出他们扭曲了王阳明的真意而与佛教之说相混，脱离名教，而非是在批判他们的学问充满了恣意独断，应该从对于古典的正确理解来出发。也就是说，这是从正统派士大夫的立场来批判左派的反士大夫性，并非否定左派王学而朝向导出考证学之方向的批判。另外，在他批判明末学问空疏之时，其中当然包含左派王学的学者们，但绝不是仅以左派人们为对象，他的批判是更具有一般性的。如此一来，考证学作为左派王学的反动而生的说法，至少在观察黄宗羲的时候，是完全不相应的。

接着，这种通说提到"明末空疏王学"，将明末王学一概判定为空疏，有将以黄宗羲为代表的清朝学者们批判当时学问为空疏的这种主观评价，直接简单地偷换为客观事实之嫌。作为客观事实，就应该有必要进行更正确公平的判断。

不过，从我现在的学术思想史考察的立场来看，比起明末学问是否空疏的问题，黄宗羲等人批判其为空疏的这个事实本身更为重要。然后，排斥空疏无用学问的立场产生了实学的主张，与之相为表里，博学性质的经学、史学于焉成立，其中产生了足以发展出考证学的要素，这件事本身非常重要。

考证学真正的发展，必须要等到他的下一个世代，也就是使经世致用之学成立的大动乱时代结束，清朝的中国统治确立，世间趋于平稳以后的事。然后在此，黄宗羲时代学问核心的经世致用消逝了，成为只留下从中萌生的经史之学、实证性的博学之一面而发展的形态。

结　语

以上是我综观黄宗羲学问所看到的从明学到清学之转移的面貌，在他那里所看到的经世致用之学的主张、为了经世的经史之学的成立、在这之中考证学要素的发生等等这些过渡期模样，不只可见于黄宗羲的学问，在和他一样被视为清朝考证学先驱的同时代学者，顾炎武和王夫之处，虽然多少有些个人差异，也还是可以看到同样的部分，所以我认为上述模样表示了往考证学转移的典型面貌。

关于黄宗羲学问可以讨论的部分，当然还有很多，也还有大量从学术史来看必须对其周围前后加以考察之处。然而现在只是先放弃许多面向，以他的学问观为中心来针对往清学转移的这一面而论，其他的部分则俟诸他日。

明夷待访录

一

《明夷待访录》共一卷，是黄宗羲所写的政治论之书。作者黄宗羲是和大约同年代的顾炎武、王夫之并称为清初三大儒的学者之一。

黄宗羲于明万历三十八年（1610）生于浙江省余姚市。说到万历，乃是明朝末期、其衰运开始显著的时期。在此之前，中国在北方受到蒙古族的压迫和入侵，在东南海岸地方被倭寇破坏，已持续为所谓北虏南倭所困扰。接着进入这段时期之后，宁夏和贵州发生内乱，丰臣秀吉的军队入侵朝鲜。在满洲，强敌后金（其后的清朝）建国，对中国窥伺着。面对这些的军事费用攀升到庞大的金额，这些都成为临时的增税而加诸农民的肩膀上。这些事态加速了经济状态的恶化，中国社会显现出大为混乱的样貌。在朝廷中也发生了官僚间的派阀斗争，在接下来的天启年间，进展到勾结权臣、极为横行的宦官魏忠贤一派，与代表一般士大夫舆论的东林党之间的对立，两者之间的党争反复地进行，政局也踏上了混乱之路。最后以东林党毁灭、宦官一派的胜利告终，但接下来的崇祯帝诛杀魏忠贤，试图重建政局。不过其努力也无法挽回大局，后金的势力逐渐增强，让明军为之所苦，税金相继增加，加上天灾所引发的饥荒频仍，农村陷入贫穷的极点。就这样，各地农民暴动蜂起，其势力增加，被称为流贼，开始来回破坏各地。接着流贼的一个首领李自成的军队最终占领首都，攻破宫城，崇祯帝自杀，明朝于焉灭亡（1644）。其后清军入侵中国本土，攻下北京，对中国人而言，出现了异民族清朝君临中国的这种最坏的状况。

中国人（汉民族）的民族意识猛烈地燃起，尤其是扬子江一带十分强烈，对清朝的抵抗运动开始了。明朝崩溃之后，明室皇族的福王、唐王、益王、鲁王、桂王等，与明朝遗臣随即相继于江南地方一带展开反清复明的军事活动。不过也在数年间就被平定，只有桂王一人转战至云南、缅甸地方继续抵抗到最后，最终被捕杀（1662），这一类反清运动毁灭了，以后清朝的中国统治逐步进入了趋于确立的时期。

黄宗羲是在这种中国大动乱时期度过生涯之人。他的父亲是东林名士，在黄宗羲十七岁时，被宦官一派将其与其他同志一同逮捕而死在狱中。后年，他为了替父亲申冤而上京。此时崇祯帝已即位，诛杀了魏忠贤，宦官一派失势，而他展现了在审讯的公堂上活跃的一幕。其后，他遵从父亲遗命，向明末大儒刘宗周学习阳明学派哲学，又广泛阅读经学、史学书籍，勤勉向学，同时对政治亦不失关心。明朝灭亡时他三十五岁，其师刘宗周绝食而死。他自己号召同乡青年数百人投入鲁王军中，参与军事活动而活跃（此时亦有其前往日本乞师的传说），然因老母之故而不得不返回故乡。其后亦与鲁王军联络，同时坚守于山寨中，躲避清朝追捕而流转于各地，但在反清活动皆以失败告终后，便在乡里间度过讲学和研究的生活，亦不应清朝之召，终身固守作为明代遗老的立场。康熙三十四年（1695）年八十六岁时死去，临死前特地留下遗言说，进行葬礼时一切佛事皆不用、不设棺，命家人于其生前所做的墓穴石床上置一被一褥。这是因为他作为亡国遗民，希望尸体尽快腐朽。

在如此时代度过这种生涯的黄宗羲，和同时代几乎所有学者一样，怀有强烈的信念，认为学问必须是对世间产生实际作用的学问（称为"经世致用之学"）。他批判明末一般的学风为不学无用，为了进行有用的学问，他强力主张有必要研究广泛的学问，特别是经学史学。而他实践自己的主张，通读大量书籍，留下从经学史学，到哲学、地理、历算、文学等非常多的著作。其中他特别长于史学，被认为是清代史学之祖，在其著作中，尤其是《明儒学案》六十二卷，作为在中国最初写下的学术史著作而被高度评价。这本《明夷待访录》也是，虽然是本小书，但已将他的思想、学风特征毫无保留地发挥，在和《明儒学案》不同的面向上，是被认定为代表作的重要著述。

二

黄宗羲于康熙元年开始撰写《明夷待访录》，于翌年他五十四岁时完成。说到康熙元年，乃是苦战到最后，持续对清朝之抵抗的桂王被捕杀的那一年。也就是说，他在感到恢复明朝的希望完全断绝时，将一切希望寄托于将来，而想要将自己的政治意见写下，在这种意图之下所撰写的就是此书。书名的"明夷"系基于《周易》的明夷卦，其意为光明夷伤而隐于地中，世间一片黑暗。不过此乃黎明之前，黎明终究会到来，此时——所谓的"待访"，如同相传古时殷贤人箕子在周武王询问建国方策时，说明洪范九畴一样，他自己也不能说不会在将来有明君前来访求可实现太平的方策，此意即为期待该明君（当然不是清朝）的造访。也就是说，为了那个时候而将自己的大方策预先写下。（另外"明夷"一词中，也暗示了明为明朝，夷为清朝。）

就这样，他写下了这本书，试图追求明朝——在他的意识中即为中国——为何会灭亡的原因，探究其病根所在。首先是君主的恣意多欲，以及谄媚的官僚无为无能，生产这种无能官员的学校制度、官吏录用制度的缺陷，还有倚仗权势欺凌人民的胥吏（下级官员）的残暴、逢迎君主，掌握权力、中饱私囊的奄官（宦官）的蛮横，给予宦官可乘之机、不设宰相的内阁组织的不完备，或是完全不给地方政治军事上的权限，而大事发生时毫无力量的行政机构的虚弱，首都地理条件的恶劣，还有更明显的土地所有权的不平等，租税的重担，基于不正当的货币政策而来的农民困穷、农村疲弊等。

《明夷待访录》各篇中——由原君、原臣、原法、置相、学校、取士（上下）、建都、方镇、田制（一二三）、兵制（一二三）、财计（一二三）、胥吏、奄官（上下）诸篇而成——他将这几点作为明代政治的缺陷而猛烈批判之，然后揭示其解决之策，以这样的形式来详细地推阐其论点，而在此显示了他敏锐的洞察力和卓越的见识。而且在展开这些议论之时，他纵横运用了经学史学，尤其是史学上的赅博知识，一概采取先列举过往史实，以之为根据来导出一个又一个结论的态度。其中具有历史学者政治论的特色，尤其适合称之为"将他所主张的为了经世的经史之学具体化的典型著作"的理由，也正在此处。

三

接着拟将各篇所论之概要稍微具体地加以介绍。

根据他的论述，首先，参与政治的天子和官吏，对于其职务的心理准备、有关政治的根本想法都有所误。律定政治的法的形态也是错误的。

> 有人者出，不以一己之利为利，而使天下受其利；不以一己之害为害，而使天下释其害。……夫以千万倍之勤劳，而己又不享其利，必非天下之人情所欲居也。……入而又去之者，尧、舜是也；初不欲入而不得去者，禹是也……后之为人君者不然，……视天下为莫大之

产业……敲剥天下之骨髓，离散天下之子女，以奉我一人之淫乐，视为当然……然则为天下之大害者，君而已矣。……古者天下之人爱戴其君，比之如父，拟之如天，诚不为过也。今也天下之人怨恶其君，视之如寇雠，名之为独夫，固其所也。而小儒规规焉以君臣之义无所逃于天地之间，至桀、纣之暴，犹谓汤、武不当诛之。（《原君》）

缘夫天下之大，非一人之所能治，而分治之以群工。故我之出而仕也，为天下，非为君也；为万民，非为一姓也。……世之为臣者昧于此义，以为臣为君而设者也，……视天下人民为人君囊中之私物。……苟无系于社稷之存亡，则四方之劳扰，民生之憔悴，虽有诚臣，亦以为纤芥之疾也。……为臣者轻视斯民之水火，即能辅君而兴，从君而亡，其于臣道固未尝不背也。……后世骄君自恣，不以天下万民为事，其所求乎草野者，不过欲得奔走服役之人；乃使草野之应于上者，亦不出夫奔走服役。（《原臣》）

三代以上之法也，固未尝为一己而立也。后之人主，既得天下，唯恐其祚命之不长也，子孙之不能保有也，思患于未然以为之法。然则其所谓法者，一家之法而非天下之法也。……三代之法，……法愈疏而乱愈不作，所谓无法之法也。……后世之法，……法愈密而天下之乱即生于法之中，所谓非法之法也。（原法）

以上的君、臣、法，都应回复其原本应有的样态。

学校，所以养士也。然古之圣王，其意不仅此也，必使治天下之具皆出于学校，而后设学校之意始备。……天子之所是未必是，天子之所非未必非，天子亦遂不敢自为非是而公其非是于学校。……三代以下，……而其所谓学校者，……亦遂以朝廷之势利一变其本领。……究竟养士一事亦失之矣。

取士之弊，至今日制科而极矣。……徒使庸妄之辈充塞天下。岂天之不生才哉？则取之法非也。吾故宽取士之法，有科举，有荐举，有太学，有任子，有郡邑佐，有辟召，有绝学，有上书，而用之之严附见焉。……科举之法，……答义者先条举注疏及后儒之说，既备，然后以"愚按"结之。……登第者听宰相鉴别，分置六部各衙门为吏，管领簿书。拔其尤者，仿古侍中之职，在天子左右，三考满常调而后出官郡县，又拔其尤者为各部主事。（学校、取士）

有明之无善治，自高皇帝罢丞相始也。……有宰相之实者，今之宫奴也。盖大权不能无所寄，彼宫奴者，见宰相之政事坠地不收，从而设为科条，增其职掌，生杀予夺出自宰相者，次第而尽归焉。……使宰相不罢，自得以古圣哲王之行摩切其主，其主亦有所畏而不敢不从也。

盖吏胥之敢于为害者，……恃官司之力，乡民不敢致难。……诚使吏胥皆用士人，则一切反是，而害可除矣。

为人主者，自三宫以外，一切当罢。如是，则奄之给使令者，不过数十人而足矣。（置相、胥吏、奄宦）

亡之道不一，而建都失算，所以不可救也。……当李贼之围京城也，毅宗亦欲南下，而孤悬绝北，音尘不贯，一时既不能出，出亦不能必达，故不得已而身殉社稷。向非都燕，何遽不及三宗之事乎？……江南之民命竭于输挽，大府之金钱靡于河道，皆都燕之为害也。……东南粟帛，灌输天下。天下之有吴、会，犹富室之有仓库匮箧也。……舍金陵而勿都，是委仆妾以仓库匮箧。

今封建之事远矣，因时乘势，则方镇可复也。……务令其钱粮兵马，内足自立，外足捍患。田赋商税，听其征收，以充战守之用。……治兵措饷皆出朝廷，常以一方而动四方，既各有专地，兵食不出于外，即一方不宁，他方宴如。（建都、方镇）

至于后世，……吾见天下之赋日增，而后之为民者日困于前。……夫先王之制井田，所以遂民之生，使其繁庶也。……每户授田五十亩，尚余田一万七千三十二万五千八百二十八亩，以听富民之所占。……古者什而税一，今每亩二斗四升，计一亩之入不过一石。……今丈量天下田土，……分之五等。……使田土之等第，不在税额之重轻而在丈量之广狭，则不齐者从而齐矣。是故田之中、下者，得更番而作，以收上田之利。（田制）

至今日而赋税市易，银乃单行，以为天下之大害。……二百余年，天下金银，纲运至于燕京，如水赴壑。……夫银力已竭，而赋税如故也，市易如故也，皇皇求银，将于何所？……吾以为非废金银不可。……诚废金银，使货物之衡尽归于钱。京省各设专官鼓铸，有铜之山，官为开采。民间之器皿，寺观之像设，悉行烧毁入局。千钱以重六介四两为率，每钱重一钱。制作精工，样式画一，亦不必冠以年号。除田土赋粟帛外，凡盐酒征榷，一切以钱为税。如此而患不行，吾不信也。（财计）

末流之弊，亦由其制之不善所致也；制之不善，则军民之太分也。……余以谓天下之兵当取之于口，而天下为兵之养当取之于户。……调发之时，五十而出一。其取之户也，调发之兵十户而养一。……夫五十口而出一人，则其役不为重；一十户而养一人，则其费不为难；而天下之兵满一百二十余万，亦不为少矣。

万历以来之将，掩败饰功，所以欺其君父者，何所不至，亦可谓之倾危矣。……使文武合为一途，为儒生者知兵书战策非我分外，习之而知其无过高之论；为武夫者知亲上爱民为用武之本，不以粗暴为能；是则皆不可叛之人也。（兵制）

四

以上是他在《明夷待访录》中所陈述意见之大略，其基调在于主张政治必须以人民为本。而且可以从中看到他对士人，亦即知识分子阶层（其自身属于此）的强烈信任感。这是站在儒家原本的思想立场上的产物，尤其继承了孟子的民本主义传统。他虽然猛烈批判君主追求私欲和独裁的政治，但却不否定君主制本身，这种想法当然和近代民主主义不同。不过在这本书中四处可见与民主主义相通的要素，像此书一样明确主张这些要点的，在中国自古以来并不存在。或许正因如此，此书成为其后清末革命运动志士们必读教科书而被广泛阅读。但这毕竟还只是没有参与过实际政治的学者的政治论，予人纸上谈兵之感，其中也有让人觉得不可能照着实行之处。但无论如何，在当时，他以站在最健全的想法之上，显示了伟大的政治思想。

就此意义而言，以下所引的《学校》篇中的学校制度改革之论，应该特别值得注意：

郡县学官，毋得出自选除。郡县公议，请名儒主之。自布衣以至宰相之谢事者，皆可当其任，不拘已未任也。其人稍有干于请议，则诸生得共起而易之。……郡县，朔望大会一邑之缙绅士子。学官讲学，郡县官就弟子列，北面再拜，师弟子各以疑义相质难。其以簿书期会，不至者罚之。郡县官政事缺失，小则纠绳，大则伐鼓号于众。

太学祭酒，推择当世大儒，其重与宰相等，或宰相退处为之。每朔日，天子临幸太学，宰相、六卿、谏议皆从之。祭酒南面讲学，天子亦就弟子之列。政有缺失，祭酒直言无讳。天子之子年至十五，则与大臣之子就学于太学，使知民之情伪，且使之稍习于劳苦。毋得闭置宫中，其所闻见不出宦官宫妾之外，妄自崇大也。

〔补记〕本文以东京大学中国文学研究室编《中国名著》所收拙著《明夷待访录》为基础，并添加东京大学中国哲学研究室编《中国的思想家》下卷，及古川哲史编《人类的教师——东洋编》所收的两篇以《黄宗羲》为题的拙著中《明夷待访录》相关部分，将此三者合并重组而成。

1980.07.05 记

关于 《明儒学案》 的 《四库提要》

一、《明儒学案》的《四库提要》

首先将《明儒学案》的《四库提要》（总目卷五十八，史部十四，传记类二，总录之属。以下略称为《提要》）全文列出（［Ⅰ］至［Ⅳ］、（1）至（19）的号码，系笔者为方便起见而附加。［］内为笔者所加的注记或补充）。

《明儒学案》六十二卷，山东巡抚采进本。

［Ⅰ］国朝黄宗羲撰。宗羲有《易学象数论》，已著录。

［Ⅱ］初，周汝登作《圣学宗传》，孙钟元［名奇逢］又作《理学宗传》，宗羲以其书未粹，且多所阙遗，因搜采明一代讲学诸人文集语

录，辨别宗派，辑为此书。

[Ⅲ]① 凡（1）《河东学案》二卷，列薛瑄以下十五人；（2）《三原学案》一卷，列王恕以下六人；（3）《崇仁学案》四卷，列吴与弼以下十人；（4）《白沙学案》二卷，列陈献章以下十二人；（5）《姚江学案》一卷，列王守仁一人，附录二人；（6）《浙中相传学案》五卷，列徐爱以下十八人［附录一人］；（7）《江右相传学案》九卷，列邹守益以下二十七人，附录六人；（8）《南中相传学案》三卷，列黄省曾以下十一人；（9）《楚中［相传］学案》一卷，列蒋信等二人；（10）《北方相传学案》一卷，列穆孔晖以下七人；（11）《闽越相传学案》［“闽越”为“粤闽”之误］一卷，列薛侃等二人；（12）《止修学案》一卷，列李材一人；（13）《泰州学案》五卷，列王艮以下十八人［附录三人］；（14）《甘泉学案》六卷，列湛若水以下十一人；（15）《诸儒学案上》四卷，列方孝孺以下十五人；（16）《诸儒学案中》七卷［实为六卷］，列罗钦顺以下十人；（17）《诸儒学案下》五卷，列李中以下十八人；（18）《东林学案》四卷，列顾宪成以下十七人；（19）《蕺山学案》一卷，列刘宗周一人，而以《师说》② 一首冠之卷端，所列自方孝孺以下十七人［实为二十五人］。

[Ⅳ] 大抵朱陆分门以后，至明而朱之传流为河东［薛瑄］，陆之传流为姚江［王守仁］。其余或出或入，总往来于二派之间。

宗羲生于姚江［浙江省余姚，王守仁出生地］，欲抑王尊薛则不甘，欲抑薛尊王则不敢，故于薛之徒，阳为引重，而阴致微词。于王

---

① 《文溯阁四库全书》的书前提要中，并无[Ⅲ]段之全文，且无[Ⅳ]段末“卷端仇兆鳌序”以下之文。[Ⅳ]段中“正嘉以还，贤者不免”和“宗羲此书，犹胜国门户之余风”之间，书前提要中又有“蔓延迄于明季，而其祸遂中于国家。讲学诸儒，实不能辞其责”二十四字。本文与书前提要之间，尚有若干细微的字句差异，因并无重要相异处，故不拟一一指出。

② 《师说》系总辑关于方孝孺以下诸儒的师（黄宗羲之师刘宗周）说。

之徒，外示击排，而中存调护。

夫二家之学，各有得失，及其末流之弊，议论多而是非起，是非起而朋党立，恩雠缪辏，毁誉纠纷，正嘉［正德、嘉靖］以还，贤者不免。

宗羲此书，犹胜国门户之余风，非专为讲学设也。然于诸儒源流分合之故，叙述颇详，犹可考见其得失，知明季党祸所由来，是亦千古之炯鉴矣。

卷端仇兆鳌序，及贾润所评，皆持论得平，不阿所好，并录存之，以备考镜焉。

在上述《提要》文中，［Ⅰ］［Ⅱ］段并无特殊问题。然而关于［Ⅲ］段处，有另一种《明儒学案》版本具有和《提要》的解题相异的内容，故含有需要探讨的问题。［Ⅳ］段中《提要》所说的对此书之批评，也包含令人不得不犹豫是否要直接视为正当评论之处。

以下，拟针对这些问题进行探讨，并连带地论及此书中出现的黄宗羲之明代儒学史观。

201

二、《明儒学案》各版本及其异同

为了探讨第一个问题（《提要》［Ⅱ］段相关的文本问题），首先列举《明儒学案》的各版本（仅限于我们现今可见的刊本，未见之本和石印本、排印本等等则省略），并尝试比较其异同。

《明儒学案》的刊本可列举如下：

（A）康熙三十二年（1693）故城贾氏刊本　紫筠斋藏版（以下略称为"贾本"）

（B）光绪十二年（1886）故城贾氏补刊本　紫筠斋藏版

（C）乾隆四年（1739）慈溪郑氏刊本　慈溪二老阁藏版（以下略称为

"郑本")。另外，亦有同版而题为"四明讲堂藏版"之本。

（D）光绪八年（1882）慈溪冯氏补刊本　慈溪二老阁藏版

（E）道光元年（1821）会稽莫氏刊本（以下略称为"莫本"）

（F）光绪十四年（1888）南昌县学刊本　南昌县学藏版

（G）光绪三十年（1904）湘潭黄氏苏山草堂刊本

（H）民国元年（1912）国学研究会刊本

以上八种之中，重要者为（A）贾本、（C）郑本、（E）莫本三种（（F）（G）（H）三者内容与（E）莫本同），故比较此三种版本，其形式上之异同如下表所示：

	（A）贾本	（B）郑本	（C）莫本
（1）	卷1、2河东学案，薛瑄以下15人	卷1—4崇仁，同左	排列顺序、学案名与郑本同；所列之人与贾本同。
（2）	卷3三原学案，王恕6人	卷5、6白沙，同左	
（3）	卷4—7崇仁学案，吴与弼10人	卷7、8河东，14人（甲）	
（4）	卷8、9白沙学案，陈献章12人	卷9三原，同右	
（5）	卷10姚江学案，王守仁1人，附录2人	同左，无附录（乙）	
（6）	卷11—15浙中相传学案，徐爱18人，附录1人	同左，浙中王门17人（丙），附录同左	
（7）	卷16—24江右相传学案，邹守益27人，附录6人	同左，江右王门，同左，附录同左	
（8）	卷28—27南中相传学案，黄省曾11人	同左，南中王门9人（丁）	
（9）	卷25楚中相传学案，蒋信2人	同左，楚中王门，同左	
（10）	卷29北方相传学案，穆孔晖7人	同左，北方王门，同左	
（11）	卷30粤闽相传学案，薛侃2人	同左，粤闽王门，同左	
（12）	卷31止修学案，李材1人	同左	
（13）	卷32—36泰州学案，王艮18人，附录3人	同左	
（14）	卷37—42甘泉学案，湛若水11人	同左，10人（戊）	
（15）	卷43—46诸儒学案上，方孝孺15人	同左	
（16）	卷47—52诸儒学案中，罗钦顺10人	同左	

	(A) 贾本	(B) 郑本	(C) 莫本
(17)	卷53—57 诸儒学案下，李中18人	同左，17人（己）	排列顺序、学案名与郑本同；所列之人与贾本同。
(18)	卷58—61 东林学案，顾宪成17人	同左	
(19)	卷62 蕺山学案，刘宗周1人	同左	
		（卷外）1人（庚）	
		（卷外）附案4人（辛）	

〔附记〕

（甲）缺杨应诏（贾本卷2末）一人（乙）缺许半圭、王司舆（贾本王守仁附录）二人（丙）缺胡瀚（贾本卷15末）一人（丁）缺薛甲、查铎（贾本卷25末）二人（戊）缺王道（贾本卷42末）一人（己）将颜鲸（贾本卷53末）一人刊于卷外（庚）（辛）应典、周莹、卢久、杜惟熙四人（郑性为附加之人，贾本无）

比较的结果，形式上的较大差异处，在（A）贾本和（C）郑本之间，（1）最初的四篇学案（九卷）的排列顺序不同、（2）王学系的各学案分别称为"相传学案"和"王门学案"、（3）所提到的人有若干出入。在其后完成的（E）莫本，在（1）（2）两点依郑本，在（3）点依贾本，形成两本折中的形态。

还有，除了上述异同之外，也有横跨内容、文章之全幅的异同处。各学案开头处的"小序"和各学者的"传"部分，属于字句异同的程度，未见重大差异。然而，各学者传后所附的著书、文集、语录等选录部分（以下称为"资料"），可看到不只是字句异同的极大差异。因篇幅所限，无法具体表示这些异同，总之，（A）贾本和（C）郑本之间的"资料"相出入之处极多，若将全体的字句异同并而观之，则每页都会有几处相异，文字形体（异体字）的差别亦极为多数。(E) 莫本在这些贾本和郑本的相异处，

203

几乎都依循贾本，少数贾本明显有误之处则根据郑本来订正，另外在极少数之处，则两本都不采用，而使用不同的字。而且莫本的一页行数和一行字数也和贾本相同，全文句读亦同于贾本，字样刊刻也和贾本相似。也就是说内容上，莫本可谓几乎完全根据贾本。

三、《明儒学案》刊行之经过

《明儒学案》的贾本、郑本、莫本之间具有上述的异同情形，那么为何会产生这些现象，又三本之中何者传达了黄宗羲原著的样貌（或者说是定本）？为了思考这些问题，现将《明儒学案》刊行经过之调查结果罗列如下：

（甲）康熙十五年（1679，宗羲六十七岁），《明儒学案》完稿（据黄宗羲自序）。

（乙）其后钞本流传于各地（同上）。

（丙）安阳许三礼（字典三，号酉山）刊行数卷（同上）。

（丁）鄞县范氏（或即为天一阁范氏）刊行数卷（据黄炳垕（宗羲七世孙）《黄梨洲先生年谱》）。

（戊）康熙三十年（1691，宗羲八十二岁），鄞县万言（字贞一，号管村，万斯年之子，黄宗羲门人）刊行约三分之一而中断，此即为郑本之底本（据黄宗羲自序、郑本之郑性序、黄千秋识语）。

（己）康熙三十二年（1693，宗羲八十四岁），故城贾朴（号素庵、醇庵）刊行全书，黄宗羲作序文。[①] 此本之刊行经过为：贾朴依其父贾润（号若水）之命，从学于北京仇兆鳌（字沧柱，鄞县人，黄宗羲门人，《杜诗详注》作者）时，于仇兆鳌处得授《明儒学案》（推测应抄写仇氏所持之钞

----

① 黄宗羲《明儒学案序》，系借由北京仇兆鳌来信，知贾本之刊行(或许是贾氏透过仇氏来请黄宗羲作序)而写。可见其不满于以往所写者，而将序文改作。另外，黄炳垕《黄梨洲先生年谱》记载此序文写于康熙三十一年(1692)。

本），带回去给父亲看。贾润读后感到佩服，企图刊行之，于康熙三十年开始着手，然不久即殁。贾朴继承其遗志，于康熙三十二年完成（据黄宗羲自序、贾本贾润序、贾朴跋）。

此即为贾本，乃《明儒学案》最初完成的完整版本。卷首有仇兆鳌序（康熙三十二年）、于准序（康熙四十六年）、黄宗羲序（第二序，康熙三十二年）、黄宗羲原序（同年）、贾润序（康熙三十年）、贾朴跋（康熙三十二年）、发凡（黄宗羲识）、师说（黄宗羲述）、贾润总评、总目，本文各卷卷首题有"姚江黄宗羲辑着，故城贾润参阅"。

（庚）黄宗羲殁（康熙三十四年，1965）后，《明儒学案》原稿归于慈溪郑氏二老阁（据郑本黄千秋识语）。

此郑氏与黄宗羲有密切关系，郑溱（号秦川）为宗羲之友，其子郑梁（字半人，号禹梅、寒村）为宗羲门人，致力于发扬黄氏学问，照顾宗羲子孙，管理其著作与藏书。二老阁为郑梁之子郑性（字义门，号南溪）为了继承其父遗志，祭祀黄宗羲、郑溱二老，收藏其遗书而建（据小柳司气太《续东洋思想研究》所收《明儒学案补》及全祖望《鲒埼亭集》卷21《五岳游人穿中柱文》、同书外编卷17《二老阁藏书记》）。

（辛）其后，广东巡抚杨文范（字符统，号霖宰，汉军正白旗人）意图刊行之，借出上述郑氏所藏稿本，然刊行未果。稿本最终顺利回到郑氏手上（据黄千秋识语）。

（壬）乾隆四年（1739），上述慈溪郑性与黄宗羲之孙黄千秋商量，根据家藏稿本，将（戊）万言未刊之部分补足刊行。这项工作自雍正十三年（1735）年开始，至乾隆四年完成。

此即为（C）郑本，收录郑性之序（乾隆四年）、发凡、总目、黄千秋识语、师说，本文各卷卷首上题有"姚江黄宗羲着"，下题有"门人万言订"（卷1—18、20、21），还有"后学郑性订"（卷19、22—61）（卷62其下只题有"学人黄宗羲着"）。

此本之郑性序文中说"康熙辛未，鄞万氏刻其原本三分之一而辍。嗣后，故城贾氏一刻，杂以臆见，失黄子著书本意。今续完万氏之未刻"，如此一来，前述贾本与郑本相异处（全部或一部分），乃贾氏擅自更改原本，郑本的刊行具有改正其误的意义，郑本才显示了黄宗羲原著的真正模样。

（癸）尽管刊行年并不明确，但另外还有吕氏刊本，可见于丁丙的《八千卷楼书目》。另外杨立诚的《四库目略》中提到"康熙中刊本，吕氏刊本"，[①] 此康熙中刊本或指贾本，而与康熙中刊本并列的吕氏刊本应该就并非康熙中的产物，而是成于雍正以后。且郑本序跋中也丝毫未提及此本，或许是郑本以后的刊本（另外，莫本序中也未提及吕氏刊本，但应早于莫本）。由于未能见到实物，故现在无法得知其属于哪一系统的本子。

（子）道光元年（1821），会稽莫晋和莫阶根据郑本来订正家藏旧钞本并刊行之（据莫本的莫晋序）。

此即为（E）莫本，收录黄宗羲原序、莫晋重刻序（道光元年）、发凡、师说、总目，本文各卷卷首题有"姚江黄梨洲先生着，会稽后学莫晋实斋，莫阶芝庭校刊"。

上述莫晋重刻序中说："是书清河贾氏刻本行世已久，但原本首康斋（吴与弼，崇仁学案），贾本改而首敬轩（薛瑄，河东学案），原本《王门学案》，贾本皆改为《相传学案》，与万五河（万言）原刻不同，似非先生本旨。予家旧有钞本，谨据万氏原刻重加订正，以复其初，并校亥豕之讹，寿诸梨枣。"也就是说，其对贾本与原本之异予以责难，据家藏钞本与万氏原刻本（亦即郑本）校正，回复原貌，因此其视贾本为误，郑本为正。

四、《明儒学案》各版本之优劣

以上是莫本以前的《明儒学案》各版本刊行的详细经过，但在各版本

---

① 小柳司气太《明儒学案补》中说："民国十八年出版的四库目录史部中有'康熙中吕氏刊本'，然未见"，但应为本文记载事实之误记。另外，若有知晓吕氏刊本所在之先进，还请垂教。

中，关于（癸）吕氏刊本的内容未能得知，故不得已省略之，现拟对前一节以来讨论的（A）贾本、（C）郑本、（E）莫本的优劣再行探讨。

三本中（E）莫本最难以信任。从前一节（子）所说的莫晋序文来看，莫本应该是接近郑本的，但实际上如同第二节所说的，其与郑本一致的部分只有排列顺序和《王门学案》的名称，其他几乎皆同于贾本，而且其完全依从被批评为"非先生本旨"的贾本的版式。如果相信其序文的话，就等于是他家藏有一部一字一句内容都和贾本相同，只有各学案顺序和名称与郑本一致的钞本，然后又根据郑本来对字句作少许订正。但实在难以相信会有这种钞本的存在。莫本是与贾本酷似，照原样重新刊刻的结果，若是从其根据郑本来订正贾本，结果有字句不合、对于不合适的助词有删削，将字句配置回复原样（这类例子不只两三处）来看的话，莫晋所说的"予家旧有钞本"很有可能是虚构的谎言，只能认为其无视于实际钞本的存在，完全依循贾本，只根据郑本来进行若干订正。要言之，莫本乃是披上郑本之皮的贾本。范希曾《书目答问补正》推荐莫本说"会稽莫晋刻本善"，光绪以后的新刊本皆采用莫本，故莫本得到了善本的评价，但事实上如同上述，乃是折中而成，至少莫晋所说的"复其初"是彻底不可信的（但该本经过合成、校订，因此在使用上是极为便利的版本）。

接着关于（A）贾本和（C）郑本，为何两种版本之间会产生差异、哪一种版本是正确的《明儒学案》，这些问题非常难以判断。如同前一节（壬）所说的，郑性说"故城贾氏一刻，杂以臆见"，还有全祖望也说"故城贾氏颠倒《明儒学案》之次第，（郑性）正其误而重刊之"（《鲒埼亭记》卷21《五岳游人穿中柱文》），如果直接相信这些言论，断定郑本为正确的原本、贾本为贾润擅自改写原书而成的话，事情就十分简单明了了，但还有各种无法如此单纯解决的问题点。

贾润对《明儒学案》有些不满，他的《明儒学案总评》中有一节说：

明初诸儒，如方正学、曹月川、薛敬轩、吴康斋，其学一本濂洛关闽，未尝独辟门户。至白沙、阳明，专求心学，重内轻外，其说虽足以救朱学末流之弊，但隆万间，禅学盛行，亦二公有以潜启其端也。斯编于姚江一脉，载之独详，而是非得失，亦辨析不混，盖就其说以攻其隙，庶不致贻误后学，此梨州苦心也。愚意前辈诸家当稍从增益，后来众说纷纭，当大为裁损。日者衰病连年，未遑从事，一仍其原本，不敢私有进退也。

这种不满系与对王学的不满相联结，无论如何，很明显地他怀有对《明儒学案》施加改变的意图，只是因健康状况不允许而未果，结果并未做出丝毫更改。特地交代自己并未加工更改，甚为可疑，不免让人产生此其实是更改后的掩饰的这种负面看法。事实上，贾本和郑本的相异处之中，有许多可以被视作贾润所更动之处。但是另一方面，无论如何都无法当作是贾润改窜者也往往有之。

若是相信前述贾润《总评》之语，则贾本、郑本皆为黄宗羲的原本。《明儒学案》稿本初成后，黄宗羲本身得到此原稿的可能性也很高，因此随着这个加工的阶段，就有两种原本（或是更多），贾、郑本分别表示不同年代的原本模样，亦不足为奇。如果是这样设想的话，则两本都是未完稿，就产生了何者为定本的问题，这也难以简单地断定。

接着上述两种的组合，也就是说，原本有两种，而且贾润对其加以更改，这种可能性也是存在的。若是如此，两本的异同似乎就能够比较简单地加以说明了，但也没有可以做出如此断定的铁证。

以上的这些讨论，虽然关于两本异同的详细考证是有必要的，但现在没有论述的余裕，故具体的考证皆省略之，事实上就算加以叙述，也可以设想出各种可能性，现阶段无法导出决定性的结论。

不过与郑本之刊行相关者，都是与黄宗羲有密切关联的人，而且其根据黄宗羲手稿的这一点十分明确，这一点是此本的绝对优势，不像莫晋所说的"予家旧有钞本"那样的暧昧不明。黄千秋识语中说"先王父所著《明儒学案》一书，甬上万管村先生宰五河时捐俸刻之，未及半而去官，遂辍。其稿本归勾章郑义门"，更详细陈述了前一节（辛）所说的，此"稿本"一度脱离郑氏之手，最终顺利回归之事。另外郑性在《附案》中也附带提到"黄子亲笔原本，载有颜冲宇先生鲸传，谨附见于后"，非常明显地，他拥有黄宗羲手稿并以之为根据，此事无可置疑。作为定本，只有颜鲸传被挤到卷外这一点有些奇怪，不无可疑，但无论如何，就其确实为黄宗羲原本的这一点来说，没有比郑本更值得信赖的。

接着，《四库全书》所著录的"山东巡抚采进本"，从其具有《提要》本文［Ⅲ］段所揭示的结构，以及［Ⅳ］段末仇兆鳌序文和贾润总评所提及的部分来看，确实属于贾本。《四库全书》编纂之时，贾本与郑本并存［或是也有前一节（癸）吕氏刊本也不一定］，但为何是贾本被采用呢？根据《四库采进书目》，《明儒学案》被进呈五次，其中包含山东巡抚所呈送者，共有三种书目，分别记载为"十六本""二十本""刊本"。只凭册数并不清楚，但"十六本"或许是贾本（我所见到的贾本均为十六册）、"二十本"或为郑本（我所见到的郑本为二十册或二十四册）。《提要》丝毫未提及异本的存在，然而《四库全书》的编纂者应该不会不知道郑本，但尽管如此，为何仍然舍弃作为黄宗羲的原本而最能信赖的郑本，而采用贾本？我认为这是应该要思考的问题。

首先，可以考虑的理由是贾本是作为完本而最早完成的版本，但恐怕不仅仅是如此。这和第一节最后所指出的第二个问题，也就是《提要》［Ⅳ］段的《明儒学案》观有所关联。接下来拟探讨这一点。

五、黄宗羲的明代儒学史观

上述《提要》［Ⅳ］段所说的，似乎是从"抑王尊朱"来批判《明儒学案》的"抑朱尊王"立场（更准确地说，是批判《明儒学案》并未明确地采取"抑王尊朱"立场）。"宗羲生于姚江，欲抑王尊薛则不甘，欲抑薛尊王则不敢，故于薛之徒，阳为引重，而阴致微词。于王之徒，外示击排，而中存调护"这种叙述，也可以视作是这种意旨下的言论，但《提要》的这种看法，未必合乎《明儒学案》之实。

透过《明儒学案》可见的黄宗羲明代儒学史观，大略如下。

首先，试着摘录若干黄宗羲之语：

（甲）有明之学，至白沙始入精微。……至阳明而后大。两先生之学，最为相近。（《白沙学案小序》）

（乙）有明学术，《白沙开其端，至姚江而始大明。盖》（《》内为贾本之文，郑本所无）从前习熟先儒之成说，未尝反身理会，推见至隐，所谓"此亦一述朱，彼亦一述朱"耳。高忠宪（攀龙）云："薛敬轩（瑄）、吕泾野（柟）语录中，皆无甚透悟。"亦为是也。自姚江指点出"良知人人现在，一反观而自得"，便人人有个作圣之路。故无姚江，则古来之学脉绝矣。①（《姚江学案小序》）

（丙）康斋倡道小陂，一禀宋人成说。……其相传一派，虽一斋（娄谅）、庄渠（魏校）稍为转手，终不敢离此矩矱也。白沙出其门，然自叙所得，不关聘君（吴与弼），当为别派。于戏！椎轮为大辂之始，增冰为积水所成，微康斋，焉得有后时之盛哉？（《崇仁学案小序》）

（丁）河东之学，恓恓无华，恪守宋人矩矱。故数传之后，其议论设施，不问而可知其出于河东也。若阳明门下亲炙弟子，已往往背其

---

① 此处引文除了"自姚江指点出'良知人人现在，一反观而自得，便人人有个作圣之路'"的部分以外，几乎完全相同的文字也见于黄宗羲《移史馆论不疑立理学传书》(《撰杖集》及《南雷文定前集》卷四)，其中含有《》之内的文字。诸如此类，乃是本处甚难认定是贾润所加之例。

师说，亦以其言之过高也。然河东有"未见性"之讥，所谓"此心始
觉性天通"（薛瑄诗句）者，定非欺人语，可见无事乎张皇耳。（《河东
学案小序》）

据此，黄宗羲将王阳明视作明学的中心、代表，认为陈白沙是王阳明
的先驱，将明初视为踏袭宋学（朱子学）的时期，而从中掌握到陈献章→
王守仁的系谱。吴与弼和薛瑄都被视作宋学框架中的人，就此意义而言，
并未给予他们高度评价。不过吴与弼是陈献章之师（虽然他否定了两者学
问上的关联），所以肯定了他导出陈献章→王守仁之明学的角色。

关于《明儒学案》的形成，黄宗羲自己并没有任何直接的叙述。然而，
《明儒学案》系依循其明代儒学史观，将之反映出来而成立，自不待言。具
体来说，乃是以《姚江学案》及接续的王门诸学案为中心而成，这一点一
目了然。姚江之前的四学案相当于阳明前史时期，重视吴与弼→陈献章→
王守仁之系谱的黄宗羲，依循此看法，将该部分以"崇仁→白沙→河东→
三原→姚江"的顺序（此为郑本顺序）来组成。吴与弼（1391—1469）和
薛瑄（1389—1464）是几乎同辈的学者，因此似乎任一者在先都可以，若
是重视年代前后，则会成为"河东→三原→崇仁→白沙→姚江"的顺序
（此为贾本顺序）（当然，如果完全按照代表者的年代顺序来排列的话，就
会变成"河东—崇仁—三原—白沙"，但三原被视为河东的别派（《三原学
案小序》），故"崇仁—白沙""河东—三原"的各自组合是不能变动的）。
这也形成了将河东排在前面的贾本顺序，可以使得"崇仁→白沙→姚江"
的系谱紧密相连，故十分便利的看法。然而，《甘泉学案》被置于王学系各
学案全部结束之后。湛若水（甘泉 1466—1560）辈分较王守仁（1472—
1528）大，且不顾其为陈献章的直系高足，将《甘泉学案》从《白沙学案》
分离，移至王学系之后，这无疑是将学术史上之意义的重要程度当作学案
排列先后的最高标准（当然并非无视时代先后）。因此，可以认为将"崇仁

—白沙"置于卷首的郑本顺序才是《明儒学案》应有的模样。

黄宗羲的立场很明显是"尊王",不过他对王学也并非毫无批判。前述（丁）中，也指出阳明"其言之过高"，且（乙）引文后续又感叹阳明的良知说和四句教产生种种误解扭曲而导致弊病。如此，他对王学门流更是有许多意见。摘录两三则如下：

> （戊）姚江之学，惟江右为得其传，东廓（邹守益）、念庵（罗洪先）、两峰（刘文敏）、双江（聂豹）其选也。再传而为塘南（王时槐）、思默（万廷言），皆能推原阳明未尽之旨。是时，越中流弊错出，挟师说以杜学者之口，而江右独能破之，阳明之道，赖以不坠。盖阳明一生精神，俱在江右。（《江右王门学案小序》）

> （己）阳明先生之学，有泰州（王艮）、龙溪（王畿）而风行天下，亦因泰州、龙溪而渐失其传。泰州、龙溪时时不满其师说，益启瞿昙之秘而归之师，盖跻阳明而为禅矣。然龙溪之后，力量无过于龙溪者，又得江右为之救正，故不至十分决裂。泰州之后，其人多能以赤手搏龙蛇，传至颜山农（钧）、何心隐（梁汝元）一派，遂复非名教之所能羁络矣。（《泰州学案小序》）

也就是说黄宗羲在王门各派中，认可以江右为中心的右派为王学之正统，视王畿和泰州派等左派为异端而排斥之。这种见解也明显地反映在王门各学案的结构上，以地域来分，首先是亲炙于阳明的"浙中王门"（包含徐爱、钱德洪、王畿等较早的门人）排在第一，第二为"江右王门"，并予以重视，以下大致依重要程度而列举"南中、楚中、北方、粤闽"等各王门学案，其后列"止修学案（李材一人）""泰州学案（王艮以下）""甘泉学案（湛若水以下）"。泰州从师承关系来说，本来是王门学案之一，排在更前面的位置会较为妥当，但却不加"王门"之名，被摆在江右邹守益门人（亦即王守仁的徒孙）李材《止修学案》之后。由于是在《甘泉学案》之前，因此当然是将之当作王学系统的学案来处理，但无论如何乃是极为贬抑的处理方式。而且（己）引文中提到名字的颜钧和何心隐，只在小序中叙其略传，而不独立列传，至于李贽（卓吾）则连小序中都丝毫未被提及。可以说黄宗羲对左派的厌恶、贬黜是极为彻底的。

接着，在王学和甘泉结束后是《诸儒学案》上中下。如其所说：

（庚）此编（《明儒学案》）以有所授受者，分为各案。其特起者，后之学者不甚著者，总列诸儒之案。（《发凡》）

大致上依年代顺序分为上中下，将独来独往的学者集合在一起。以年代而言，包含《明儒学案》中最早的方孝孺（1357—1402）到最晚的孙奇逢（1584—1675）。从诸儒学案的旨趣来说，这应该是全书的最末之处，但实际上更后面还接续有《东林》《蕺山》二学案。黄宗羲之父黄尊素为东林之一员，他自己也是在此学派的风气下成长，而蕺山（刘宗周）是他最直接的恩师。两学案就年代而言也是处于明末的位置，但从在此特地将之置于全书之压卷处来看，具有加以表彰的意图。根据他自己所说，对于将东林党祸视作亡国之因的批判，他加以辩护来赞赏东林忠义之风（《东林学案小序》），对于刘宗周，则称扬道"若吾先师，则醇乎其醇矣"。

在以上对黄宗羲明代儒学史观的重新鸟瞰中，姑且不论其对王学本身的评价，首要的是，将王学视作明学中心这一点是他不变的定论。他将明初大致视为朱子学的势力范围，从中以陈献章为先驱来理解王守仁的出现，这部分多少有些需要再修正之处，但直到现在都是可称作通说的看法。对于王学门流的部分，对左派开始试图再评价，是民国以来、日本战后的事情，而以右派为正统、左派为所谓王学末流、横流之异端，乃是历来最为普通的看法。

213

于是黄宗羲的明代儒学史观，在学问上立基于优秀的见识，且可以说是具有高度客观性的看法。对于东林及其恩师刘宗周以特别的意识来加以表彰，这未尝没有个人心情上的偏好，但尽管如此，东林学派在万历以后的思想史上具有特殊重要性的这一点，乃是难以动摇的事实，刘宗周也是站在修正王学的立场上，在明末具有独特地位的重要思想家，这也是被认可为通说的地方。全体的学派分类方式也大致稳当，没有特别不妥之处，各学者的"资料"选录方式也极为公平、优越。《明儒学案》得到中国第一部学术史著作这样的定评，也是有相当的理由的。

然而，各学者的传记部分，在列举思想、学说要点后，相关的意见、批评之处，完全以黄宗羲自己的哲学立场为标准而论，对于和自己不同的见解便毫不留情地给予严厉批判，但这一点不能当作黄宗羲的主观偏好来责难之。

六、《提要》的《明儒学案》评

《提要》对此，批判黄宗羲所谓"门户之见"说"宗羲此书，犹胜国门户之余风，非专为讲学设也"。全祖望也批评黄宗羲，指出此"门户之见"：

> 惟是先生之不免余议者有：其一则党人之习气未尽，盖少年即入社会，门户之见深入而不可猝去，便非无我之学。（《鲒埼亭集外编》卷44《答诸生问南雷学术帖子》）

《明儒学案》中的排列顺序如同上述，具有不当之处，对于和自己不同的意见一一加以批判，这不可能不视为"门户之见"。然而，比起指出《明儒学案》的"门户之见"，或许不如先认可其学术史观点的确实与公平。

然而，《提要》所指出的"门户之见"，与前一节开头重复引用的"宗羲生于姚江，欲抑王尊薛则不甘，欲抑薛尊王则不敢，故于薛之徒，阳为引重，而阴致微词。于王之徒，外示击排，而中存调护"部分紧密相连。这似乎是在说，若是无"门户之见"，则当然应该会明确地"抑王尊薛（亦即尊朱）"，但却暗中偏袒王学，对薛学表面上尊重，暗地里给予负评，这就是所谓的"门户之见"。不过，正如已经提到的，《明儒学案》的立场，彻头彻尾地就是明显的尊王，反而"尊薛"或"抑薛"则完全不是问题重点，同时也没有"尊朱"或"抑朱"①（但事实是，黄宗羲并未赞成朱子学的理论，尤其是理气论，而且从明学的观点来看，也并未重视朱子学）。《提要》说"于薛之徒，阳为引重，而阴致微词"，然"微词"确实存在，也看不到"阳为引重"的形迹。只有在贾本中，可以看到薛瑄的《河东学案》置于卷首，就这点而言或许可以说"阳为引重"，但在郑本中则连这一点都不能成立。另外所谓的"于王之徒，外示击排，而中存调护"，黄宗羲所"击排"者也只有左派，对王学本身则只有"引重"，而无丝毫"击排"。"调护"则是确定的，例如阳明"无善无恶"四句教，也耗费许多言语来论述，同时又说无善无恶"未必出自阳明也"（《粤闽王门学案·薛侃》），苦心调护之，但这也并非是击排阳明而暗中为之调护。不论是表面上还是暗中，都对阳明本身大为尊重，②自己也相信以得其真传，而相对于左派的理解方式来调护之。透过上述整理，《提要》前述的论点，就不得不说是基于不想要承认《明儒学案》尊重王学之立场的这种意图而含有人为的扭曲。

　　《提要》在指出上述"门户之见"之后，又说此书"非专为讲学设"。即便《明儒学案》可以说确实有表彰王学的意识，但若是断定此书甚至并非以纯粹学问为目的而写，就无论如何都过于夸张了。《提要》也认同此书"于诸儒源流分合之故，叙述颇详，犹可考见其得失"，但同时又肯定此书价值在于"知明季党祸所由来"，这又是甚为奇特的扭曲评价方式了。"门

---

① 《明儒学案》中遗漏了有力的朱子学者陈建（号清澜），这一点应该说是极为重大的疏漏。然而若是要将之就"抑朱"的意义来解释成有意识地不记载，恐怕也不尽然。

② 第五节所提到的"其言之过高"亦无法忽视，但此绝非"击排"。

户之见—党派性"这种对此书一贯的看法，也及于此处。另外一点，《提要》最后称赞仇兆鳌序文和贾润总评为"持论得平，不阿所好"，特地说明将其与本文共同收录进《四库全书》，但此两者受到这种特别优待，也是因为两者皆和《提要》一样，采取"抑王尊朱"立场，基于此观点而对《明儒学案》也说出了批判性话语。

像这样，将"尊朱"的立场肯定为公平之论，将"尊王"的立场视为"门户之见"，所以只能说《提要》之论无非也是"阿其所好"，是"抑王尊朱"的一种"门户之见"。

《提要》对《明儒学案》做出如此评价，表示厌恶王学、贬低王学应该是撰成《提要》的当时学界一般的风气，而且从《提要》是以朱子学为官学的清朝敕撰编纂物来看，这也是不得已的。一般来说，与明代相关的书籍，在《四库提要》中会被贬抑，并不是只有《明儒学案》如此，但无论如何，此书并未得到《提要》的正当评价乃是事实。

接着，在此再次回到《四库全书》为何要采用贾本的问题。虽然仅止于推测的程度，但或许，贾本将《河东学案》置于卷首，又刊载上述仇兆鳌序文和贾润总评（判断其有特地收录进来的价值），这两点都多少具有"尊朱"的色彩，基于这样的理由而被采用。反过来说，选择贾本，也就可以写出这样的《提要》之文。

所以，贾本和黄宗羲原本相异，乃贾润着手更改的话（至少有这种可能性），那么《明儒学案》就经由《提要》而受到双重的不当对待。

另外，为何清末光绪年间，《明儒学案》令人意外地大量出版呢？如同第二节提到的，郑本的补刊本（D）问世于光绪八年，贾本补刊本（B）为光绪十二年，南昌县学刊本（F）为光绪十四年，湘潭黄氏苏山草堂刊本（G）为光绪三十年，民国元年刊的国学研究会刊本（H）开版时间为宣统元年左右（据同书徐炯之说），似乎稍微可以看到《明儒学案》的风潮。随着当时革命思想的兴起，黄宗羲《明夷待访录》等书被广泛阅读，或许也连带地读《明儒学案》，也或许是对明代、明学的关心高涨的结果。我并未准备好明确的答案，但当时对《明儒学案》有如此程度的需求，实在令人意外，故在此记下所注意到的部分，还望各位先进指教。

原题《关于〈明儒学案〉的〈四库提要〉》的若干问题

顾炎武的学问观
——从"明学到清学的转换"的观点出发

前　言

我曾经在几篇论文中，[1] 谈论从明学（性理学，特别是明末心学）到清学（考证学）的转换。其主要内容并非是像梁启超在《清代学术概论》中所说的（其后有多位学者支持其说并采用之），作为对明末王学末流陷入空疏弊病之反动，而有考证学兴起的这种转换方式，而是在明末清初有一段时期标榜"经世致用之学"，考证学在其中成长，而在康熙中期以后达到大幅发展。也就是说，考证学并不是在直接否定明末心学的形态中成立的。若是按照梁启超式的"反动"说法，则作为对心学之反动而起的，不是考证学，而是经世致用之学。作为清初学问的大势，考证学式的学问意识并不明确，还有，古典研究中的考证学手法也并未充分显现。至少，考证学并非当时学者们的学问根底，可发展至考证学的要素，充其量只存在于经世致用之学当中。

217

---

① 《明末清初的经世致用之学》《黄宗羲的学问——从明学到清学之转移的一种面貌——》《从明学到清学的转换》。

在此之所以要探讨顾炎武（1613—1682），是为了要在一般被推举为清朝考证学始祖的顾炎武之处，探讨以上的问题如何显现。其实，在上述有关明学到清学之转换样貌的已发表论文中，当然也包含对顾炎武的考察、探讨，但有关顾炎武个人的研究尚未十分细密，而且也尚未只挑出他来进行发表，[①] 故在此拟详细地加以探讨。反过来说，透过这种探讨，也会使得对明学到清学之转换的样貌考察更加正确。

为此，虽然必须要讨论顾炎武学问的全体，但由于篇幅所限之故，在这篇拙作中只会探讨他的学问观。研究资料以他自己所说的学问论为限，且不会及于他的学问论全体，而是拟专从明学到清学之转换的这种观点来进行鸟瞰。

一

顾炎武有关学问观的言论极多，即便只是涉及直接的问题，要全部列举出来也是不堪烦琐，故在此拟拣选重要者来加以探讨，努力地试图尽量不遗漏他横亘多方面的思考，不忽略他不同旨趣的言论。

首先，从展现他的学问观之基本立场之处开始：

（1）汉自孝武表章六经之后，师儒虽盛，而大义未明，故新莽居摄，颂德献符者遍于天下。光武有鉴于此，故尊崇节义，敦厉名实，所举用者，莫非经明行修之人，而风俗为之一变。至其未造，朝政昏浊，国事日非，而党锢之流、独行之辈，依仁蹈义，舍命不渝，"风雨如晦，鸡鸣不已"，三代以下风俗之美，无尚于东京者。……至正始之际，而一二浮诞之徒骋其智识，蔑周、孔之书，习老、庄之教，风俗

---

① 口头发表部分，则有日本中国学会第十五回大会(1963)中，以《顾炎武的学问观》为题进行研究发表。本文系以当时的发表原稿为基础,重新整理而成。

又为之一变。夫以经术之治，节义之防，光武、明、章数世为之而未足；毁方败常之俗，孟德一人变之而有余。(《日知录》卷13《两汉风俗》)

(2) 古之圣人所以教人之说，其行在孝弟忠信，其职在洒扫应对进退，其文在《诗》《书》《礼》《易》《春秋》，其用之身在出处去就交际，其施之天下在政令教化刑罚。虽其和顺积中，而英华发外，亦有体用之分，然并无用心于内之说。自老庄之学行于战国之时，而外义者告子也，外天下、外物、外生者庄子也。于是高明之士厌薄诗书，以为此先王所从治天下之糟粕。而佛氏晚入中国，其所言清净慈悲之说，适有以动乎世人之慕向者。六朝诸君子从而衍之，由清净自在之说而极之，以至于不生不死入于涅槃，则杨氏之为我也。由慈悲利物之说而极之，以至于普度众生，超拔苦海，则墨氏之兼爱也。"天下之言，不归杨则归墨"，而佛氏乃兼之矣。(卷18《内典》)

(3) 有"亡国"，有"亡天下"。……易姓改号谓之亡国，仁义充塞，而至于率兽食人，人将相食，谓之亡天下。魏晋人之清谈，何以亡天下？是孟子所谓杨墨之言，至于使天下无父无君，而入于禽兽者也。(卷13《正始》)

(4) 自此道不明，而二氏空虚之教至于捐提仁义，绝灭礼乐从此起矣。自宋以下，一二贤智之徒，病汉人训诂之学得其粗迹，务矫之以归于内，而达道达德九经三重之事置之不论。此真所谓"告子未尝知义"者也，其不流于异端而害我道者几希。(卷7《行吾敬故谓之内也》)

(5) 关中故多豪杰之士，其起家商贾为权利者，大抵崇孝义，尚节槩，有古君子之风，而士人独循循守先儒之说不敢倍。嘉靖中，高陵（吕柟，号泾野）、三原（马理，号溪田）为经生领袖，其后稍衰，而一二贤者犹能自持于新说横流之日。以余所闻李君，盖可谓笃信好学而不更其守者邪？……当万历之末，士子好新说，以庄列百家之言窜入经义，甚者合佛老与吾儒为一，自谓千载绝学。君乃独好传注，以程朱为宗。（《亭林文集》卷五《富平李君墓志铭》）

以上所见之顾炎武的立场，一言以蔽之，乃儒者之立场。

第一，他重视儒家的名教，最厌恶的是对名教的破坏。还有，强调儒家立场，则当然会视道家思想和佛教为异端，而他排斥佛、道的最大理由，还是在佛道违反名教的这一点。他的方向和态度等同于孟子从拥护儒家人伦之教的立场出发来攻击杨墨，在（2）（3）中引用孟子之言来攻击佛道。他批判魏晋清谈也正是基于同样的理由。（4）的"自宋以下，一二贤智之徒"，指的是谢良佐（上蔡）、张九成（横浦）、陆九渊（象山）等，禅学乃至心学色彩浓厚的人们，[①] 而（5）的"新说"，则是以王阳明为首，而以左派王学为主者，对之加以排斥也是基于同样的旨趣。

第二，重视日常生活中的实践，用古典语言来说就是重视"德行"。这些表现在（1）的"经明行修之人"的"行修"，和（2）的"孝弟忠信""洒扫应对进退""出处去就交际"等词汇中。也就是说，可以完美地实行孝弟忠信等等之事，便是行修，在此即会形成优秀的人格。他认为，儒学的大关键就是像这样子来努力。

第三，他重视经书，因此重视经学。这是前一项所说的"经明行修之人"的"经明"，在五则引文中，除了（3）之外，每一则都明确显示了重视经学的想法。

---

① 例如在《答友人论学书》（《亭林文集》卷六）中，列举此三人之名作为与圣人之道相异者。

以上三点是互相关联，彼此一贯的思考方式。在第一项的名教确立中，第二项的个人道德实践乃是必须伴随之的道理。说起来，儒家之教本来就是以这种道德实践为基本，同时也是名教之学。然后这种儒家之教的根本，承载于第三项的经书之中，儒者重视经书也是理所当然的。于是乎这三点，乃是他自觉其儒者的立场，从中所导出的当然之归结，而不能说是他个人的思想，也不是他的时代所特有的学问观。中国儒者的想法并非所有人都是如此，但这是最为正统的传统儒者立场，也可以说是一般士人阶级极为典型的意见。

另外，在（4）（5）可以看到重视汉代传注、训诂之学的态度，在（5）中可得见尊重程朱的言论，这一点将在其后触及。

二

以上是顾炎武的基本学问观立场，接着要更进一步，试着稍微更详细地来探讨他的想法。

（6）百余年以来之为学者，往往言心言性，而茫乎不得其解也。命与仁，夫子之所罕言也；性与天道，子贡之所未得闻也。性命之理，著之《易传》，未尝数以语人。其答问士也，则曰"行己有耻"，其为学，则曰"好古敏求"。其与门弟子言，举尧舜相传所谓"危微精一"之说，一切不道，而但曰"允执其中"，"四海困穷，天禄永终"。呜呼！圣人之所以为学者，何其平易而可循也，故曰"下学而上达"。颜子之几乎圣也，犹曰"博我以文"；其告哀公也，明善之功，先之以博学。自曾子而下，笃实无若子夏，而其言仁也则曰"博学而笃志，切问而近思"。今之君子则不然，聚宾客门人之学者数十百人，"譬诸草木，区以别矣"，而一皆与之言心言性。舍多学而识，以求"一贯"之方，置四海之困穷不言，而终日讲"危微精一"之说。……愚所谓圣人之道者如之何？曰"博学于文"，曰"行己有耻"。自一身以至于天下国家，皆学之事也。自子臣弟友，以至出入、往来、辞受、取与之间，皆有耻之事也。耻之于人，大矣！……士而不先言耻，则为无本之人。非"好古而多闻"，则为空虚之学。以无本之人而讲空虚之学，吾见其日从事于圣人，而去之弥远也。（《亭林文集》卷三《与友人论学书》）

要注意的是，在这些话语中，他重视出自《论语》的"博学于文""行己有耻""四海困穷"等，相对的，把宋明学者的心性、性理之空谈当作对反于上述旨趣者而加以否定。其中"行己有耻"和"四海困穷"的部分将于其后叙述，首先来看"博学"的主张。

顾炎武极为重视"博学"并强调之，孔子、颜子、子夏的博学和顾炎武时代的博学，其内容当然彼此相异，但孔子时代现在姑且不论，而顾炎武的博学内容，首先就是经学，必须要广博地学习经书。

（7）愚独以为，理学之名，自宋人始有之。古之所谓理学，经学也，非数十年，不能通也。故曰"君子之于《春秋》，没身而已矣"。今之所谓理学，禅学也。不取之五经，而但资之语录，校诸帖括之文，而尤易也。[①] 又曰"《论语》，圣人之语录也"，舍圣人之语录而从事于后儒，此之谓不知本矣。（《亭林文集》卷三《与施愚山书》）

[①] 此处在全祖望《亭林先生神道表》（《鲒埼亭集》卷12）中，表达为："晚益笃志六经，谓：古今安得别有所谓理学者？经学即理学也。自有舍经学以言理学者，而邪说以起。不知舍经学，则其所谓理学者，禅学也。"侯外庐也指出并加以大幅讨论说，后代学者皆以全祖望之文来讨论顾炎武，但"古之所谓理学，经学也"和"经学即理学也"的意义大不相同（人民出版社《中国早期启蒙思想史》，页 206—207）。侯氏的论点就形式而言是正确的，但全祖望的文句并非"经学是理学"这种定义式的说法，而是在说"不存在脱离经学而独立的理学。经学本身就是理学"，因此没有违反顾炎武的本意。只不过正如侯氏所言，与其采用全祖望所变更的文句，更应该采用顾炎武自己的话语。

（8）弃汉儒抱残守缺之功，而奖末流论性谈天之学，于是语录之书日增月益，而五经之义委之榛芜，自明人之议从祀①始也。（《日知录》卷 14，《嘉靖更定从祀》）

如同前一节所指出的，重视经书、经学的这一点，不用说，就是因为儒学的根本在于经书。因此脱离经学的理学，就被当作"末流论性谈天之学"，或是非儒学的"禅学"而受到排斥。（6）所说的"空虚之学"，也是因为缺乏经学这种根底才显得空虚。（7）（8）排斥语录也是基于同样的旨趣，因此从事语录就是"不知本"。

从重视经学的观点，就会产生高度评价（8）所说的"汉儒抱残守缺之功"的结果。此处所引的《嘉靖更定从祀》的前面部分，也认为唐代贞观年间，将左丘明、卜子夏、公羊高、谷梁赤以下，以至王弼、杜预、范宁等二十二人从祀于孔庙，是"所以报其传注之功"，而赞成其从祀，② 而对于宋神宗时被从祀的荀况、扬雄、韩愈，则说"此三人之书虽有合于圣人，而无传注之功，不当祀也"，反对其从祀。对于理宗时从祀朱熹、周敦颐、张载、程颢、程颐、张栻、吕祖谦等，则说："程子之《易传》、朱子之《四书章句集注》《易本义》《诗传》，及蔡氏之《尚书集传》、胡氏之《春秋传》、陈氏之《礼记集说》，是所谓'代用其书，垂于国胄者尔'。南轩之《论语解》、东莱之《读诗记》，抑又次之。而《太极图》《通书》《西铭》《正蒙》，亦羽翼六经之作也。"③ 也就是由经学上的功绩来决定学者的价值，极为强烈地显示出顾炎武重视经学、尊重传注的立场。前一节（4）（5）所

223

———————

① 此处是在说嘉靖九年孔庙从祀者的变动引起了大幅度的议论。参后注。

② 同文又强烈批评说，嘉靖九年，去戴圣、刘向、马融、贾逵、何休、王肃、王弼、杜预，改郑众、卢植、郑玄、服虔、范宁祀于其乡，增列欧阳修、陆九渊于从祀之列，系出于私意。

③ 同卷《从祀》(原抄本《日知录》题为《配享》)一条，也提到理宗时从祀周程张朱五子(又在度宗时配享颜曾思孟四子)，赞美道"自此之后，国无异论，士无异习，历元至明，先王之统亡，而先王之道存，理宗之功大矣。"

见的，尊重传注、训诂之学和程朱的想法，亦与此一致。

接着，重视上述"传注之功"的结果，就会给予经书的训诂、注释高度评价，但顾炎武决不仅仅是以训诂学的意义来主张博学而至经学。他的经学的真正目标在于另一方面。

（9）今之君子，学未及乎樊迟、司马牛，而欲其说之高于颜、曾二子，是以终日言性与天道，而不自知其堕于禅学也。

孔门弟子不过四科，自宋以下之为学者则有五科，曰语录科。

刘、石乱华本于清谈之流祸，人人知之。孰知今日之清谈，有甚于前代者。昔之清谈谈老、庄，今之清谈谈孔、孟。……不习六艺之文，不考百王之典，不综当代之务，举夫子论学论政之大端一切不问，而曰"一贯"，曰"无言"，以"明心见性"之空言，代"修己治人"之实学。股肱惰而万事荒，爪牙亡而四国乱，神州荡覆，宗社丘墟。（《日知录》卷七《夫子之言性与天道》）

前半部分主旨与其他引文意旨重复，而在后半部分，"当代之务"和"六艺之文""百王之典"，也就是经书学问一并被强调，接着排斥空谈心性，而揭示与其对反的"修己治人之实学"。也就是说，他的经学系与此实学意识相结合。在（6）中排斥谈论"危微精一"之心，而强调"四海困穷"，也无非就是此实学主张。

（10）孔子之删述六经，即伊尹、太公救民于水火之心。而今之注虫鱼、命草木者，皆不足以语此也。故曰："载之空言，不如见诸行事。"夫《春秋》之作，言焉而已，而谓之行事者，天下后世用以治人之书，将欲谓之空言而不可也。愚不揣，有见于此，故凡文之不关于六经之指、当世之务者，一切不为。而既以明道救人，则于当今之所

通患，而未尝专指其人者，亦遂不敢以辟也。（《亭林文集》卷四《与人书三》）

（11）君子之为学，以明道也，以救世也。徒以诗文而已，所谓"雕虫篆刻"，亦何益哉。某自五十以后，笃志经史，其于音学深有所得。今为《五书》，以续三百篇以来久绝之传，而别著《日知录》。上篇经术，中篇治道，下篇博闻，共三十余卷，有王者起，将以见诸行事，以跻斯世于治古之隆，而未敢为今人道也。（《亭林文集》卷四《与人书二十五》）

上述所言之"明道救人""明道救世"之学，无非正是前面提到的实学主张，此乃我所说的"经世致用之学"。相对的，"注虫鱼、命草木"一类的学问则不足道，因此单纯的训诂之学，也和舞文弄墨一样，被斥为无益之学，而以明道救世为目标的经学则被强力地加以主张。接着：

（12）国家之所以设生员者何哉？盖以收天下之才俊子弟，养之于庠序之中，使之成德达材，明先王之道，通当世之务，出为公卿大夫，与天子分猷共治者也。今则不然，合天下之生员，县以三百计，不下五十万人。而所以教之者，仅场屋之文。然求其成文者，数十人不得一。通经知古今，可为天子用者，数千人不得一也。……请一切罢之，而别为其制。必选夫五经兼通者而后充之，又课之以二十一史与当世之务而后升之。仍分为秀才、明经二科，而养之于学者，不得过二十人之数，无则阙之。为之师者，州县以礼聘焉，勿令部选。如此而国有实用之人，邑有通经之士，其人材必盛于今日也。（《亭林文集》卷一《生员论上》）

(13) 国家之所以取生员，而考之以经义、论、策、表、判者，欲其明六经之旨，通当世之务也。今以书坊所刻之义，谓之时文，舍圣人之经典，先儒之注疏与前代之史不读，而读其所谓时文。……故败坏天下之人材，而至于士不成士，官不成官，兵不成兵，将不成将。夫然后寇贼奸宄得而乘之，敌国外侮得而胜之。苟以时文之功，用之于经史及当世之务，则必有聪明俊杰通达治体之士，起于其间矣。（《亭林文集》卷一《生员论中》）

看这些言论就可以明了到，通经以及政治上的实用，如何被紧密地相连来思考。上述两则引文在讨论生员问题，因此在此并未一如往常地发出批判心学之语，而是专门瞄准时文学习来攻击，而他之所以认为不可学时文，还是因为光凭如此不足以成经学，最后无法产生实际用处。另外要注意的是，前面的（11）也可得见"经史之学"，而此处也将"二十一史"和"前代史书"与经书并列为必读对象。关于史学，他也说：

(14) 今史学废绝又甚唐时，若能依此法（将史学加入科举考试科目）举之，十年之间，可得通达政体之士，未必无益于国家也。（《日知录》卷16《史学》）

此处基于经世实学的意义而特重史学。因此，前面所说的"博学"内容，不只是经学，史学也作为重要的要素而含于其中。

还有，虽然他屡屡使用"当世之务"，但并不是说另外有一门学问名为如此。为了要理解、应对现实的社会政治和经济等等各种问题，经学和史学的知识毕竟还是不可或缺。从经世实学的意义来说，经学和史学乃是足以处理此"当世之务"的必要道理。

以上引用了数则顾炎武的言论，现再举一则总括其意旨的话语：

（15）圣人之道，下学上达之方，其行在孝弟忠信，其职在洒扫应对进退，其文在《诗》《书》《三礼》《周易》《春秋》，其用之身，在出处、辞受，取与，其施之天下，在政令、教化、刑法。其所著之书，皆以为拨乱反正、移风易俗，以驯致乎治平之用，而无益者不谈。一切诗、赋铭颂赞诔序记之文，皆谓之巧言而不以措笔。其于世儒"尽性至命"之说，必归之"有物有则"，"五行五事"之常，而不入于空虚之论。仆之所以为学者如此，以质诸大方之家，未免以为浅近而不足观。虽然，亦可以弗畔矣夫。杨子有云："多闻则守之以约，多见则守之以卓。少闻则无约也，少见则无卓也。"此其语有所自来，不可以其出于子云（扬雄）而废之也。世之君子苦博学明善之难，而乐夫一超顿悟之易，"滔滔者天下皆是也"，无人而不论学矣，能弗畔于道者谁乎？（《亭林文集》卷六《答友人论学书》）

极为猛烈的词汇相继并排着，"未免以为浅近而不足观。虽然，亦可以弗畔矣夫"的这种话，稍微有点讽刺，但从中可以窥见其非比寻常的自信。

三

在此，试着将前一节所鸟瞰得到的他的学问观加以总括整理。

当然，在他的言论中，包含批判历来以及当时学问之形态的否定面，以及积极地主张学问应有形态的建设面。另外也有参照此主张，对于历来学问的某些面向表达赞同之处。

接着，作为积极性的主张，有以经学、史学为主的博学，和经世之实学，而这两方面的主张密切相连。他特别强调，儒学自孔孟以来可以说就是经世之实学，因此经学和史学原本都具有和经世实学相连的要素。他所说的用语是"明道救人"或"明道救世"，掌握以救人救世为目标的道（根本精神）就是经学，而其实际应用面，根据过去历史事实来理解利害得失

227

第二部　从明学到清学

之迹，就是史学，两者相结合就是完整的明道救世之实学。此经学、史学，越是博学就越会使道得到阐明，能够应对当世之务，可以发挥救人救世之用。反过来说，为了能充分发挥救人救世之用，就需要大量的博学，要言之，他的主张就是立足于博学之基础的实学。

于是，博学和实学并非以同比重而并列。实学是目的，博学则是其手段。虽说如此，但博学内容的经学、史学原本就背负着实学的性质，经世实学的实体也不外乎经学、史学。以此形式，博学的主张和实学的主张就相结合了。

博学和实学主张之外，还有另一个在前一节（6）中出现的"行己有耻"的脉络，这是和修养、实践相关的"修己之学"面向。第一节（1）尊重"经明行修之人"和"依仁蹈义"，在（2）也将"孝弟忠信""洒扫应对进退""出处去就交际"并举［在前一节（15）中也可得见几近相同之语］，相当重视修养、实践相关之事。将此面向大幅度地采纳进来的话，在他的学问观中，就可得见经史之博学、经世之实学、修己之学三根支柱。如同前一节（9）所说的"修己治人之实学"，修己之学原本也终究还是作为实学而被意识到的，还有，修己当然是治人的前提，到治人的地步才算是完成，于是也和经世实学相关，因此最后，修己之学也以经世实学为终点。从这三根支柱的学问观来看，在最终极处，都被统合至经世实学这根大支柱。

另外，（6）"行己有耻"的引文中，"博学于文"和"行己有耻"相对举，必须注意的是，"学的问题"和"有耻的问题""空虚之学"和"无本之人"相应地彼此对照。"行己有耻"之事和"学"相对，也就是说，似乎可以得见其将学问视作独立之事，但这毕竟还是"修己之学"，如同在第一节已经说明的，这被认为是儒学中的重要一环。然而即便如此，"学"和"有耻"相对照，这显示了和经学史学就是学，以及修己之学就是学之间不同的想法，至少可以看到，修己之学并非他所主张的学问中最重要的部分。

更进一步说，他所主张的学问中心，集中在作为经世实学的经史之学。只是当然不能无视上述的修己之学，将之纳入，就是他的经世实学，同时也就是确立名教的儒学。

接着，参照他的这种主张，在过去的儒学中，得到他的赞同的是汉儒传注之学，和周、程、张、朱等宋学主流之人。① 尤其是关于朱子，他致力于在陕西省华阴市建立其祠堂，作《祠堂上梁文》来称扬朱子。② 只不过，这是认同他们在经学上的功绩，并非对汉儒和程朱等人的学问全面予以承认并赞同之。

接着，整理以上主张的反面，也就是他对何种学问进行何种批判。首先，他排斥基于语录而只谈心性的理学、心性之学。根据前一节（6）到（9），首先，由于这种学问不立足于经学，故被当作空虚、不知本之学而被排斥。第二，由于其远离日常实践，算不上修己之学，故被当作无本之人的学问而被排斥。第三，由于没有实际的用处，故被当作空言而被排斥。就各种意义来说，这种学问被视作空疏之学、一种有害无益的清谈、禅学。也就是说其与名教相对反，并非真正的儒学。

像这样，他所批判的空谈心性之流，是以用（5）的"新说"、（8）的"末流"等语来表示的王学系心学为主要对象，而其他的学问，在（10）以下，单纯的训诂之学、诗文之学、时文之学等等，都以和上述相同的主旨，被强调其缺乏实际用处而受到排斥。③

---

① 其他也有不少称赞个别学者、书籍的例子，但并未见主旨有何殊异处，故从略。

② （华阴市朱子祠堂上梁文）（《亭林文集》卷五）说："两汉而下，虽多保残守欠之人，六经所传，未有继往开来之哲。惟绝学首明于伊雒，而微言大阐于考亭。不徒羽翼圣功，亦乃发挥王道，启百世之先觉，集诸儒之大成。"这是对朱子的最大赞美，甚至可见朱子学者般的口吻。即便排除上梁式这种仪礼要素，也可知其对朱子的敬意极厚。

③ 附带一提，"文"也必须是有用于世间者[（10）引文，及《日知录》卷19《文须有益于天下》]，对于更广泛的"文武皆备"型态也要求有所用（《日知录》卷17《武学》），总而言之，其学问一切都和经世实学相结合来思考。

四

接着拟探讨上述顾炎武的学问观，在明末清初学术史或学术思想史上，对明学到清学的转换具有何种意义。

说起来，宋明性理学（特别是明学）的特质，就在于以人格修养为学问的主干，且为此大谈心性。相对的，清朝考证学的特质则在于以文献学式地阐明古典为主眼、致力于采用收集大量证据来导出实证性结论的方法。例如在经书的解释上，明学不要求客观地正确理解，重点在于结合自己的体验与领悟，而如何深入解读经书，于是他们的经书解释往往是极为主观、独断的。经书对他们来说，最大的意义是验证自身体验的正确性，辅助内心的修炼。在清学处，则不采取进入经书内部，而只从中汲取对自己有用之教诲的态度。他们将经书当作古代文献，抱持着客观地观察研究的心态，致力于排除独断的解释，以文字、声韵研究为基础，透过和其他文献进行比较、探讨的工作，校订文本，订正训诂，试图巨细靡遗地阐明其中所说的各种事情。他们不太触及宋明学所从事的心性问题和修养、实践问题。当然，对考证学者来说，经书也不单纯是作为研究资料的古文献，而是其中承载着圣人之教，具有最高权威的经典。或许正因如此，才得以倾注阐明全貌的热情。还有，他们也不会不从中发掘对自身生活有用的智能和行动的指南，奉行经书之教，转至生活场域中实践，致力于人格修养。然而，对他们而言，这并非学问上的课题，他们不像宋明学者那样，将实践、修养之事当作学问。会当作学问的，充其量不过是以文献研究为其范围。性理学（特别是明代心学）和考证学，就是像这样具有鲜明对照的性质。清朝考证学确实是作为否定宋明性理学，与之相对立者而存在。在学问的大势像这样从性理学（心学）转换到考证学的动向中，顾炎武的学问观，正是如何面对性理学、如何朝着考证学的方向前进。

顾炎武的学问观，很明显地含有许多与宋明学对立的要素。他批评谈论心性的学问，而谈论心性可说是宋明学的生命，因此否定这一点，就是直接否定宋明学，特别是强烈否定其中的"新说""末流"，也就是王学系的心学。

只不过，顾炎武对周、程、张、朱反而是加以称赞的，因此事实上也并未全面否定宋学。而且他的"行己有耻"主张属于重视修养、实践的立场，重视修养、实践也是宋明学的生命，因此他的学问观中，连与宋明学相通的一面都可得见。然而，如前所述，他对周、程、张、朱的称赞，是在肯定其有功于经学的这一点上，并未称扬周、程、张、朱的理气心性之学本身。还有在"行己有耻"的修养、实践面上，顾炎武的旨趣也和宋明学的精神不同。顾炎武所说的有耻的行为，当然也包含在宋明学者对修养的努力中，但他们的学问目标在于更明确地阐明自身的心性本体，透过实践来加以实现，使自己的人格提高到圣人境界。心性论扮演的角色是支撑这些的理论。顾炎武则是更重视在常识的世界、日常生活场域中，贯彻经书所写的正确道德行为，正因如此，才会将谈论心性当作单纯的空谈，无益于实际生活而排斥之。另外，宋明学以修养、实践为其学问本领，所以在有关这方面问题的议论，也就是本体、工夫论上有极为详细的开展。细论这些工夫方法，主要集中在"主一无适""居敬穷理""致良知""随处体认天理""慎独"等口号，但顾炎武在这方面的相关言论几乎不存在。"行己有耻"是得自《论语》中的一种口号，但这和宋明学者比起来，相对于宋明学者鲜明的内心之倾向，顾炎武则是常识性的、平易的，也就是外向的、日常性的。因此虽然都谈到实践，但宋明学和顾炎武的相关方式大异其趣。而且即便顾炎武强调"行己有耻"，重视实践的一面，这也并非他的学问观主体。就这些意义而言，顾炎武的学问观和宋明学，特别是明学彼此相异。

如此一来，就否定心性之学来说，总之顾炎武可谓站在反宋明学的立场。然而，不能简单地说这个反宋明学的脉络就直接地和清学（考证学）

的树立相连接。

顾炎武最强烈批评的是"新说""末流"，而关于其代表王阳明和李贽（卓吾）等人，可见如下的批评之语：

（16）盖自弘治、正德之际，天下之士厌常喜新，风气之变已有所自来，而文成（王阳明）以绝世之资，倡其新说，鼓动海内。嘉靖以后，从王氏而诋朱子者，始接踵于人间。……王门高弟为泰州（王艮）、龙溪（王畿）二人。泰州之学，一传而为颜山农（钧），再传而为罗近溪（汝芳）、赵大洲（贞吉）。龙溪之学，一传而为何心隐（梁汝元），再传而为李卓吾、陶石篑（望龄）。

以一人而易天下，其流风至于百有余年之久者，古有之矣。王夷甫（衍）之清谈，王介甫（安石）之新说，其在于今，则王伯安（阳明）之良知是也。（《日知录》卷18《朱子晚年定论》）

（17）自古以来，小人之无忌惮而敢于叛圣人者，莫甚于李贽，然虽奉严旨，而其书之行于人间自若也。（《日知录》卷18《李贽》。引用《神宗实录》所载之张问达李贽弹劾文后所附的顾炎武意见）

还有关于不是王学者，但和李卓吾有相通面的竟陵派文学家钟惺：

（18）闽人言"学臣之鬻诸生，自伯敬（钟惺）始"。……其罪虽不及李贽，然亦败坏天下之一人。

举业至于抄佛书，讲学至于会男女，考试至于鬻生员，此皆一代之大变，不在王莽、安禄山、刘豫之下。……呜呼！"四维不张，国乃灭亡"，《管子》已先言之矣。（《日知录》卷18《钟惺》）

这些批判是从比他们所说的心性论更根本的儒者、士人阶级的立场所作的责难，主要是从尊重名教的观点，来谴责他们破坏名教的这一点。而顾炎武对"新说""末流"剧烈批判的根本理由，原本也就在于此。

如同一开始所说的，历来的说法是明末王学末流陷入"空疏不学"（此乃顾炎武所用之语）① 之弊，而考证学作为其反动而起，并以顾炎武为此考证学的开山第一人，但顾炎武对"王学末流"施加批判的根本理由系如上述，充分显示出这种批判并非以建立考证学为目标。

话说回来，在顾炎武否定空谈心性的另外一面，以经学史学为主的博学主张，和以之为内容的经世实学主张，又是如何呢？

上文中，前者博学的经学史学主张，乃至与之相关联的尊重汉代传注态度，确实有和考证学相通处，而且这些是成为考证学基本条件的重要要素，但仅止于是考证学成立的前提条件，仅此不足以成为考证学。

后者经世实学的思考方式，在清代考证学中并未如此设想。考证学者中也不是没有抱持这种意识者，但即便考证学的重要目标是追求"实事求是"这种意义的"实"，顾炎武所说的实学主张，也不是考证学一般所显现出的标志，原本就和考证学的学问意识相异。

像这样，在博学的主张中，顾炎武的学问观有和考证学相连的一面，但这只是包含可以发展到考证学之要素的程度，而且这一面也不是顾炎武学问观的最大着眼点，他最重要的实学主张和考证学彼此相异，因此就以上部分来看，顾炎武的学问观很难说是否定宋明学而指向考证学的方向。

然而，若说顾炎武的考证学学问意识仅止于上述程度，事实上又并非如此。例如：

---

① "今之经义论策，其名虽正，而最便于空疏不学之人。唐宋用诗赋，虽曰雕虫小技，而非通知古今之人不能作。"（《日知录》卷16《经义论策》）

（19）今之学者生于草野之中，当礼坏乐崩之后，于古人之遗文，一切不为之讨究，而曰"礼，吾知其敬而已；丧，吾知其哀而已"，以空学而议朝章，以清淡而干王政，是尚不足以窥汉儒之里，而何以升孔子之堂哉？（《日知录》卷六《檀弓》）

在这段引文中，可以从具有强烈考证学味道的意见，读出排斥宋明学风之礼学，提倡研究"古人之遗文"，也就是经书及其传注的旨趣。关于此"古人之遗文"的研究，他说：

（20）经学自有源流，自汉而六朝而唐而宋，必一一考究，而后及于近儒之所著，然后可以知其异同离合之指。如论字者必本于《说文》，未有据隶楷而论古文者也。（《亭林文集》卷四《与人书四》）

这里指出需要研究随着时代变迁的学说变化，以及与源头相近的古代。① 又说：

（21）凡勘书必用能读书之人。偶见《焦氏易林》旧刻，……"井堙水刊"，乃"木刊"之误，注云刊，疑作利，失之远矣。幸其出于前人，虽不读书而犹遵守本文，不敢辄改。苟如近世之人，据臆改之，则文益晦，义益舛，而传之后日，虽有善读者，亦茫然无可寻求矣。然则今之坊刻不择其人，而委之雠勘，岂不为大害乎？（《日知录》卷18《勘书》）

这里指出需要重视文献的校勘校订，且此时不可胡乱变更文字。同样意旨

---

① 关于这一点，他也说："考古之事，必于书之近古者。"（《亭林文集》卷六《子胥鞭平王之尸辨》）

的言论在其他地方也多可得见，他又说：

（22）五经得于秦火之余，其中固不能无错误，学者不幸而生乎二千余载之后，信古而阙疑，乃其分也。近世之说经者，莫病乎好异。以其说之异于人，而不足以取信，于是舍本经之训诂，而求之诸子百家之书。犹未足也，则舍近代之文而求之远古。又不足，则舍中国之文而求之四海之外。如丰熙之《古书世本》，尤可怪焉。（《日知录》卷二《丰熙伪尚书》）

其后详细论证该书为伪书，从中可窥见他亦关心伪书问题，对于经书的实证研究方法有相当的自觉。

（23）古之教人，必先小学。小学之书，声音、文字是也。（《日知录》卷四《昌歜》）

（24）愚以为读九经自考文始，考文自知音始。以至诸子百家之书，亦莫不然。（《亭林文集》卷四《答李子德书》。此处的"文"之意，包括不同文本的文字异同）

这些言论更明确地显示了将经学基础置于小学研究之研究法的自觉。此外，作为经学史学的研究资料，他也充分了解石经和金石文的利用价值。[1]

综观上述，并尝试将之与被视作清代考证学代表理论的戴震（1723—

---

① 关于石经和金石文的言论,可见于《日知录》卷七《孟子字样》《亭林文集》卷二《金石文字记序》等。

1777）经学论①相较的话，顾炎武的言论当然不若戴震绵密，不够严整，不免有失焦之感，但其论点中有甚为相通的部分，也可以得到许多考证学式的经学研究方法的重点。②

《日知录》卷首说：

> 愚自少读书，有所得辄记之。其有不合，时复改定，或古人先我而有者，则遂削之。积三十余年，乃成一编，取子夏之言，名曰《日知录》。

此处可见的尊重"求是"之严密性的态度，正不得不说是考证学式的。

还有，在寄给密切往来的李颙（二曲）的信中，反驳李颙认为"体用"二字出自佛书的意见，举《礼记》和《论语》之句为例证，在论述是佛教盗用自经传，而非儒家借用佛书之语后，说"如以为'考证'未确，希再示之"（《二曲集》卷16〈答顾宁人先生〉第一书所附载之"来书云"）。虽然不能理所当然地说因为用了"考证"一词，③ 所以顾炎武意识到考证学，但至少他在这里确实意识到他进行了"考证"。

因此，可以说顾炎武充分意识到，而怀有考证学式的学问方法。但这并不是说他认为自己的学问具有考证学性质。当然，由于"考证学"一词

---

① 关于戴震经学论，在拙作《孟子字义疏证的性质》中有所叙述，在此从略。另外，说戴震论点是清代考证学的代表理论，这也不无需要若干说明的问题，但相关说明亦在此省略。

② 同时，梁启超《清代学术概论》关于顾炎武的部分，说："其自述治音韵之学也，曰：'……列"本证""旁证"二条。本证者诗自相证也，旁证者采之他书也。二者俱无，则宛转以审其音，参伍以谐其韵……'"但这是明代陈第(1541—1617)之语，是顾炎武在其《音论》卷中作为"陈第《毛诗古音考》序曰"而引用的文章之一部分。在著书中引用，或许表示顾炎武也赞同此意旨而采用之，故将之视作顾炎武的看法也不完全错误，但这毕竟还是应该当作明代万历时，有关于本证、旁证这种引证方式之自觉的证据。

③ 顺带一提，"考证"一词，也用于《日知录》卷18《书传会选》之项，在列举洪武敕撰《书传会选》中的数则说法，称赞其皆为不易之论，之后说"每传以下，系以经文及传音释，于字音字体字义，辨之甚详。其传中用古人姓字、古书名目，必具出处，兼亦'考证'典故。该文全体亦为具有浓厚考证学色彩的言论。

和概念在他的时代中尚不存在，因此他自己不可能有考证学的意识，他并未将被后世称作考证学的学问形态当作自身的学问。即便在他的学问观中，有相当大量的与考证学相通的要素，其学问本领依然在于别的方向。

他撰写张尔岐《仪礼郑注句读》序文，说：

> 济阳张尔岐稷若，笃志好学，不应科名。录《仪礼》郑氏注，而采贾氏、陈氏、吴氏之说，略以己意断之，名曰《仪礼郑注句读》。又参定监本脱误凡二百余字，并考《石经》之误五十余字，作《正误》二篇，附于其后，藏诸家塾，时方多故，无能板行之者。后之君子，因句读以辨其文，因文以识其义，因其义以通制作之原，则夫子所谓"以承天之道而治人之情"者，可以追三代之英，而辛有之叹，[①] 不发于伊川矣。如稷若者，其不为后世太平之先倡乎？（《亭林文集》卷二《仪礼郑注句读序》）

前半赞赏其考证学的成果，但最后其话语要到称赞其"后事太平之先倡"，也就是有用于经世的这一点才完结。顾炎武本身的著作中，一般被视作考证学方面代表作的《音学五书》和《日知录》，也可归于（11）中"明道救世"目的的相关处。尤其是《日知录》，从内容上来说，和上篇"经术"、下篇"博文"并列，在中篇集结"治道"相关者，且在全体部分，说"有王者起，将以见诸行事，以跻斯世于治古之隆"，明确宣称此书乃以经世之学为目的。

此外，关于《日知录》，如其所言（其他处亦多可见有关《日知录》的相同旨趣之言）：

---

① 《左传·僖公二十二年》记载，周大夫辛有至伊川时，见被发而祭于野（夷狄风俗）者，而感叹预言道,中国之礼亡失,则不到百年,此处将沦为夷狄之地。其后果如其预言。

（27）日知录初本乃辛亥年（康熙十年）刻。……至于三代之英，固圣人所有志；百姓之病，亦儒者所难忘。窃欲待一治于后王，启多闻于来学。（《蒋山佣残稿》卷一《与友人书》）

（28）炎武所著《日知录》……其所欲明学术，正人心，拨乱世以兴太平之事，则有不尽于是刻者，须绝笔之后，藏之名山，以待抚世宰物者之求。（《亭林文集》卷二《初刻日知录自序》）

在此两则引文中，作为顾炎武本身对此著作的意识，在其中一部分包含与考证学相通之要素的同时，都力陈其大旨乃是经世之书。

因此，顾炎武门人潘耒在该书序文中说：

先生非一世之人，此书（《日知录》）非一世之书也。……异日有整顿民物之责者，读是书而憬然觉悟，采用其说，见诸施行，于世道人心，实非小补。如第以考据之精详，文辞之博辨，叹服而称述焉，则非先生所以著此书之意也。（《日知录》卷首）

作为门人，此应可谓不愧是深知其师心意之言。只以"考据之精详，文辞之博辨"来评价此书，则非师之本怀，这反过来也是在说，当时有些学者采取这种看法，以及该书中本来就有被这样看待的可能性，而潘耒强调经世实学的脉络，这与上述顾炎武的学问观，乃至直接表明的顾炎武自身关于此书之意图相合。

同时，《日知录》的《四库全书提要》说：

炎武学有本原，博赡而能通贯，每一事必详其始末，参其证佐而后笔之于书。故引据浩繁，而抵牾者少。……惟其生于明末，喜谈经世之务，激于时事，慨然以复古为志，其说或迂而难行，或愎而过锐。……潘耒作是书序，盛称其经济，而以考据精详为末务，非笃论也。

这完全逆转了潘耒的评价，大为表扬潘耒轻视的考证学面向，贬抑他所强调的实学面。这也是一种评价，可谓相应于考证学全盛期的看法。

结果，他的学问论被认为有浓厚的考证学要素，如同已经好几次指出的，这种面向终究不是他的学问观之主体。他的学问观本领就只是经世实学的主张。考证学的面向也还是以经世实学为目标，而这是在其后的清学（考证学）中没有被意识到的。

然而，最需要注意的是，顾炎武贬斥空虚之学，主张确立名教和救世明道之学的言论，就如同（9）"神州荡覆，宗社丘墟"、（13）"敌国外侮得而胜之"所说的，是与对明朝灭亡的悲叹相连而提出来的，这表示他的学问观是和明朝灭亡这种现实事件相关而形成。顾炎武这一类的实学意识并非此时代的特有产物，但此时遭逢明末动乱期到明朝灭亡此一大非常事态，这种实学意识的高扬有其必然性。上述引用的《四库提要》之文也是，虽然是从批判的立场出发，但也指出炎武"生于明末"。还有事实上在当时，不只顾炎武，几乎所有学者、知识分子之间都强烈地兴起了同样的实学意识。上述列举了潘耒和《四库提要》的评价差异，而潘耒强调经世实学的一面，不仅只是因为他深知老师的想法，也是因为他自己是同时代之人，怀有同类的学问意识。《四库提要》的评价也无非是基于乾隆时代考证学的学问观。也就是说，顾炎武的时代和考证学全盛期的学问观差异在此典型地展现出来，两时代的一般学问观存在如此大的差异。就此意义而言，顾炎武的学问观和其前与其后之时代皆异，此尤为清初的学问观，而且并不直接与考证学相联结。

239

结　语

最后，拟试着将以上顾炎武的学问观和同时代的黄宗羲（1610—1695）相比较。

关于黄宗羲的学问观，已在拙作《黄宗羲的学问》有所叙述，在此仅简单地进行概括。黄宗羲将明末学问（主要是心学和科举考试学习）视为空疏无用而排斥之，相对的，他劝人博学多读，提倡经世致用实学。空疏无用乃是不根柢于六经，浅尝语录，空谈心性，只习时文，结果完全无益于世间。博学多读的内容是横跨所有种类的书籍、学问领域，而成为其中核心的乃是经学和史学，必须统合这些学问，以有用于经世。然后，就经世实学这一点而言，特别重视史学。

将此和顾炎武的学问观相比，两者的言论形态相异，但内容极为相似，一致的地方惊人地多数。要说全盘一致，也几乎没有龃龉，实学主张系与明朝灭亡之事实相结合而提出的这一点也是共通的。

不过，要说两者差异的话，第一，黄宗羲亦主张名教、节义的确立，从此脉络攻击李贽等左派王学，但其名教、节义的主张不若顾炎武强烈。也就是说在这一点上，顾炎武更是坚强的儒家主义者。第二，顾炎武批判王阳明，且他自己几乎绝口不提心性论；相对于此，黄宗羲以阳明嫡系自任，且大谈心性。第三，顾炎武对于古典研究，相当有关于（19）以下所提出的考证学学问方法之自觉；相对的，在黄宗羲处几乎看不到这种面向。双方可以认定有以上的差异。

虽然有这样的个人差别，但被标举为清初代表学者的之一的两人的学问观，在许多点上相通，尤其是在主张作为经世之学的经史之学这个最重要的部分一致，显示了重大的根据，表示这种学问观在当时具有普遍性，更明确地说，可以认为这是当时的代表性学问观（至少是其中一种）。

而且，在明学到清学之转换的把握上，和关于黄宗羲部分所指出的

（前述拙作）几乎一致，在关于顾炎武的部分亦可如此说。亦即顾炎武是从明学到清学的转换期学者，批判明末的学问形态，但此批判并非直接否定宋明性理学而导出清代考证学的一类。他处于明末清初大动乱期的社会环境，和当时许多学者、知识分子一样，认为学问必须对现实社会生活和政治产生用处，而提倡经世实学（也包含名教确立的一面），这是他的学问主干，在这种实学意识下，提倡博学的经学史学。而在此经学史学的研究中，具有相当浓厚的考证学方法之自觉。也就是说，他的学问观中含有许多和考证学相连的要素，但这不过就是一种要素，而他的学问观主体仍然是前述的经世实学。因此，在一开始"前言"处所说的整体观察，在顾炎武处也是恰当的。

〔附记〕我从最关心的观点来试着眺望顾炎武学问观，但关于这种问题的提出方式，不只学问观，也必须一并讨论他实际从事的学问内容和业绩，而且也必须从中汲取其学问观，只把他直接的话语当作资料是不够的，就这一点来说，在方法上有不完备之处，但在篇幅和时间上缺乏余裕，而不揣浅陋，尝试作此拙见。另外，本文仅限于一种观点，而顾炎武的学问观还有诸多需要讨论的问题，包括全部的这些不足之处，俟诸他日处理。

附 《日知录提要》注

《日知录》三十二卷　内府藏本　（《四库全书总目》卷 119，子部 29，杂家类三，杂考之属）

〔Ⅰ〕国朝顾炎武撰。炎武有《左传杜解补正》，^① 已著录。

〔Ⅱ〕是书前有自记，^② 称自少读书，有所得，辄记之。其有不合，时复改定。或古人先我而有者，则遂削之。积三十余年乃成一编。盖其一生精力所注也。

〔Ⅲ〕书中不分门目，^③ 而编次先后，则略以类从。大抵前七卷，^④ 皆论经义。八卷至十二卷，皆论政事。十三卷论世风。十四卷十五卷，论礼制。十六卷十七卷，皆论科举。十八卷至二十一卷，皆论艺文。二十二卷至二十四卷，杂论名义。二十五卷，论古事真妄。二十六卷，论史法。二十七卷，论注书。二十八卷，论杂事。二十九卷，论兵及外国事。三十卷，

---

① 《左传杜解补正》，三卷。著录于《四库全书总目》卷 29，经部 29，春秋类四。

② 《日知录》目录开头说："愚自少读书，有所得，辄记之。其有不合，时复改定。或古人先我而有者，则遂削之。积三十余年，乃成一编。取子夏之言，名曰《日知录》，以正后之君子。东吴顾炎武。"另，该文中"子夏之言"，指《论语·子张》"子夏曰：'日知其所亡，月无忘其所能，可谓好学也已矣。'"

③ 此谓不立大篇目。各卷中立小项目，各小项目由一条至数条之文组成。

④ 《日知录》一般版本的结构皆如此处所示，而一九五八年台湾出版的《原抄本日知录》，虽然同样是 32 卷本，但顺序如表列所示，彼此相异：

通行本	1—7	8—12	13	14—15	16—17	18,21	22,24	25	26	27	28	29	30	31	32
原抄本	1—10	11—16	17(29)	18	19	20—22	23—25	26	27	28	29(16)(17)	29	30	31	32

此表以通行本为基础，依本文所说之区分来分项。括号表示该卷的少许部分。关于原抄本，将于后文补充说明。

论天象术数。① 三十一卷，论地理。三十二卷，为杂考证。

〔Ⅳ〕炎武学有本原，博赡而能通贯。每一事，必详其始末，参以证佐，而后笔之于书。故引据浩繁，而抵牾者少。非如杨慎②、焦竑③诸人，偶然涉猎，得一义之异同，知其一而不知其二者。④

阎若璩⑤作《潜邱札记》，尝补正此书五十余条。若璩之婿沈俨⑥，特着其事于序中。赵执信⑦作若璩墓志，亦特书其事。若璩博极群书，睥睨一代。虽王士禛⑧诸人，尚谓不足当抨击。独于诘难此书，沾沾自喜。则其引炎武为重，可概见矣。然所驳或当或否，亦互见短长，要不足为炎武病也。

惟炎武生于明末，喜谈经世之务，激于时事，慨然以复古为志。其说或迂而难行，或愎而过锐。观所作《音学五书》⑨后序，至谓圣人复起，必举今日之音，而还之淳古，是岂可行之事乎？潘耒⑩作是书序，乃盛称其经济，而以考据精详为末务，殆非笃论矣。

---

① 根据数理等等来说明自然现象和人事,占卜吉凶。

② 杨慎(1488—1559),字用修,号升庵,四川成都人。明代学者,有许多著作。

③ 焦竑(1541—1620),字弱侯,号澹园,江苏江宁人。明代学者,有许多著作。

④ 《庄子·天地》:"识其一,不知其二。"《史记·高祖本纪》:"高祖曰:'公知其一,未知其二。'"

⑤ 阎若璩(1636—1704),字百诗,号潜邱,山西太原人。清初学者,着有《古文尚书疏证》《四书释地》等。《潜邱札记》六卷,卷四下有"补正日知录"项。

⑥ 沈俨,传记不详。其《潜邱札记》说:"及返太原故里,适顾宁人处士,亦克太原,出所撰《日知录》相示。先生为之补遗校正,处士无以易也。"

⑦ 赵执信(1662—1744),字伸符,号秋谷、饴山。山东益都人。此作《潜邱先生墓志并铭》(《饴山文集》卷七)中说:"昆山顾处士炎武,以博洽称,每不可一世。先生壮岁返太原,见其所撰《日知录》,即为改订数条。处士黾俛从之。"

⑧ 王士禛(1634—1711),本名士禛(避世宗讳,改名士正,乾隆中,赐名士祯),字贻上,号阮亭,别号渔洋山人。山东新城人。清初著名诗人。

⑨ 《音学五书》,38卷,顾炎武的著作。由《音论》3卷、《诗本音》10卷、《易音》3卷、《唐韵正》20卷、《古音表》1卷共五部而成。其自序中说:"天之未丧斯文,必有圣人复起,举今日之音,而还之淳古者。"另,记载此语之处为《音学五书序(叙)》,非《后序》。

⑩ 潘耒(1646—1708),字次耕,号稼堂。江苏吴江人,潘柽章之弟,顾炎武门人,刊行《日知录》。其序文中说:"呜呼!先生非一世之人,此书非一世之书也。魏司马朗复井田之议,至易代而后行。元虞集京东水利之策,至异世而见用。立言不为一时,录中固已言之矣。异日有整顿民物之责者,读是书而憬然觉悟,采用其说,见诸施行,于世道人心,实非小补。如第以考据之精详,文辞之博辨,叹服而称述焉,则非先生所以着此书之意也。"

〔补说〕

一、与文溯阁本书前提要之异同

（甲）书前提要中无〔Ⅰ〕的"炎武有《左传杜解补正》，已著录"（此部分作为书前提要之体例而欠缺），故〔Ⅱ〕开头"是书"二字不见于书前提要。

（乙）〔Ⅱ〕末尾"盖其一生精力所在也"九字不见于书前提要。

（丙）〔Ⅲ〕开头"书中不分……类从大抵"十八字不见于书前提要，而代以"其书"二字。也就是说，书前提要的此段落以"其书前七卷皆论经义"开始。

（丁）〔Ⅲ〕文中，书前提要脱"十三卷论世风"之"论"字。

（戊）〔Ⅳ〕第一节末尾"者"字不见于书前提要。

（己）〔Ⅳ〕第二节"阎若璩作……炎武病也"全文107字不见于书前提要。

（庚）〔Ⅳ〕第三节开头"惟炎武生于明末"于书前提要中作"惟其生于明末"。

（辛）〔Ⅳ〕第三节文中"以复古为志"和"其说或迂而"之间，书前提要中有"故"字。

（壬）其下"还之淳古"之后的"是岂可行之事乎"七字，于书前提要中作"则其他可知矣"。

（癸）其后"潘耒"之上，书前提要附有"其门人"三字。

（子）其后"作是书序乃盛称其经济"之"乃盛"二字，于书前提要中作"或"。

（丑）本文末尾"殆非笃论矣"之"殆"字不见于书前提要，此部分作"非笃论也"。

另，提要的日期作乾隆四十七年三月。

二、对提要的《日知录》之评价

顾炎武现在一般被视作清代考证学之祖，主要是借由《日知录》和

《音学五书》著作来如此看待，依据考证学的尺度来给予《日知录》好评，这是一般性的理解。此提要的《日知录》评价也是采取同样的立场。此评价基准，如同提要末尾所指出的，与门人潘耒的看法不同，在这一点上可以看到学风和学问观随着年代的差异，耐人寻味。

三、《日知录》刊行的顺序

康熙九年（1670）顾炎武五十八岁时，刊行《日知录》八卷（初刻《日知录》），对此，顾炎武于康熙十五年（1676），六十四岁时，写下《初刻〈日知录〉自序》（《亭林文集》卷二），其自序文中说已完成二十余卷。在被推定为其后所写的《与友人论门人书》（《亭林文集》卷三）和《与人书二十五》（卷四）中各自可见三十余卷，因此顾炎武在世时应已完成现今型态的三十二卷。顾炎武于康熙二十一年（1682）七十岁时去世，其殁后，康熙三十四年（1695）时，潘耒于福建刊刻《日知录》三十二卷。其后，有数种刊本为人所作，而黄汝成（1799—1837）所作的《日知录集释》（道光十四年（1834）刊行，接着又作《日知录刊误》二卷、《续刊误》二卷，附于《集释》中刊行）十分便利，出现许多版本而广为流传。关于近年出现的《原抄本日知录》将在下一项另外叙述。还有，三十二卷之外，还有《日知录之余》四卷被当作顾炎武的著作而流传。

四、《原抄本日知录》

根据此本所附载的各种资料，此本为1932年（或1933年），张继于北平书店得到的《日知录》抄本，夫人崔震华在张继去世后，于1958年在台中排印出版。徐文珊施以点校。山东图书馆也有与此内容相同的钞本，而张继于1941年将两本进行对校。

原抄本和通行本之间，具有如注4所列的顺序差异，但实质内容上并无根本的不同。然而顺序差异以外也有种种异同，详细情形记载于黄侃《日知录校记》中。此校记作为1933年所作的《国立中央大学文学院中国文学系专篇》之一而单行，卷末亦附有《原抄本日知录》。据此，两本的主要相异点，在于顾炎武原文中，有关明清、华夷之事而对清朝有所忌讳者——（甲）在通行本中被改为安全表现，在原抄本中则保留其本来面貌；（乙）在通行本中全部删除的部分，在原抄本中保留原貌。

在（甲）部分，要举出若干容易理解的例子的话，有"先帝→崇祯帝""五胡→刘石""本朝→明代""国初→明初""虏寇→边寇""胡人→敌人""丑卢→寇难""征虏→防边""夷虏→奸偷""我太祖→明太祖""夷人→蛮人""夷言→国语""达官→降人"等等，其他亦有大量逢明天子讳之文字，在原抄本中有"讳阙"之处，在通行本中置入正确文字之例。

在（乙）部分，最显著的例子，是原抄本卷九（素夷狄行乎夷狄）一条，（含注约四百字），在通行本中仅有卷头目录的卷六中有此目，本文则无（本文亦无目），和原抄本卷29《胡服》六条（含注约一千四百字），在通行本卷28的相对应处无目亦无本文（亦无卷头目次中之目）这两个例子，其他亦可见原抄本中所有的一条乃至数字，在通行本中部分地被删除之例。

综上所述，应大致可知两本的差异。不过，还不明了注4中所列的顺序冲突为何会产生，在哪个阶段产生，故今后还有探讨的必要。

〔补记〕本文为周六谈话会的《四库提要》译注之共同研究的一环。在一连串的译注工作中，一部分已从谈话会中油印印行，而本文则未刊登，留于箧内，故本次稍加整理，作为顾炎武研究的资料之一而附加于此。

（1980.07.01 记）

第三部

戴震研究

戴震哲学中的"气"

戴震（1723—1777），字东原，安徽省休宁县人。清朝中期的著名经学者、考证学大家，且亦作为优秀的思想家、哲学家而为人所知。

清代考证学者一般几乎不触及哲学性的事物（以当时他们的用语来说就是义理之学），基本上他们对这种思想性乃至理论性之问题的关心较为淡薄。无论如何，他们的著作和文集中，涉及所谓义理问题的言论极少。他们的学问关怀不在义理问题，而是针对以经书为中心的古典阐明。说到古典阐明，当然包含古典中的丰富思想，但不太涉及此思想面向，而在此之外，则试图巨细靡遗地阐明古典中记载的所有事实。或者这样说可能较为正确：对于思想面向并非毫不关心，在此面向中，亦即义理问题，一切依循朱子学，而在除此之外的部分专心投注精力。

总而言之，少有考证学者会直接对思想问题、义理问题抱持关心，并大幅论述之，就此而言，戴震是少数例外的一位学者。且综观中国思想史全幅，他也是极为稀少的具有理论分析力和体系构成力的理论家，再加上其理论内容乃是对朱子学采取鲜明批判态度的特异哲学，戴震的一大特色就在这里。

一、戴震气的哲学之渊源

戴震哲学理论的最大特色，就在于气的哲学，而且他是此气的哲学之集大成者。也就是说，戴震继踵清初以来王夫之、颜元、李塨、程廷祚等人，将他们的气的哲学予以理论性的完成。只不过，并不清楚戴震是否直接接触这些人的著作而受其影响。胡适推定戴震透过程廷祚而接受颜李学的影响，① 但此并非确论。不过，程廷祚的哲学理论与戴震之间有诸多相似点（无论如何，与在此之前的气的哲学理论相较，程廷祚最近于戴震）②，就此而言，戴震具有从中得见其继承并发展程廷祚哲学的可能性，但并无可断定之的根据。另外若将颜元等人和戴震相比，可以找出气的哲学、欲望肯定论、对朱子学的批判等两者共通要素，但两者的学问形态大相径庭，难以认为颜元等人的思想影响了戴震。

还有，追溯王夫之及其以前的思想家，当然也有戴震受到某人影响的可能性，但这种继承或影响关系，也无法明确断言。但总而言之，明代中期以来，确实存在着气的哲学之系谱，③ 而戴震立于其顶点而将理论完成，这一点也是不疑的事实。

接着，说到影响，对戴震思想之形成赋予影响的，不仅止于上述气的哲学家的思想，也必须认为，以戴震所说的"六经孔孟"为首，戴震反对的老庄等诸子思想，程朱、王阳明等宋学、明学各种思想，也对戴震思想造成影响。就此意义而言，对戴震思想形成具有最大影响力者，或许是朱子，若要再加上一个，则是朱子和孟子。

二、戴震的气的理论

戴震将自然界样貌理解为"气化流行，生生不息"，他好用这种表现（《孟子字义疏证》第 16、32 章等）。"气化流行，生生不息"意为气不停地反复活动，生物不绝，所生之物延续其生命（更进一步说，是使其发展）。气反复活动，而产生物、支撑物的生命，这是理气哲学一般极为基本的想法，例如朱子，也可以说对这种想法不具异见，但朱子绝不会使用这种表现强调"气化流行，生生不息"，就不单单只是在表明上述的想法，而是更

---

① 胡适《戴东原的哲学》（《国学季刊》2—1，1925 年）。

② 关于程廷祚"气的哲学"和戴震"气的哲学"之关系，参照本书《程廷祚的气的哲学》。

③ 关于气的哲学之系谱，参照本书《明清时代气的哲学》。

进一步强调气之运动的意思。也就是说，表明了肯定不受理之规定的气的自身运动，将气的本质视作不绝的运动流行，大致上肯定运动的极大价值甚于静止，且极为尊重生命（扩大一点儿来说，就是尊重自然）的思想。这和朱子学认为的，在气的存在和运动背后，必定有规定这些的理，将静看得比动还重要（"主静"说），强调有比生命和自然更高价值的对象（理、理法、义理、道等），形成两相对照。这正充分显示了气的哲学的基本性质，像这样，将"气"作为宇宙一切存在的根柢，从而尊重活动与生命（换言之即为自然），这种倾向可谓贯串戴震的思想全体。

"气"成为戴震哲学的核心，是最重要的概念，但戴震本身并未说明这种"气"是什么。他认为这是不用特地加以说明，也打从一开始就是自明的。也就是说或许可以认为，在宋代以来的理气哲学中，形成了关于气是什么的常识性共通理解，而戴震亦依循之。作为与"气"相当的其他用语，戴震使用了"阴阳""五行""阴阳五行"等话语，而这也是一般常识性的用语之例。不过，这里似乎没有如同在朱子处所见的，将阴阳和五行称作"气"和"质"，应用于物的生成和存在之阶段差异的想法。

另外，与气相关的，包含"气"字的形气、气质、气禀等语，也和朱子的用法之间无甚差异地使用之。此时，并未加上特别的讨论和说明而使用，故这些也不在宋学以来一般常识性用语例的范围之外。

要言之，在戴震处，"气"乃是"阴阳"及"五行"，遍满宇宙，反复活动，而所有的物都由气（亦即阴阳五行）来构成其形质（在人即为肉体）。用另一种说法：万物由气（阴阳五行）分化而成形。

像这样，戴震所说的气的概念，以及由气构成宇宙万物之物质面的基本想法，和朱子相比几乎并无相异，不过，气在戴震的哲学理论体系中具有何种分量、如何用气来解释人的问题（特别是人的性、情、欲等）、如何思考气和理的关系等这几点，十分具有特色，关于这些，戴震的想法具有可谓与朱子间形成对照的差异性。

三、气与理——自然与必然

《周易·系辞传上》"形而上者谓之道，形而下者谓之器""一阴一阳之谓道"两句，可以说宋代以来讨论性理问题的学者，几乎全员都将之挑出来进行论述。关于这些句子的解释，在朱子学处，将"道"视作"理"，因此对前者就理解为"形而上者（形以上，也就是属于超越形体的世界、无形世界者，不能拥有形体者）就是道，形而下者（属于有形世界者，可以具有形体者）就是器（亦即个物）"。关于后者，"一阴一阳"（变为阴又变为阳）涉及气的变化、运动，因此从朱子学立场而言，这不能称之为道（理），众所皆知，朱子采用程伊川之说，认为"所以一阴一阳者道也"，补上"所以"一词来摆脱此困难。也就是说，一阴一阳的变化本身不是道，此变化的根据或是原因才是道，于是一阴一阳的变化依循道而行。

戴震对于前者，将"形而上"解释为"形以前"，"形而下"解释为"形以后"，认为气产生物，气化流行，也就是阴阳五行反复活动的阶段，是有形之物产生以前的无形状态，因此是"形而上"，且"道"为"行"（前往、反复活动）之意，因此"形而上者"云云，意为"物成形以前的气化流行状态就是道，相对的，成行以后的状态就是器（个物）"。对于后者，他说"一阴一阳"也就是"气化流行"（还有"生生不息"）正是"道"，因此他认为不能增补"所以"一词（以上，据《孟子字义疏证》第 17 章）。

上述朱子和戴震之说，姑且不论何者才是正确的《系辞传》解释，这种解释的差异具体地显示了两者的哲学（特别是关于"理气"的思考方式）差别。

从"形而上""形而下"之论来看，戴震所说的形而下且不必说，连形而上的部分，根据朱子，也会被归入形而下。朱子所说的形而上，也就是"理"的世界，在戴震处并不存在。从"一阴一阳"之论来看，朱子所想的"所以"这种"理"的世界亦不在戴震的想法中。也就是说，戴震思考的是与一切的物和形相关的气的世界，缺乏超越形与物的理的世界——对朱子哲学而言最重要的部分。"理"此一概念在戴震哲学中也具有重要意义，但其思想中并没有形而上之理、作为"所以"的理。

那么，谈到戴震所说的"理"是什么，在《孟子字义疏证》开头，就有为"理"下定义的一段文字："理者，察之而几微必区以别之名也。"其意为理就是在观察事物时，细致入微地加以区分。接着他又说："是故谓之分理，在物之质，曰肌理，曰腠理，曰文理，得其分则有条而不紊，谓之条理。"

在一开始下定义的文字中，含有稍微困难的内容，在此暂时不拟探讨，要言之，戴震的"理"是在说区别、条理、秩序性、明晰性、正确无误等。

接着，作为相当于理气关系的词汇，戴震使用"实体实事"和"纯粹中正""自然"和"必然"这些话语。也就是说，气和气所成立的自然物、现实中的存在称作"实体实事"或"自然"。然后作为"自然"而存在者均有"失"（要言之乃是某种缺陷），没有这种"失"的正确状态称作"纯粹中正"或"必然"。例如情和欲是人身天生所有的性的活动，彼此都是一种自然（实体实事），但又有感情的表现方式过度，或是不该怒而怒，或是对欲望的追求伤害到他人等的"失"。于是乎若是达到这种没有偏差、得其中正的情欲发用方式、达遂方式，就是情、欲的必然（纯粹中正），无非就是理的实现状态。另外，"自然"若是保持有失的状态而不管，反而会对这种自然造成损害，因此达到去除失的必然状态才能使自然整全，就此意义而言，他强调必然是自然的极致（或是"极则"），自然与必然乃是一本，自然之外没有必然。

同时，戴震所说的"必然"并不是一般"一定会变成如此"的意思。一般的"必～"这种副词，有时表示"必须如此作""有必要如此作"等意思，这种"必然"也是如此，乃是"必须如此"之意。因此这和"当然"是非常接近的概念，但是"当然"是朱子学的用语，且是表现"理"之性

253

质（虽然不是所有性质）的词汇，因此持反对朱子学之立场的戴震，或许就避免此用语而使用"必然"。

自然之外没有必然，这也就是说气外无理。若是像朱子一样将"理"当作"所以然""所当然"（尤其是"所以然"），则无论如何不得不将理设想为独立于气的存在（如同本书第一部的《朱子哲学中的"气"》所说的，朱子谈理气相互依存、相即不离的同时，终究认定先于气的理的存在），而戴震完全不思考规定气之存在的理，而如上所述，将理当作气（事物）的"必须如此"这种最理想的正确状态的称呼。要言之，理是气的某种状态的名称，因此理不能独立于气。气终究在先，理只是附着而存在。此乃"气的哲学"之所以。

四、性、情、欲与理气

朱子将人之"性"设想为属于理的性（本然之性）和与气相关的性（气质之性）两重结构，且建立了以前者为主的性论，依此区分而言，则戴震只以"气质之性"的一面为性，"本然之性"完全没有置入戴震性论之中的余地。

关于性，戴震说："性者，分于阴阳五行以为血气心知，品物（个别的众多之物）区以别焉。举凡既生以后所有之事，所具之能，所全之德，咸以是为其本。"（《孟子字义疏证》第20章）这里说"性"是个别之物原本具有的素质，此分化自阴阳五行而成血气心知，从中产生万物的个别性。虽然这里说的是人以外的物也含有的性，但主要思考的是人之性，自不待言。

总之如上所述，根据戴震之说，人性实体乃是"血气心知"。此语原本根据《礼记·乐记》"民有血气心知之性"，而血气、心知主要是肉体与心。关于血气和心知的关系，戴震本身并未加上任何说明，或许是因为血气由气（阴阳五行）所形成，心是血气的一部分，却是极为特殊的部分（而且是最重要的），故特地与血气并举。另外之所以称作"心知"，是由于特别意识到知这种心的功能，"心知"不是"心之知"，毋宁说是"具有知的心"之意。也就是说，"心知"不是指"知"这种功能，而是"心"这一器官。同样在《礼记·乐记》中有"耳目鼻口，心知百体"一句，读此便可得知"心知"是与耳目鼻口并列的器官，而"耳目……百体"都是由血气所构成。

接着，性的实体是血气、心知，而血气的固有活动是情、欲，心知的固有活动是知。此情、欲、知三者终究都是气的活动，而以上的"性""血气，心知""情、欲、知"根据戴震的分别，都会归于"自然""实体实事"。如前所述，自然中的存在必定会有失。情之失为"偏"，欲之失为"私"，知之失为"蔽"。不过有时也会将情欲一并统称说"情欲之失为私"。这种"私"指的是利己的，也就是只满足自己的欲望而不顾他人的欲望，"蔽"指的是认识和判断有误而不正确。

他主张，要去除"私"这种失（他的用语是"去失"），就要用"恕"或"絜"（《大学》所说的"絜矩之道"），还有为此必须要"节"欲。而达到没有私这种失的状态（也就是得到"理"的状态），就不会只管自己的欲望，也会让他人的欲望一齐达遂之（作为这种思考的前提，戴震应该需要先附带说明，所有人的欲望都是相同的——例如所有人皆求生畏死）。

另外，在满足欲望的方式属于私的状态，不顾践踏他人欲望之时，称为"不仁"，去除私并同时达遂自他之欲而实现理之时，称为"仁"。换言之，这无非就是达成了"善"。此时为了节欲（适度节制）去私而达致善，戴震特地强调"知"（情、欲、知之知）之活动的必要，而拥有"知"的活动就是人之所以为人之处。

即便如此，"知"亦有"蔽"之失。他认为去除蔽（他使用了《荀子》的用语"解蔽"）系透过"学"，总之，没有蔽的话，正确无误的认识和判断就于焉成立，而此称作"神明"，且一旦如此，也就能获得与知

255

相关的"理"。

如上所述，人本于"自然"之性，具有达到善、能够实现理的优秀素质。就此意义而言，人之性为善，此即为戴震的性善说。因为他说性是"自然"的，具有先天的失，因此和朱子那种性是本来纯粹至善的性善说大异其趣。在朱子处，主张"性即理"，认为人天生具有仁义礼智的完整之德，也就是所谓德性，因此人的修养、学问的努力，具有回复此性之初（复性、复初）的意义，而在戴震处，天生所具有者就是性，此出发点的性绝非完美之物，因此善和理被当作是和性与情欲这种"自然"相对的"必然"，于是就被认为是人的努力结果可达到的地方。如此一来，在戴震的性说之中，人之性就难以说是生来即善。知达到最高度神明，随此明知之引导，而使情欲得以最为正确地发挥、达成之时，才实现完美的善，因此性并非直接就是善，而是具有达到善的可能性，具有得以实现善的优秀能力，他强调这一点而称"性善"。这或许应该说是不完整的性善说，但在仅以气来说性的情况下，还要采取性善说，就会形成这种形态，这应该是理所当然的结果。

于是，在朱子处，"本然之性"为万人同一（同样地纯粹至善），将人性的个人差异归于气质之异，而戴震仅以气来论性，当然就会认为，人性本来绝非同一，随着个人所受之气的偏全、厚薄、清浊、昏明等之不同，乃有各自的差别。不过，即便有性的个人差异，但一切事物均有其类（人之类、犬之类等），同类者相似，并无与其他类之间那样子的差别。就此意义而言，他强调人性与人以外之物的性相异，特别优秀（尤其是具有"知"的活动这一点），于是"性善"乃是"'人'之性为善"。接着，关于《论语·阳货》"性相近"，他认为是说人与人彼此同类相似，"上知与下愚不移"中，知愚与善恶是不同的问题，知愚不过是单纯的程度差异，愚也不妨碍性变为善。另外，若下愚不能移为上知，则戴震的性善说将会崩溃，但他认为，《论语》说的是"不移"而没有说"不可移"，具有"可移"的可能性，只因不努力为学，故实际上等于不移。

五、情欲肯定论——欲与理

在朱子学中，不会全面地将情与欲视作恶，因此并不取彻底去除情欲的主张，但由于认为情欲是恶的根源，因此无法否认地，具有强烈的情欲否定倾向。"存天理去人欲"此一主张也是，"人欲"指的是恶的欲望，也就是私欲之意，所以虽然"去人欲"未必是否定欲望，但主张"存天理去人欲"，大致上就无非是在表明情欲否定论。戴震批评朱子将理和情欲相对立来看待，谓其主张"无欲"。戴震这种对于朱子欲望观的评价，有过于将朱子归于全面的欲望否定论之嫌，但也并非全然落空。

接着，根据戴震基于气的哲学的性论，血气、心知，作为其活动的情、欲、知，都是性之本身，都被视作性所固有者，若是否定情欲则打从一开始性就不能成立。情欲有所失，若情欲为私，则将陷入不仁之恶，也就是说，情欲在戴震处依然是恶的根源。但情欲同时也是仁，亦即善的根源，故戴震强调无情欲则无不仁（恶），同时仁（善）也无从成立。如此一来，如前所述，他比起向恶的可能性，更重视向善的可能性，而性善说于焉成立。

戴震又强调，欲望是涉及生命的维持、保全之物，就此意义而言，对人来说乃是不可或缺者。且如上所述，理和善正是相即于情欲而成立，故他积极地肯定情欲，认为其绝不应该抑制，而是应该大幅伸展。

戴震属于这种情欲肯定论立场，故攻击朱子学将理和欲相对立的情欲观，而在此攻击中，戴震说，世间一般是由"尊者、长者、贵者"，要言之即为上位者、有权者、强势者来宣扬理，责备"卑者、幼者、贱者"等下位者、无力者、弱势者的众人。此时称为理的，实际上不过是他们任意的独断之见，在无理的时候，上位者、强势者也称之为理，以此理为后盾而逼迫下位者、弱势者时，不当之理横行，以服从之而为"顺"。所以下位者、弱势者只能服从此无理要求，即便以正当之理来对抗，也不被承认是理，反而被批判为"逆"的行为。像这样，他说下位者、弱势者的"饥寒号呼""男女哀怨"的人类情欲被理压制，不可胜数，单方面地被归罪。接着他甚至说，死于法者尚有怜惜之之人，但因违反此理而死者没有人会怜惜。（《孟子字义疏证》第十章等）

接着他说，导致上述社会弊害产生的根本原因，乃是发自于宋儒（当然是以朱子为中心来思考）将理视为一存在物，认为其自天而授于人，寄宿于人心中，由于将理视作如此，故即便是自身独断的意见，也顽固地相信其出自心之理，故与理相合，强加诸于人们身上。另外，宋儒受到老庄思想和佛教之影响，纳入其说来解释儒家经书（六经孔孟），故导致上述"理"的理解，像这样，宋儒关于"理"以及"理和欲"的想法，引起了践踏、毁弃世人情欲的弊害。他认为这正表示学说的错误，不仅止于学说之范围，也害及社会生活和政治的场域（正合于《孟子》中说的"作于其心，害于其事；作于其事，害于其政"）。此论点正表示关于情欲观的议论也及于社会和政治问题，这应可理解为具有对作为官学的朱子学之角色正面施加批判的意义。

在罗钦顺、湛若水开始的气的哲学的全体系谱中，气的哲学家未必都是情欲肯定论者，但采取气的哲学之立场的人们中，情欲肯定论者确实占多数。在气的哲学完成者戴震处，也必须注意其中出现了非常明显的情欲肯定论。另外，在探讨戴震哲学体系时，极为理所当然地会归结为：他只以气来解释性，故将情欲视作性固有的本质活动，于是不得不肯定情欲，因此或许可以认为，气的哲学的立场原本就具有必须采取情欲肯定论之立场的逻辑必然性。采取气的哲学的立场而不采情欲肯定论，可以说作为理论是有欠彻底的。不过，若是不采性善说，则会稍微有点不同，但此时也不例外地可以说，不得不认为情欲是性固有之物。

接着，要说肯定情欲的主张是否必然会像戴震那样，与朱子学批判乃至社会批判相结合的话，当然不一定如此。只不过，积极的情欲肯定论之主张必然会怀有和朱子学相反的部分。说起来，气的哲学论者，或多或少皆有某个部分批判了朱子学，而在戴震处，就是在理和情欲问题上显现较大的着力点，且极为特出地表现出一种社会批判的形式。而这最后一点，放在朱子学乃是官学，是具有规范一般人士精神生活实质力量之教学的意义下，或许特别值得注意。总而言之，气的哲学在其顶点处，形成了这样子的形态。

六、客观主义

王学主张在自身的心上求理，这也并非尊崇知性上的认识，而是追求透过实践行为来实现理，这种追求方式正是主观性的。朱子学主张格物穷理，由于理存在于事事物物上，而追求知性地认识此理，故这种追求理的方式是客观性的。但同时，又以心为具众理而应万事者。这里应该是认为，心由与万物共通的气所构成，在心中的理就根源上来说，与万事万物之理乃是一理，所以心能够认识万事万物之理。虽然难以明了说"心具众理"（例如《孟子·尽心上》第一章集注）时的理，是否完全等同于说"性则心所聚之理"（同上）时的理，但总而言之，戴震抓住"心具众理"的这种思考而批判朱子。在戴震的气的哲学中，完全没有这种理在心中，而与理的认识和实现相关的想法，他明言"理在事中"（《孟子字义疏证》第六章），因此就求理的客观性来说，他可以说是更彻底的。

如前所述，情欲之理，乃是说不只自己的情欲，也满足他人的情欲，也就是达天下众人之同情，遂其所同欲，使理在此实现。满足情欲这件事本身是极为个人性的、主观的，但不只是这种个人性的、主观的满足，亦以普遍的、客观的情欲得以达遂为理想。在知性地认识理之处，也是引用《孟子·告子上》的"心之所同然者，何也？谓理也，义也"，说"同然"就是理，则未至"同然"者就不是理，而不过只是"意见"。接着，所谓

259

"同然"，就是一人以为"然"，天下万世皆曰"是不可易也"（绝对正确）（《孟子字义疏证》第四条）。由于以无丝毫错误的正确认识、判断为与知相关的理，故于万人皆认可为"然"的普遍承认中追求判定正确性的基准，这也就是采取了明确的客观主义立场。

这和戴震在经学领域中乃是被称作考证学之学问的大家，尤其是考证学方法相关的理论家，主张应累积笃实客观的证据来导出无误的结论的实证方法之间，具有很大的关联。

另外，在侯外庐编《中国思想通史》等书中，算是赋予了作为唯物主义者的戴震高度评价，和王夫之、颜元相比的评价又较低，主要是根据两点：第一，戴震的思想缺乏王夫之那样的"变化、发展"想法；第二，戴震不具颜元那样的"实践"契机，而是"观照"性的。评价的高低系根据评价的标准，在此不拟触及，但戴震确实缺乏"变化、发展"的观点和"实践"的要素。

关于上述第一点，例如尽管他知道六经孔孟的理解，随着时代而有其后的汉儒解释、魏晋南北朝解释、宋儒解释之变化，但对于这种解释变化，不进行思想史的、学术史的掌握，而是仅以是否得到六经孔孟之真意为标准来区分了事。然后其理解六经孔孟真意的方法，就是从贯通六经孔孟的字义一贯性来切入（尽管当然不只如此），一举将经书和自身绑在一起。侯外庐等人所指出的不是这一点，而这里所谈的是根据我自己的理解而举的例子。另外，在戴震广泛的学问研究领域中欠缺史学（虽然有地理沿革等等的研究），这也是他的学问的一个特色。无论如何，气的哲学中，运动、发展、变化这些，原本是必须伴随着的重要部分，但缺乏这些观点，或许可视为戴震的气的哲学仍然留下不完整之处。

关于第二点，戴震确实缺乏实践要素。对于知与行，他说所知不正确，则会使得行为错误，以致有害于生，而首先强调"知"的重要性。他明言道："重行不先重知，非圣学也。"（《孟子字义疏证》第42章）虽然并非不重行，但采取了让知的部分更为优先的立场。尽管致力于"去失"，但在戴震处并无以去除情欲之私为目标的"恕"或"絜"等修养努力之尝试的痕迹。在"学"的部分确实有相当大的努力，但这些并不是为了解除知之失的蔽的修养努力，而是专门进行专业学问研究的努力，和所谓的实践（行）无关。理欲之论也是，在口吻上极为激烈，但也没有看到解决社会矛盾的实践性努力之痕迹。从这种缺乏主体实践契机的意义而言，戴震应可说越来越倾向于客观主义。

清代考证学的基本性质，和宋明性理学与实践（特别是修养的实践）深刻相关不同，是和这种实践相分离而成立的，而且是追求以经书为首之古文献记载的客观、实证事实的学问。关于气的哲学是否必然会与这种客观主义或考证学相结合，由于有许多反例，故当然不能如此简单断定，但气的哲学系以由气构成之客观世界的存在为前提，追求被认为是相即于此客观世界的理是很平常的，因此产生客观主义也可说是理所当然的结果。阿部吉雄将江户时代日本儒学区分为主理派和主气派，指出主理派（理的哲学）多提倡义理，相对于此，主气派（气的哲学）有强烈的博学倾向[1]，这也可以说是理所当然的结果。"气的哲学"无法与考证学直接结合，但气的哲学是在考证学背后支撑的哲学，这也不足为奇。关于这一点，清末最后的考证学者之一王国维（1877—1927），说戴震（及可说是其学问之继承者的阮元）思想"实代表国朝汉学派一般之思想，亦代表吾国人一般之思想"（《静庵文集·国朝汉学派戴阮二家之哲学说》），此论极具启发性。

261

（原题《戴震思想中的气》）

---

① 阿部吉雄《日鲜明主理派主气派之系谱及其特质》（《朝鲜学报》第 14 辑,1959 年）。

《孟子字义疏证》的性质

前　言

戴震在死前约一个月寄给段玉裁的信①中说："仆生平著述最大者为《孟子字义疏证》。"也就是说《孟子字义疏证》在戴震自己的意识中是他的主要著作。另外在我们看来，此书也具有可视为他主要著述的内容。于是乎讨论此书的性质，就可以算得上是考察戴震学问（尤其是其哲学）之性质的关键，进而也能成为思考清代学术史或清代哲学史时的一把重要钥匙。

接着，在尝试探讨《孟子字义疏证》性质时，在其掌握方式中可以有种种不同的观点，而在此处，并不是要举出此书中丰富的戴震哲学本身的，或是从哲学史观点所见的性质，而是主要将焦点集中于从清代学术思想史观点来看，成为议题所在之性质面向。

另外，已逝的安田二郎的《孟子字义疏证的立场》② 处理了和本篇拙作相似的问题，是非常优秀的论文，给予极大的启发。对于安田氏已经讨论过的问题，在此再度重复探讨并无意义，故拟努力避免和安田氏的重复，但在论述顺序上，免不了出现若干重复的部分。

---

①　此于乾隆四十二年四月二十四日所写（戴震去世时为同年五月二十七日），《安徽丛书》第六期《戴东原先生全集》开头影印之，又收于《戴东原戴子高手札真迹》（台北中华丛书委员会，1956年）。另外，此处所引用之部分，亦被引用于段玉裁《戴东原先生年谱》乾隆四十二年项中。

②　《支那学》第十卷，小岛本田二博士还历纪念特别号。其后附载于安田氏译《孟子字义疏证》（养德社，1948年）。（又，本文发表后，又收于1971年朝日新闻社刊行之《中国文明选》中的《戴震集》。——1980.08.01补注）

<h1 style="text-align:center">一</h1>

《孟子字义疏证》三卷，可当作戴震阐述自身哲学理论的书籍来阅读。一般也似乎被理解为如此。然而从《孟子字义疏证》这个书名，似乎表示此书并非阐述自己的哲学理论，而是关于《孟子》的考证学著作。事实上，此书体裁具有如下结构：

> 序
>
> 卷上　理十五章
>
> 卷中　天道四章　性九章
>
> 卷下　才三章　道四章　仁义礼智二章　诚二章　权三章　后序
> 一章①

其采取的形态是关于理、天道等各词汇，引用各种经书用例当作证据，且在批判宋儒解释的同时说明这些字义。其立足于考证学的方法来阐明字义，因此是"字义疏证"，理、天道等词汇皆为《孟子》所使用之语，故为《孟子字义疏证》。但此书绝不仅止于字义的阐明，另外也不只是在探讨《孟子》。他透过字义论证，来论述儒家哲学（根据他的用语，乃是"六经孔孟"之理义）。而且从结果来看，是在叙述戴震自己的哲学理论。

考证学的著作，同时又是哲学著作，探讨六经孔孟之字义并论述理义，且就结果而言说明了自己的哲学，这就是《孟子字义疏证》这本书。此书

---

① 原本的文献中是"权四章"，没有《后序》，但胡适《戴东原的哲学》（商务印书馆，1927年）附录的文本中，将《权》第四章另外加上《后序》之名，从原著形式来说，将之作为《后序》并不妥，但从内容而言，称为《后序》较为相应。故依循胡适见解，将之作为《后序》。另，以下摘作引用《孟子字义疏证》时注记第某章的数字，亦为胡适书中所附之数字。

有这样的二重三重性质，这可说是这本书的根本性质。

于是乎，接着拟进一步考察，这些性质在此书中如何显现，其由来又为何。

二

首先从他的学问观开始探讨。

根据戴震之说，经学的目标——也可说是学问的目的——在于"闻道"。"道"为六经孔孟之道，亦即圣人之道。另外根据他的用语，又被称作"贤人圣人之理义""圣贤之心志"等。

然而，虽说要"闻道""明圣贤理义"，也并非一蹴可就。道载于经书，故必须透过阐明经书来求道。在经书中表现道者为"词"（语言、文章），构成"词"的要素为"字"，因此必须立足于从"字"的阐明出发而通"词"，透过通"词"来解"经"，从中发现"道"的这种顺序。若不经由这种顺序而行，就会陷入独断，流于异端，无法掌握道的正确样貌。

不过，光靠从字到词的这种一语一文之意义的阐明，也就是累积训诂学的努力，无法充分理解经书。古音、名物、诸制度、地理、天文、算学、律吕等相关的广泛正确知识是必要的。以字→词→道这种脉络为经，以古音、名物等之研究为纬，试图将这些知识总动员，综合起来阐明经书的意义，从中追求圣人之道，这就是戴震的经学体系、考证学的方法论。①

接着他明显地谈论了关于考证学的方法：

> 然寻求而获，有十分之见，有未至十分之见。所谓十分之见，必

———————

① 上述他的学问观，系由《戴东原集》卷九《与是仲明论学书》《与姚孝廉姬传书》《答郑丈用牧书》《与某书》、卷十《古经解钩沈序》《六书音均表序》、卷11《题惠定宇先生授经图》、段玉裁《戴东原先生年谱》等处所见摘录综合，概述要点而成。另，此处所据《戴东原集》之卷数依经韵楼本，以下皆同。

征之古而靡不条贯，合诸道而不留余议，巨细必究，本末兼察。若夫依于传闻，以拟其是，择于众说，以裁其优，出于空言，以定其论，拘于孤证，以信其通，虽溯流可以知源，不目睹源泉所导，寻根可以达杪，不手批枝肆所歧，皆未至十分之见也。以此治经，失"不知为不知"之意，而徒增一惑，以滋识着之辨之也。(《戴东原集》卷九《与姚孝廉姬传书》)

将以上他的学问观综合来看，从字到词，从词到经，也就是通过训诂来阐明经书的这种想法，作为考证学者的经书研究方针，乃是当然之至。但在此之上，戴震掘发圣人之道的意图，可以认为是从考证学者一般的意识中踏出一步。当然，完全不把经书中丰富的圣贤之教当作问题，单单只是把经书文字表面的意义当作目标的经学和考证学，至少就其是在儒学的立场上进行研究这一点而言，十分难以想象，但考证学的本质，是把戴震所说的"道"作为次要，而以字句考证本身当作首要问题。

有汉儒经学，有宋儒经学，一主于故训，一主于理义，此诚震之大不解也者。……歧故训理义二之，是故训非以明理义，而故训胡为？(《戴东原集》卷11《题惠定宇先生授经图》)

先生初谓："天下有义理之源，有考核之源，有文章之源，吾于三者皆庶得其源。"后数年又曰："义理即考核、文章二者之源也，义理又何源哉？吾前言过矣。"(段玉裁《戴东原先生年谱》)

戴震此言表示，一般的想法是将义理，也就是道，和训诂考证视为二者，他的想法则是由此更进一步（更正确来说，他自己如此意识到）。

总之，追求道，也就是将义理之学置于经学的最高阶段，并明确地意识到这一点，这可以说是他的学问观的一大特征。

作为追求此义理之学的手段，他重视从训诂小学出发来阐明经书的这种考证学式的经学方法。他所说的"十分之见"，是指累积具有严密客观性的真实来导出结论，这无非是强调清朝考证学所谓实事求是的精神。这也是作为考证学者的极为理所当然之主张，但能够如此断言，表示在客观的实证这种考证学操作中，他具有非比寻常的自信。因此他自己无疑地十分相信，经过这种操作所求得的"圣人之道""圣贤之理义"，也不是他独断解释的产物，而是对于客观的真实样貌的掌握。

《孟子字义疏证》是从他主张的字义考证出发，阐述他当作最高目标的圣贤理义的书籍。从他的学问观来说，他将此书当作平生最大著述，可谓理所当然。

经由上述，已对第一节所提出之问题的一部分进行回答。也就是说，《孟子字义疏证》包含考证学要素，同时又不仅止于此，论述义理、思想问题的这种性质，正来自于戴震的学问观。

但仅有如此尚不充分。接着拟进一步考察，他的学问观如何在这本书中具体显现。

三

在此来观察《孟子字义疏证》中戴震论述方式的几个实例。

（以下本节中，虽然最能展现其实态的方式是直接列举原文，但原文甚长，也会产生论旨不明之处，故概括其旨趣，大致举出必要之处。因此论述的形式和原文有相当的差异，在解读上也有可能掺入我的主观，但不得不如此。另外，由于探讨和安田氏的论文相似的问题，故在此不避举安田氏已举过之例，这也是因为该例被认为是最适当的例子。）

（A）《周易·系辞传》说"形而上者谓之道，形而下者谓之器"，又说"一阴一阳之谓道"，朱子将"一阴一阳"解释为"所以"一阴一阳的

"理"，将之作为相合于"道"的"形而上"，将"阴阳"之"气"作为"形而下"，而这是错误的。一阴一阳的"气化流行不息"才是道。阴阳五行非形而下，而是形而上，形而下指的是个别事物。

其根据是——①道为行之意，行也是道之意（《诗经·载驰》"女子善怀，亦各有行"，《毛传》曰"行，道也"，《竹竿》"女子有行，远父母兄弟"，《郑笺》亦曰"行，道也"）。阴阳五行就是道的实体。②《周易·说卦传》说"立天之道，曰阴与阳"。此以阴阳本身为道，并未提到"所以"阴阳是道的说法。③古人对"之谓""谓之"的用法有所区别。"之谓"系以在前者解释在后者，"谓之"系以在后者来区别在前者的性质。"一阴一阳之谓道"是为了解释（下定义）"道"的表达方式，同于"道也者一阴一阳之谓也"（《中庸》"天命之谓性"亦然），而"形而上者谓之道，形而下者谓之器"则不是为了"道""器"而论，而不过是以道、器来区别"形而上"和"形而下"（《中庸》"自诚明谓之性，自明诚谓之教"亦然）。④"形"指的是具有作为物的具体之形，"形而上""形而下"等同于"形以前""形以后"（同于"千载而上""千载而下"。还有《诗经·下武》"下武维周"，《郑笺》曰"下犹后也"）。因此不只阴阳是形而上，成形以前的五行之气也是形而上。五行获得具体可见之形的话，就是形而下之器（第17、16章）。

(B)《中庸》说"道也者不可须臾离也，可离非道也"，其后说"修身以道，修道以仁"。朱子认为道是理，因此对一开始的道注解为"道者日用事物当行之理"。于是在"修道"处不可通，而注解为"修，品节之也"。如此则与"修身"之修有冲突，故只能以"能仁其身"来说明。另外，因为将"道也者不可须臾离也"的道解释为理，故与"常存天理"之说相结合，然此为佛教"常存本来面目"之说转化而来，故朱子的解释皆与《中庸》本旨相反。

古圣贤所言之道，无非是"人伦日用"。道不是理，人所实践的一切就

267

是道。前述《中庸》文中的道皆为此意，如此便能全文毫无矛盾地加以解释。另外，"不可须臾离""可离非道也"的"可"同于"如体物而不可遗"的可（其意应该并非"允许"而是"可能"）。道，也就是人所行之事，可能有误，故曰"修道以仁"，仁指的是人的行为之正确准则（第33章）。

（C）《论语·颜渊》说："克己复礼为仁。一日克己复礼，天下归仁焉。为仁由己，而由人乎哉？"对此，朱子将"克己复礼"之"己"解释为"身之私欲"，但此与"为仁由己"之"己"的解释相异，朱子之说为误。"己"乃是相对于"天下"而言。"克己复礼"是对因一偏之见、德性之不纯等人的不完美而与天下相阻隔的自己加以克服，来返回至当不易之法则的礼，如此则与天下之间的阻隔消失，而为"一日克己复礼，天下归仁焉"。另外"为仁由己，而由人乎哉"，是说是否合于仁的判断系由自己决定，而非他人（天下众人）决定。

其根据是——①"克己"之"己"必须和"由己"之"己"同义。②圣贤说"无私"而不说"无欲"，亦不说"私欲"。其他处亦无将私欲称作己之例。③不可谓颜子此类贤者不能胜私欲或为私欲所坏。④若将"为仁由己"如朱子一般解释为"为仁由己，而非他人所能与"，则为策励之语，而如颜子一般的人物，不需要这种策励之语（第42章）。

（D）《论语·阳货》说"性相近也，习相远也""唯上知与下愚不移"，人虽有智愚之差，但大致上相近。所谓智愚，是远近的阶段差距，而非相反的两者。善恶则是相反的概念，非远近之词。人性差异在于智愚，若顺随于愚而怠于学问思索，则由此流于恶。愚本身并非恶，而人性无不善（第24章）。

以上数例皆为与经书解释相关而论字义者。还有除了（D）以外，其余皆与对宋儒之说的批判相连结。现在来探讨这些例子中可见的他的讨论方式，尤其是他导出自身说法的过程。

（A）论及道（天道）不是理，而是气化流行之意，作为其根据，列举了各种经书用例。综观（A）（B）（C）（D）四例，充分得见最相应于"字义疏证"此书名的考证学操作。然而其并不如此充足。在所举出的各种根据中，客观来看，有较大说服力者只有2引用《说卦传》"立天之道，曰阴与阳"而已。"之谓""谓之"区别的建立是他个人的说法，或许是他自己得意的主张，但至少就此处所说的来看，不太能说是具有客观性的说法，且即便此说正确，也几乎没有作为此处根据的力道。最后，就算姑且采取了经过考证学的操作，从中导出结论的形式，也很难说这种操作是完备的，而是掺入许多他的主观解释。不仅如此，事实上导出此结论的最大因素是他的理气观。是他完全不承认作为形而上存在之理的气的哲学立场，产生了这种主张。

（B）和（A）一样，重点在于主张道（此处为人道）不是理，而是指人的日常行为，但此处并未特别提出此主张的根据。关于此处道的解释，终究还是来自他试图排除理的这种哲学上的立场，而必须注意的是，还有另一个作为经书解释的立场，认为"道"和"修"字的解释必须一贯的这种见解在运作。另外论及"可"的意义这一点，也显示了训诂上周密之处。

（C）认为《论语》克己复礼的"己"不意味着私欲，而是相对于天下的己。就此而言并非《孟子字义疏证》的核心问题，但这里要先注意的是，他明确地揭示了必须对"己"之字义进行一贯解释的这种方针。其他举出的根据皆无较大价值，而1最为重要。只不过包括此1的字义一贯主张在内，这些根据即便能否定朱子的解释，也无法成为支撑"以己为相对于天下者"的这种自身解释的积极性根据。就算相对于天下的己的这种解释有非常绵密的思考，也并非经由考证学操作所导出的结论，而是完全基于他自身见解的新解释。

（D）指出了智愚和善恶的区别，其概念分析的精密性非常优秀。只不过此处除了看到其试图对《论语》的上知下愚进行和性善说不矛盾的解释之外，丝毫未见考证学的影子。这应该是来自他自身分析力的见解，乃是并非在考证学上，而是在哲学面上相应于"字义疏证"之名的例子。

以上不过数例，但可借此推出全体的倾向。在此先不论作为对经书的理解，他的说法从客观来看是否正确，而是将他的说法展开方式当作问题来处理，则他主张从字义的客观阐明前进，来了解经书理义的经学方法，就实例来鸟瞰，在此书中可谓被善加活用。然而客观地阐明字义的这种考证学之用心，并未充分地显现。虽然他最为排斥的是主观独断的解释，但本书距离累积客观实证论据（他所说的"十分之见"）来探究经书一字一句之意的做法还很遥远。他的经书解释在字句细部上也很纤细，且每一个解释也都采取极为细致的论述方式，但最为精彩的，并不是考证的精密程度，而是他自身见解的锐利、思考的确实。决定其个别论述和《孟子字义疏证》全体的，终究是他自己的哲学立场。因此最后能够在整部《孟子字义疏证》中能读出的，并非从各经书用例中实证性地归纳出的字义，也不是客观地描绘出的孔孟思想，而是戴震自己的哲学体系。

戴震提倡客观的实证方法，在《孟子字义疏证》中亦试图贯彻此法，且确实地实行之，但最后终究未贯彻始终，没有绽放光芒，不如说是他自己主观的立场鲜明地浮现出来，这是什么原因使然？接下来要来思考这个问题。

四

第一，这是因为此书并不是处理一般经学上的问题，而是在论述思想。若是事物考证，则较容易贯彻客观主义、实证主义，但在思想问题上不能如此。不仅仅是很困难，严格来说甚至是不可能做到。

即便追求字义，在哲学用语方面，对之进行客观实证是极为困难的。如果是"理是道理"这种该字的最大公约数之字义的话，或许可以收集古典用例，从中归纳而导出。《孟子字义疏证》虽然也是从这一点出发，但光凭如此无法定义"理"这个哲学用语。

> 理者，察之而几微，必区以别之名也。（《孟子字义疏证》第一章）
> 理也者，情之不爽失也。（第二章）

采用上面这种表现，才能成为哲学用语之定义，但若是使用这样的定义，就已然不能仅透过单纯的客观归纳来获得，在此就不得不掺入解释者自身的主观。

前一节（A）（B）所举出的"道"亦如此：

> 道犹行也……行亦道之通称。（《孟子字义疏证》第16章）

到这个阶段为止，虽然《诗经》的用例并不充分，也毕竟还是提出来作为根据，但到了这部分：

> 气化流行，生生不息，是故谓之道。（同）
> 人道，人伦日用，身之所行皆是也。（第32章）

就已经无法举出作为直接证据的用例了。

连单一个字的字义都是如此，何况是从文章的解释进入到经书整体的思想理解，于是研究者掺入主观的程度就越来越强。因此，在《孟子字义疏证》中，决定其说法的最大因素在于戴震主观思想上的立场，这是必然的结果。

或许戴震本身并未自觉到这件事。他相信自己还是透过考证学手法来实证式地阐明经书字义，能够以之为基础来客观地明了经书理义。如此一来，就必须说他的方法本身有不完备之处。另一方面，如同第二节所引用的，根据段玉裁《年谱》，戴震说：

> 义理即考核、文章二者之源也。

另外段玉裁《戴东原集序》中又引用作：

> 义理者，文章考核之源也。熟乎义理，而后能考核、能文章。

虽然不清楚此言论的真意，但如果这指的不是借由考证而使义理明朗，而是义理把握在先，考证在后的这种意思的话，就真的算是很敏锐地看破这之间的关系了。但戴震的这些话语作为资料，只不过是只字词组，不确定其真意，无法仅据此来轻率下判断，但或许他自己曾有反省从字义考证迈向义理阐明这种方法的机会也说不定。

另外，也不太清楚他自己是否意识到他所论述的经书字义和圣贤理义，事实上是他的思想本身，但在《题惠定宇先生授经图》中可见如下话语：

> 故训明则古经明，古经明则贤人圣人之理义明，而我心之所同然者，乃因之而明。

到"贤人圣人之理义明"为止，其内容如同前面几次所述，但其后说"我心之所同然者"因此而明。我不得不认为在这句话中含有这样的意思：肯定将圣贤的理义当作与我心同然者——自身赞同圣贤理义的这种想法——明显可见，也就是透过阐明经书中充满着的圣贤思想，同时于焉确立自身的哲学。

当然，此语本自《孟子·告子上》的：

> 心之所同然者何也？谓理也，义也。圣人先得我心之所同然者耳。

此处的"我"指的是一般世人。另外此语屡屡为《孟子字义疏证》引用，也替换成"天下万世皆曰，是不可易也"这种表现方式来说明，因此前述《题惠定宇先生授经图》的"我心之所同然者"，或许也应理解为被认可是世上众人共同如此的道。在这种理解上，我认为其中似乎含有研究者自身思想之建立的这种意识。他或多或少意识到透过经书来建立自身哲学，这一点也由《七经小记》的意图中推测得知。关于《七经小记》，段玉裁《年谱》中说明道：

> 《七经小记》者，先生朝夕常言之，欲为此以治经也。所谓七经者，先生云"《诗》《书》《易》《礼》《春秋》《论语》《孟子》是也"。治经必分数大端以从事，各究洞原委，始于六书、九数，故有《诂训篇》，有《原象篇》，继以《学礼篇》，继以《水地篇》，约之于《原善篇》，圣人之学，如是而已矣。

其中《原善篇》属于义理之学领域的著作。《戴东原集》（卷八）中收录《原善》上中下三篇，以命、道、理等词汇定义开始，条举可谓他的哲学理论之本质的内容而不加任何说明。其后因仅有如此则人们无法理解，故将三卷篇幅加以扩大，将原本的三篇置于三卷开头，在其后引用《周易》《孟子》《中庸》等其他经疏之语，完成了将三篇之旨趣加以铺陈说明的形式。

《七经小记》的企图最终未完成，但无非正是将第二节所说的戴震经学全盘体系在一连串著作中试图具体化的产物。然后被置于其顶点的《原善》，叙述了他自己的义理之学的结论，且"第一原善"（何谓善）这种篇目本身也显示了阐述自身哲学的意思。

从这些地方来看，可以认为他怀有透过阐明经书义理，从中建立自身哲学的意识。当然，即便有这种意识，恐怕也并不十分清晰。就算方才所说的《原善》是他自己的哲学，如同在三卷本《原善》自序中说的：

> 天人之道，经之大训萃焉。

毕竟还是在谈"经之大训"，也就是圣贤理义。

但只要他是儒学者、经学者，这一点就是不得已的。汉代以来，凡是站在儒者立场，就不可能说出超越经书或孔子权威的话语，只能在此权威的架构中展开自己的思想。也就是说，必须透过经书理解，以阐明经书真意的形式来叙述思想。如此一来，他自己的哲学和"经之大训"形成表里一体的这件事也就确实是依循如此现象。若是他意识到这一点，了解他可以在阐明经书理义时建立自身哲学的话，就十分耐人寻味。

但不论如何地以客观理解经书（甚至是阐明一个个的经书字义）为目标，也不免掺入主观的解释，经书的解释也必定由解释者自身的思想立场来规定，由此看来，即便他认为可以客观地阐明字义以及经书理义，最终建立他自己的思想，也并没有掌握到事情的真相。事实上在字义和经书理解之前，他自己的哲学就已存在，而他所主张的字义终究是从他的哲学立场来解释的字义，他所描绘的经书理义，事实上是披着经书外衣的他自己的哲学。

五

在前一节讨论到，只要在解释字义和经书时于哲学思想的面向上进行，就必定会掺入主观的要素，而无法客观地阐明，且这就是第三节所指出的，产生《孟子字义疏证》之性质的第一个原因。但虽然不可能客观地阐明，却可以最大限度地排除混入其中的主观要素，尽可能地追求客观实证的解释。在《孟子字义疏证》中，必须说这种意图也还有许多不充分之处。也就是说，此书在具备考证学性质的同时，其影响又淡薄，而主观要素甚强，这不仅仅是因为在处理哲学思想之故，考证方式本身也有不完备的地方。这究竟是起于何处呢？

简单来说，这是因为戴震并非典型的考证学者，而是在考证学者之上的优秀理论家。当然，他是颇负盛名的考证学大家，但精密的考证未必是他的长处所在，他最优秀的一点是理论性地思考事物，并富于体系性地组织化的能力。且这一点横跨其学问的所有领域，极为鲜明地显现着。

在他的学问方法中会明显地看到这种倾向：对于各种问题点，他首先先建立一个理论、原则，来借由该理论、原则来将一切清楚地整理。[①] 从中，他的整体学问可说具有组织性的体系。具有理论性的思考体系，作为学问是很特出的，但问题在于该理论原则的建立方式，以及其演绎方式。根据近藤光男的研究，他指出戴震在撰作《考工记图》时，借由"数理"来一贯性地思考考工记整体，在画钟的图时，其长度也专由数理而计算出来，展现出将实际的遗物与之对照来确保自身说法之真实性的牵强。[②] 据赖惟勤指出，戴震音韵学成就的优劣，都在于对转原理，或是将子音分作二十章之原理的适用方式。[③] 另外根据藤堂明保的提示，戴震的古韵研究甚为牵强，其说不太能信任，但他最大的功绩，在于开始将音韵予以体系性地掌握。在此无法详细举例，不过在所谓经学领域中，也有许多在某个原则下突然导出结论的例子。在《水经注》校订时，于经文与注文体例相异处发现四个原则，依此原则来整理经文与注文的混淆（《戴东原集》卷六《水经郦道元注序》）等，属于成功的例子，在其想法恰当的时候会产生极为精

————

① 1953 年东京支那学会的例会中，曾经举"戴震的学问"此共通题目，由福岛中郎(传记)、近藤光男(史学)、赖惟勤(音韵学)、山井涌(哲学)分工合作发表。彼时发表者共同一致的意见即为如此。该发表主旨刊于《东京支那学会报》第 14 号。

② 《关于戴震的〈考工记图〉》(《东方学》第 11 辑，1955 年)。另，同样看法亦见于前注所说之发表主旨。

③ 见前前注所说之发表主旨。

彩的结果，但在不恰当的时候就会让人注意到其牵强和无理。无论如何，他有显著的以这样的一种原则来贯串的倾向，往往有许多缺乏具体实证之处，从中显现出他独断的一面。当然，就理想上来说，完全客观的考证并不存在，所以无论是观察哪一位清朝考证学者，都应该没有毫不独断的人，但在戴震处，上述的牵强十分激烈，这当然也出现在《孟子字义疏证》中。

第三节所列的《孟子字义疏证》例子之中，展现出追求字义之一贯的态度，而这就是上述以一种原则来贯串的方法展现。"之谓""谓之"的区别，也可以算是其中一个例子。关于字义，他也说：

> 则知一字之义，当贯群经、本六书，然后为定。（《戴东原集》卷九《与是仲明论学书》）

总之，追求一贯字义的态度非常执着。

不过在此，在追求上述一贯字义时，他的考证学方法不只有如上的缺陷。追求一贯字义这件事本身也有问题。大凡在各经（或是一经）中追求一贯字义时，需要"各经（一经）中所用之相同文字具有共通意义"这个前提。如果是第四节中举的"理是道理"这种该字的最大公约数之字义的话，就不是不可能将各经贯串来求得，但他所追求的字义并非这么单纯。就算是同一字，该字表现的概念内容会因个别的使用之处，在一经中也不会完全同一。何况是综观各经时，概念同一者非常稀少，反而是有不一样之处才是正规法则。他想要在各经中追求一贯字义，虽然是在《孟子字义疏证》中对字义进行探讨，但不只是《孟子》，还引用了《易》《诗》《论语》《中庸》等许多经书，这是他认为这些经书（他所说的六经孔孟）的字义系为共通之证据。不单只是字义，在追求圣人之道、圣贤理义时，也将六经孔孟视为一彼此交缠之整体，在其中思考共通的"道"。这很明显地并非妥当的想法。

他追求一贯字义的做法，意在务求排除主观来客观地掌握字义，但这种方法一点儿也不客观，于是此处就也形成他方法论上的缺陷。从这一点来说，他在试图追求客观实证的字义和经书理义的同时，未能彻底完成，也是当然的结果。

以上就是《孟子字义疏证》中考证学要素薄弱、主观的哲学要素甚强的第二个原因。

六

第三个原因，作为《孟子字义疏证》的特殊之处，要在该书的撰作意图中探求。

《孟子字义疏证》为戴震晚年著作，在此之前有《绪言》三卷，《绪言》为所谓的初稿，其定稿为《孟子字义疏证》，[①] 此乃广为周知之事。关于《绪言》此书名，胡适解释为其中显示出建立新的自身哲学之意图，[②] 安田二郎亦采用此说，但认为胡适此说有误，事实并非如此。钱穆引用戴震的话：

> 凡仆所以寻求于遗经，惧圣人之绪言，暗汶于后世也。（《戴东原集》卷九《与姚孝廉姬传书》）

> 以今之去古圣哲既远，治经之士，莫能综贯，习所见闻，积非成是，余言恐未足以振兹坠绪也。（卷八《原善序》）

他认为书名"绪言"乃此处所说的"圣人之绪言"，"绪言"之绪为"坠绪"

---

① 程瑶田说《绪言》才是定稿，段玉裁对此加以反驳并详论。个中经过在段玉裁《与程易田丈书》（《经韵楼集》卷七）中有所叙述。从内容来说，《疏证》毫无疑问地是定稿。

② 胡适《戴东原的哲学》，第87页。

之绪。① 此说为确。

"绪言"并非自己的，而是圣人的绪言。"圣人之绪言暗汶于后世"或即"坠绪"。古圣人之道的传统虽然衰微却不断绝，如同线一般连结至今。而他窥见了线头，顺着此线头前进，最终可达到圣人之道。绪就是这种线头，《绪言》是抵达圣人之道的线头的话语，是通往六经孔孟的入门书。不过此线头乃是坠绪，一直以来被埋没于世间，《绪言》也有试图再度阐明此被埋没的通往圣人之道的线头的意义。

《绪言》的这种意义，又可以借由《孟子私淑录》此书的存在来进一步确认。《孟子私淑录》尚未公开刊行，而国立北京图书馆中有写本的一部份，故我曾得以向麓保孝先生商借复印本，来探讨其内容。其以三卷而成，题有"休宁戴震撰"，内容有许多和《绪言》和《孟子字义疏证》共通的部分。由于此处的目的不是要讨论此书本身，故详细的介绍和与《绪言》等书之间的比较考证则俟诸他日，在此仅谈结论：《私淑录》位于《绪言》和《疏证》之间，最早先写成《绪言》，其后经过改写，题目改为《孟子私淑录》，最后又加工，改名为《孟子字义疏证》。

虽然有改写，但综观三书，不见戴震思想根本立场上有何差异，只有细部想法和表现上逐渐趋于精密的这种程度而已。在形式上，三者都使用问答体，但《私淑录》中缺少相当于《绪言》卷中的部分。还有相对于《绪言》和《私淑录》指排列问答数十章，将之分为三卷，《疏证》则立"理""天道"等条目，在各目第一章写下自己关于字义之理解的结论，以下并采取设立数章至数十章问答来铺陈说明的形式，也附有序文，全书加以组织性地分类整理。如此看来，除了《疏证》在形式上采取和"字义疏证"之名相应的形态之外，三者主要乃是同类书籍，《疏证》同时是《绪言》，也同时是《私淑录》。

《绪言》和《孟子私淑录》相同，这明确地显示了《绪言》并非戴震自

① 钱穆《中国近三百年学术史》(商务印书馆，1937 年)，第 332 页。

身绪言，而是圣人，尤其是孟子的绪言。正因如此，才能透过重新整理体裁来更名为《孟子字义疏证》。于是，虽然《绪言》和《孟子私淑录》不能直接以此形式称为《孟子字义疏证》，但《孟子字义疏证》称为《绪言》或《孟子私淑录》亦无大碍。换言之，《孟子字义疏证》本来并非从"字义疏证"出发，在"字义疏证"之前，已具有"绪言"和"私淑录"的性质。也就是说，从一开始就不是用以字义考证为主来阐明圣贤之道的这种冷静态度来写的书，而是私淑孟子，因孟子本旨被隐没、遭到扭曲，故如同孟子排杨、墨来表彰圣人之道一样，自己也想要阐明《孟子》本义的这种意图所产生的绪言之书。在《孟子字义疏证》的序文中也明确地主张此意识：

> 孟子辩杨墨，后人习闻杨、墨、老、庄、佛之言，且以其言汩乱孟子之言，是又后乎孟子者之不可已也。苟吾不能知之亦已矣，吾知之而不言，是不忠也，是对古圣人贤人而自负其学，对天下后世之仁人而自远于仁也。吾用是惧，述《孟子字义疏证》三卷。韩退之氏曰："道于杨、墨、老、庄、佛之学而欲之圣人之道，犹航断港绝潢以望至于海也。故求观圣人之道，必自孟子始。"呜呼，不可易矣！

另外在后序中也说：

> 然宋以来儒者皆力破老释，不自知杂袭其言而一一傅合于经，遂曰六经、孔、孟之言。其惑人也易而破之也难，数百年于兹矣，人心所知，皆彼之言，不复知其异于六经、孔、孟之言矣。世又以躬行实践之儒，信焉不疑。夫杨、墨、老、释，皆躬行实践，劝善惩恶，救人心，赞治化，天下尊而信之，帝王因尊而信之者也。孟子、韩子辟之于前，闻孟子、韩子之说，人始知其与圣人异而究不知其所以异。至宋以来儒书之言，人咸曰："是与圣人同也，辩之，是欲立异也。"

此如婴儿中路失其父母，他人子之而为其父母，既长，不复能知他人之非其父母，虽告以亲父母而决为非也，而怒其告者。

这里极为严厉地批判宋儒因接受老释之说，而扭曲孔孟本旨。接着又引《孟子》的两段话：

诐辞知其所蔽，淫辞知其所陷，邪辞知其所离，遁辞知其所穷。生于其心，害于其政；发于其政，害于其事。圣人复起，必从吾言矣。（《公孙丑上》）

邪说者不得作。作于其心，害于其事；作于其事，害于其政。圣人复起，不易吾言矣。（《滕文公下》）

他反复地攻击说，接受老、庄、释氏之说的宋儒学说，不单只是学说上的错误，还会害及生活和政治问题，天下全体将蒙其祸。本篇拙作开头所引用的死前一个月寄给段玉裁的信中也说：

仆生平著述最大者为《孟子字义疏证》，此正人心之要。今人无论正邪，尽以意见误之名曰理，而祸斯民，故《疏证》不得不作。

根据这些话，《孟子字义疏证》的撰作意图就更加明白。就他自身的意识来说，《孟子字义疏证》也不是单纯的字义疏证之书，此书的基底处有剧烈的感情在活动着。支撑本书的是强烈的护道精神，还有对朱子学乃至政治权力者的反抗精神。不只是序和后序，在本文中也有许多攻击宋儒和掌权者的话语，其代表者如第三节之例所见。而这种攻击的论调，与书名正相反，和《绪言》《私淑录》相较，本书甚至远远地更为激烈。

像这种为剧烈感情所支撑，高举护道之大纛的书籍，欠缺冷静客观的考证面，且他自身的思想面也强烈地显现出来，这也可说是理所当然的结果。

以上，以《孟子字义疏证》的考证面和哲学面两者关系为中心来探讨该书性质，对于其考证学方面的不完备，我可能不当地过于强烈地针对，但这些不完备之处，以及实际运用此方法时存在着缺陷，这些都是事实。但即便有不完备，他也揭示了严整的考证学方法，就算不充分，他也根据此方法，努力掌握客观、实证性的经义，不能轻视此事实及其具备的意义。《孟子字义疏证》中所见的他的这种态度，和宣称"六经者，吾心之记籍也"的王阳明态度，有着天壤之别。在考证学时代中，作为考证学者戴震的哲学著作，此书的特色于焉得见，这一点也是必须加以考虑的。

七

接着，在《孟子字义疏证》的哲学性质面，足以让我们耳目一新的，乃是概念规定（字义分析）的精致，和思想全体具有极度严整的体系性。而这正是《孟子字义疏证》最优秀的一点。

首先在概念规定的部分，例如：

281

> 仁者，生生之德也。（《孟子字义疏证》第 36 章）
>
> 礼者，天地之条理也。（第 37 章）
>
> 诚，实也。（第 38 章）
>
> 权，所以别轻重也。（第 40 章）

这是一般的定义方式，而其他的：

> 理者，察之而几微必区以别之名也。（第一章）

道，犹行也。气化流行，生生不息，是故谓之道。（第 16 章）

人道，人伦日用，身之所行，皆是也。在天地，则气化流行，生生不息，是谓道；在人物，则凡生生所有事，亦如气化之不可已，是谓道。（第 32 章）

性者，分于阴阳五行，以为血气心知，品物区以别焉。（第 20 章）

才者，人与百物，各如其性，以为形质，而知能遂区以别焉。（第 29 章）

像这些等等，虽然只有几处，但此精密的规定方式，不见于其他人之处。第三节提到的"善恶"和"智愚"的差异，使"己"和"天下"相对立的解释，以及批判朱子等人常说的"人欲所蔽"，而以"欲"之失为"私"，"知"之失为"蔽"，指出"人欲所蔽"这种想法不能成立（《孟子字义疏证》第十章），这些概念分析的精密性，也可以和上述诸例合并观之。

研究中国哲学时，最让我们苦恼的一点，就是各种哲学用语之概念甚不清晰。虽说不清晰，但也不是每个思想家都不统一各自的用语概念。但这种使用方式非常宽泛，很难明确地掌握概念。

经书本身之中，也并非不曾尝试直接进行用语概念的规定，但非常不充分。例如：

克己复礼为仁。（《论语·颜渊》）

仁，人心也；义，人路也。（《孟子·告子上》）

生之谓性。（同上）

仁者人也。……义者宜也。（《中庸》）

天命之谓性，率性之谓道，修道之谓教。（同上）

像这样的例子所在多有，乍看之下都不会看不到规定概念的词汇，实际上是规定了该词语概念的一部分，也就是说，不过是对这些词语再加上一些说明而已。

汉代以后，造就许多经书注释，训诂学、注疏学的工作即为此。而这种工作必须从探究经书用语之意义（规定其概念）开始，事实上在这方面提出了庞大的成果，但关于哲学用语则甚为不足。以下举若干之例：

（1）《论语·学而》"有子曰：'其为人也孝弟，而好犯上者鲜矣。……孝弟也者，其为仁之本与。'"《集解》说：

> 何晏曰："鲜，少也。上，谓凡在己上者也，言孝弟之人，必恭顺，好欲犯其上者少也。"……包咸曰："先能事父兄，然后仁道可大成也。"

此处在说明"上"的同时，对"仁"并无着墨。对"孝""弟"也没有直接说明。

（2）《颜渊》"克己复礼为仁"的《集解》处也说：

> 马融曰："克己，约身也。"孔安国曰："复，反也。身能反礼，则为仁矣。"

对于"礼""仁"并未做任何说明。

（3）关于《孟子·告子上》的"性""情""才"等词，赵注仅反复说：

> 性与情相为表里。性善胜情，情则从之。……若为不善者，非所受天才之罪，物动之故也。（孟子曰："乃若其情，则可以为善矣。乃所谓善也。若夫为不善，非才之罪也。"之注）

对于"性""情""才"本身并未有丝毫说明。

（4）《中庸》首章郑注说：

> 天命谓天所命生人者也，是谓性命。木神则仁……土神则知。《孝经》说曰"性者生之质"。命，人所禀受度也。率，循也。循性行之，是谓道。修，治也。治而广之，人放仿之，是曰教。
>
> 道犹道路也。出入动作由之，离之恶乎从也。

与前三例相较，这里显示了对哲学用语之概念规定相当程度的关心。特别是关于"性"之处，可以窥见些许深入，但也仅有些许的程度而已。

从（1）到（4）的疏来看，（1）的皇侃疏说"善事父母曰孝，善事兄曰悌"，（4）的正义说"道者通物之名"，虽然可以看到这样的说明，但并未做出任何超过注的概念规定。

然而，到了朱子的注，就产生相当大的改变。对前述部分，他说：

> （1）善事父母为孝，善事兄长为弟。……仁者爱之理，心之德也。
>
> （2）仁者，本心之全德，克，胜也。己谓身之私欲也。复，反也。礼者天理之节文也。
>
> （3）性者，人生所禀之天理也。（《告子上》第一章集注）
>
> 情者性之动也。……才犹材质，人之能也。
>
> （4）命犹令也，性即理也。……人物之生，因各得其所赋之理，以为健顺五常之德，所谓性也。率，循也。道犹路也。人物各循其性之自然，则其日用事物之间，莫不各有当行之路，是则所谓道也，修品节之也。……圣人因人物之所当行者而品节之，以为法于天下，则谓之教，若礼、乐、刑、政之属是也。
>
> 道者，日用事物当行之理，皆性之德而具于心。

朱子不愧是优秀的哲学家，远远地比古注还用心于哲学用语的概念规定，而且是从正面来规定之。然而戴震在《孟子字义疏证》中的概念规定，和朱子相较，似乎可以说在精密性上又更进一步。

不过概念规定是在限定语言的意义，因此将戴震式的精密概念规定加诸于在经书中被当作宽泛概念而使用的语汇，就会将广义缩限为狭义，有较多不忠于原典字义的危险性。例如前述的善恶和智愚的区别，古代善恶的概念是宽泛的，智愚亦多包含于其中来使用，因此戴震将之明确地区别，这在哲学的进步上有很深的意义，功绩亦大，但未必是正确的古典解释。还有，像戴震这样深入概念规定，则无论如何会掺入他自己的主观立场，从这一点来说，也会变得难以掌握原典字义的本来面貌。此意义下，朱子也是如此，而在此姑且先不管戴震的解释作为对原典的理解是否妥当，总之要注意的是他的精密概念规定是前无古人的。

接着是思想体系部分，之前已经提到戴震学问的所有面向都是理论性、体系性的，而在哲学领域中也是，他的哲学具有前后一贯的优秀理论体系，显现这一点的就是《孟子字义疏证》。中国自古以来，罕有阐述自身思想体系的书籍。在他之前，拥有体系性思想的还有朱子，朱子是中国哲学史上拥有最大体系的哲学家，而戴震哲学的规模大小不及朱子，但在严整、具组织性理论体系这一点上可谓优于朱子。而朱子也没有体系性地表示自身思想的著作。朱子的新注是基于朱子自身思想体系的一贯性注释，使得其注释虽然有优秀之处，但终究还是被作为其素材的经书，也被注释这种形式限制，因此并未体系性地显示出朱子学的哲学。相对的，《孟子字义疏证》是体系性地阐述戴震哲学的书籍。当然，该书也不是直接叙述他的哲学体系，而不过是《孟子字义疏证》，论述六经孔孟的字义，叙述其理义，但如前所言，该书最终显现了他的哲学。另外，虽说是体系性地阐述，却也不是充分意义下的体系叙述，不过这种组织性地加以整理，称作体系叙述应也无妨。采用问答体也是为了详细说明自身说法而设的问答，和编辑实际问答的《朱子语类》的意义截然不同。

这种具有严整体系的哲学、将之体系性叙述，正可谓《孟子字义疏证》的一大特色。而又因为是体系性地建立起来的哲学，故用语的概念也必须当作建立系统的精密部分来看待。

八

在第六节中已指出，《孟子字义疏证》的背后有强烈的情感活动、护道的精神以及对权力之反抗的精神。安田二郎称此（尤其是最后一点）为"政治的关心"。如同第六节所谈到的，戴震有许多政治相关的言论，他的宋儒批判多与政治、社会问题相连接而展开。他对现实的政治、社会上之现象有诸多不满，对弱者、卑者的立场寄予同情，盼望其有所改善，并将此写入文章中。这也是他站在政治、社会中弱者的立场，从其生活中渗透出的实感，就此意义而言，指出戴震的政治关怀是有根据的。但我对于直接称之为政治的关心，不得不感到犹豫。他虽然用激烈的口吻来谈论政治，但皆只是一般的言论，完全没有触及具体的问题。尽管他强烈地指出现状的缺点及弊病，却丝毫未提到如何处理。这似乎并非政治问题的讨论，而不过是思想问题的讨论。这和诸如清初黄宗羲在《明夷待访录》中揭示的，或是顾炎武在其文集和《日知录》各篇中所显示的对政治的关心极为不同。他们将政治上的具体问题当作政治问题而论，思考解决方案。若将此称为典型的政治的关心，则戴震很明显地与此相异，和朱子等人亦不同。否定戴震对政治的关心是不对的，但我反而更想强调的是他和政治之间没有关联。他的学问不只和政治问题无关，也和修养实践问题无关。

儒学本来是政治之学、修养之学。先秦儒学的最大关怀是政治问题，宋明儒学还是和政治之间有深厚关系，但相较之下，最大重点在于个人的人格修养层面，努力将自己提升到圣人这种最高人格拥有者的境界就是学问的核心，于是就重视修养的工夫。朱子的"居敬穷理"、王阳明的"致良知"等工夫口号于焉建立，学者们依循此口号来致力于工夫。虽说是工夫，但不只是单纯的实践修养，读书等行为亦包含在工夫内（朱子的"穷理"指这一面的工夫），而将之往心的修养这种行的方向推扩到极致者就是王阳明。像这样到明末，与修养实践密切相关的学问（极端来说就是修养实践本身）——性理学控制了学界大势，但从明末清初开始，学问的倾向产生大幅变化。从极为主观的"行"的修养之学，替换为客观的"知"的经书解释之学，也就是考证学。

以上为常识范围之事，但不只是学问的大势有变化，哲学—性理学本身的倾向也相应地变化，哲学脱离了修养。① 从戴震的哲学亦论及性理的这一点来说，虽然是宋明性理学的延长，但学问的性质极为相异。他的哲学是纯粹的哲学理论，与实践、修养相断裂。只不过也并非毫不相关，例如，他认为"理"是"无过情无不及情"，而作为得到理的方法，主张用自己的情欲来推度他人情欲，也就是"忠恕"或"絜矩"之道（《孟子字义疏证》第二、第五章）。还有如同前一节所述，他做出"欲之失为私，知之失为蔽"的规定，主张以"强恕"去私、以"学"去蔽的必要（《原善》卷下第一章）。这无非是一种工夫论，与实践、修养问题并非全然无涉。但这毕竟还是仅止于工夫论，他并未在此之上具体的论及工夫操作方式，在《孟子字义疏证》的众多问答中，没有任何一个"该如何做"的问题。其中既不见"工夫"一词，也没有他自己累积修养工夫的痕迹。只有明显地使用"体会"②"体察"③"自得之学"④ 等具有浓厚宋明学味道的语汇，但似乎没有借由实践来理解的意思。大致上，他志于"闻道"、以"明圣贤理义"为目的，而并未从事将自身提高到圣人境界的学问，自一开始就从知性的"研究"意识出发。

287

---

① 在拙作《黄宗羲的学问》中，提到黄宗羲的这一点。哲学和修养分离的大势大致上由此时开始，但现在无暇细论。

② 可见于《戴东原集》卷九《与某书》、段玉裁《戴东原先生年谱》卷末。

③ 可见于《戴东原集》卷八《答彭进士书》最后部分。

④ 可见于《戴东原集》卷九《与某书》。

因此他的哲学可谓截然与修养、工夫分离的哲学，也可以说和政治、社会问题分离。这是作为哲学理论而建立的哲学理论，这就是戴震哲学的（因此也是《孟子字义疏证》的）一个重要性质，而这也是适于考证学时代之哲学的性质。另外，他的哲学得以具有组织性的理论体系，也和以上这一点具有深厚关系。

九

江藩《宋学渊源记》卷头文中，记载着惠士奇手写"六经尊服郑，百行法程朱"之楹联之事。学问上是汉学，日常生活行为基准是朱子学，这代表清代一般考证学者的态度。这里学问和生活间有所分离，在宋学、明学的学问型态下，这种事不被允许、不可能进行之。在宋学、明学中，赋予生活、行动原理的就是学问，但考证学不能给予生活全体行动的指南。学问作为学问而从生活中独立，于是作为行为规范的朱子学这种异质者得以潜入。

在戴震处，并没有学问是汉学，生活指南是宋学的这种学问与生活、学问与思想间的分裂。他不信奉宋学，对其进行批判而建立自身的思想体系，他的学问全盘活动都集中在这一点上。但尽管如此，他的哲学具有从实践场域分离的纯粹理论体系之性质，也就是说，不是为了赋予生活原理的哲学，因此学问系作为学问而独立，于是虽然在形态上与当时一般的考证学者们不同，但毕竟还是可以视作生活与学问间的分离。

当然，生活与学问相分离这件事事实上很奇怪，说不定认为从事学问这件事才是生活会比较正确。虽然这么说来，在宋学、明学之处也同样如此，但在宋明学中，应该说学问和生活是以为了生活的学问、解决该如何生活、在日常生活场域中该如何做等问题的形态而密切相连。如此一来，宋学、明学学者和清学学者（考证学者）之间，不仅仅是学问形态不同，看起来生活方式也不同。

以下是极为粗糙的讨论——宋代以后的学者，原则上都是士大夫阶层出身，而士大夫乃是公务员阶层，自不待言。学者也是公务员，或是可以成为公务员的人。宋明学者中许多是从事政务的公务员，也是乡村中的指导者，而清代学者则多为学问专家。就算从事公职，也多是作为学者的公务员。在清廷中多次进行大规模的编纂事业，地方行政机构和有力之人也完成许多地方志等其他编纂之书，家庭教师这一类人也所在多有。学者们无论是否担任公务员，多能仅以学问维生。反过来说，在宋明学者处，还有学问以外的生活场域，采取了"为了生活的学问"这种形态。清代学者没有学问以外的生活场域，而形成了为了学问的学问。当然可以举出好几个反例，但整体的倾向或许可以做如上思考。

考证学形成于学者们这种生活之上，戴震哲学，或是《孟子字义疏证》此书，似乎也可以说是如此。

〔附记〕在将近十年前，1951 年 8 月，我在东京支那学会例会中，同样以《孟子字义疏证的性质》为题进行研究发表，其简单的要旨刊于《东京支那学会报》第九号。在其后看法已有相当改变，希望能详细来写这个问题，故勉强以相同题目来写成这篇拙作。

〔补记〕 *《孟子私淑录》在本文写作时尚未公开刊行，然 1961 年时由北京中华书局排印出版。

(1980.08.01 记)

从《原善》到《孟子字义疏证》

——关于戴震的哲学著作

本论试图对戴震的哲学著作（有关"哲学"，也就是"义理之学"的各种著作）加以若干考证学式的考察。

一

我们今日可以看到的戴震哲学著作如下：

(1)《原善》三篇（收入《戴东原集》卷八）

(2)《原善》三卷

(3)《绪言》三卷

(4)《孟子私淑录》三卷

(5)《孟子字义疏证》三卷

以上是关于"义理之学"的归纳性著作，其他还有：

(6)《中庸补注》一卷

(7)《法象论》（收入《戴东原集》卷八）

(8)《读易系辞论性》（同上）

(9)《读孟子论性》（同上）

(10)《答彭进士允初书》（同上）

(11)《与某书》（收入同书卷九）

另外在段玉裁《戴东原先生年谱》（以下简称为《年谱》）等其他传记资料中可以看到有（12）《大学补注》一卷，但亡佚不传。另外，我曾听说藤冢邻藏有题为（13）《性说》的写本，① 但因懈怠而错过实际得见的机会。

I

关于上述所列的（1）到（5），将于其后详细解说，首先对下一组（6）到（11）简单加以说明。

据《年谱》，（6）《中庸补注》结束于"柔远人也，怀诸侯也"，是未完成的著作，谓其应为戴震四十一岁以前之作。虽未被收入《戴氏遗书》②，然于宣统二年（1910）被分别刊载于《国粹学报》第六十三至六十九期而问世。其于《中庸》本文附加郑注，又于其后加上自己的补注（也就是说，《补注》意为对郑注的补充），如《年谱》所说，至"柔远人也，怀诸侯也"为止（至《国粹学报》第六十七期）附有补注，其后的部分仅有郑注而无补注。

（7）《法象论》著作时期不详，可称作与《周易》相关的宇宙论、本体论叙述。

（8）和（9）《读易系辞论性》与《读孟子论性》两篇，应相当于《年谱》四十四岁项目所说的"盖先生《原善》三篇、'论性'二篇既成"。也就是说，这两篇应于四十四岁以前，和《原善》三篇并无大异的时期写成。

（10）《答彭进士允初书》系彭绍升（1740—1796，字允初，号尺木，江苏长洲人）读戴震《原善》《孟子字义疏证》后，从朱子学乃至阳明学立场而寄信批判戴震（《二林居集》卷三《与戴东原书》），戴震对此进行反论的长信，乃戴震去世前最后一年（五月二十七日殁）的四月时所写。内容为重复说明《孟子字义书证》的旨趣，没有额外的新部分，却是处理戴震

291

---

① 《性说》在戴震传记资料中未载有此书名,亦不著录于各书目。

② 《戴氏遗书》为戴震去世后,曲阜孔继涵随即将戴震著作十五种(包含校订后的《水经注》)合刻而成。作为戴震著作全集,尚有《安徽丛书》第六期(1936年)中有他的全集,其中亦加入此《中庸补注》。

哲学时的重要资料。另外在《戴氏遗书》中，此信题为《答彭进士书》而附载于《孟子字义疏证》卷末，未载于《文集》。在此先附带说明：上述(1)及（6）至（11）的其下注记，乃段玉裁将《戴氏遗书》中的《文集》十卷增补改编至十二卷的经韵楼本《戴东原集》之卷数。

（11）《与某书》不知系何时寄给何人，不过其中说明了戴震擅长的经学方法论和理欲论（与宋儒批判、政治批判相结合的议论）。

Ⅱ

接着来看最重要的第一组（1）到（5）。其中，（1）《原善》上中下三篇为戴震最先写下的哲学著作。《年谱》说：

> 先生大制作，若《原善》上中下三篇，……皆癸未（乾隆二十八年，戴震四十一岁）以前，癸酉、甲戌（乾隆十八、十九年，三十一、三十二岁）以后，十年内作也。玉裁于癸未皆尝抄誊。记先生尝言："作《原善》首篇成，乐不可言，吃饭亦别有甘味。"（《年谱·乾隆二十八年癸未》）

《原善》似乎是其相当得意之作。其内容以"善""命""道""理"等哲学用语之定义为始，将戴震的哲学理论（虽然不清楚他自身是否意识到）要点浓缩并列，因此对于首次开始读戴震著作的人来说，甚难理解。他自己也注意到此事，随即将之铺陈、扩大而完成（2）《原善》三卷。其自序说：

> 余始为《原善》之书三章，惧学者蔽以异趣也，复援据经言疏通证明之。而以三章者分为建首，次成上中下三卷。

他将最早的上中下三篇分别置于上中下三卷开头，且附加上卷十章、中卷四章、下卷十五章，引用经书之文并加以铺陈说明，而为《原善》三卷。上述（8）《读易系辞论性》和（9）《读孟子论性》两篇，分别放入卷上第三章、卷中第四章。不过此原本的"论性"二篇及《原善》三篇，和《原善》三卷所载者之间，都有或多或少的异同之处。另外，此三卷本《原善》，据《年谱》卷末记述，系戴震四十四岁时完成之作。

《原善》此书名，和韩愈的《原道》《原性》等属于同类的名称，但并非特地指针对"善"而论，要言之，内容如前所述，是对于戴震哲学理论之骨干的彰显。另外《年谱》说：

> 《七经小记》者，先生朝夕常言之，欲为此以治经也。所谓七经者，先生云"《诗》《书》《易》《礼》《春秋》《论语》《孟子》是也"。治经必分数大端以从事，各究洞原委，始于六书、九数，故有《诂训篇》，有《原象篇》，继以《学礼篇》，继以《水地篇》，约之于《原善篇》，圣人之学，如是而已矣。

据此，《原善》系作为《七经小记》构想之一环而作，① 是位于他所设想的经学全盘体系中的顶点的重要著作。

Ⅲ

接着，（3）到（5）的《绪言》《孟子私淑录》（以下简称为《私淑录》）、《孟子字义疏证》（以下简称为《疏证》）三书，内容十分相似，完全一致的部分也不少。现在先列出以《绪言》为基准所作的三书比较对照表：

---

① 《七经小记》未完成，然《戴氏遗书》中的16《原善》（二卷）和《原象》各自被记载为"七经小记"，同样的，《句股割圜记》记载为"戴氏七经小记四"，保留了一部分的痕迹。

明清思想史研究

294

绪言卷上	私淑录卷一／卷二	绪言	私涉录	疏证		
	私淑录卷一		1	21 29		
		①	②	16 32	天道	
		②	③	⑰	天道	
		③	④	⑱	天道	
		④	⑤	19	天道	
		⑤	⑦	13	理	
		⑥	⑧	13	理	
		7	6		理	
		⑧	⑨		理	
		⑨	⑩	1	理	
		⑩	⑪	13	理	
	私淑录卷二	11	12	20 21	性	
		12			性	
		⑬	⑬	21 27 28	性	
		⑭	⑭	⑦ 21	性	理
		⑮	⑮	⑧	性	
		16	16	21	性	
		17	16	36		
		18				
		19		28		
		20				
		21	14			
		22				
		23	6	32		

		绪言	私涉录	疏证		
绪言卷中		㉔		㉕	性	
		㉕		㉖		
		26		27		
		27		27		
		28	12	21 29		
				30		
		㉙		㉛	才	
		30				
		31		37 41		
		㉜		⑥		
		㉝		㉒	性	
		㉞		㉓		
		㉟		㉔		
绪言卷下	私淑录卷三	㊱	⑰		理	
		㊲	⑱	14 15 19		
		㊳	⑲	15		
		㊴	⑳	15		
		㊵	6	33		
		㊶	㉑ 25	13 20		
			23	14		
		㊸	㉔		理	
		44	24	15		
		㊺		⑨		
		46				
		㊼	24 ㉕	10 15 19		
		48	25	19	天道	

表中数字为三书各自从最开始以第一章、第二章来数的号码，含有互相字句一致而相对应之部分的条目，则记入同一栏。号码外加上圆圈的，表示字句虽有或多或少之异同，但几乎整章一致。右侧内容为《疏证》中该条所属的项目名，但仅限于同一项目集中出现在两章以上者。另外，此表中完全没出现（亦即不含与《绪言》《私淑录》一致的部分）的《疏证》条目为2、3、4、5、11、12（理）、34、35（道）、40、42（权）、43（后序）①诸条。顺带一提，若以《疏证》为基准来做此比较对照表，将会变成非常不整齐而难读的表。

接着，从此表来看，会注意到《绪言》和《私淑录》内容顺序几乎相同，而《绪言》中卷部分在《私淑录》中全部缺漏。《疏证》和其他二书的关系相当复杂，但总而言之，像这样含有许多一致的部分，表示三书乃是同系统的著作。另外，此三书皆采取问答体形式，与《原善》相较，整体上就十分具有说明性。

三书中《绪言》未收入《戴氏遗书》，道光三十年（1850）为《粤雅堂丛书》第四集所采录。据粤雅堂本的伍崇曜跋文，以前曾有《原善》和《绪言》的合刻单行本。《年谱》说：

> 《孟子字义疏证》原稿名《绪言》，有壬辰菊月（乾隆三十七年九月，戴震五十岁）写本。程氏易田（程瑶田，戴震友人）于丙申（乾隆四十一年）影抄。（《年谱·乾隆三十七年壬辰》）

虽未明言著作时期，但据此则为五十岁以前（或许是不远之前），也就是应该晚于三卷本《原善》。在段玉裁《答程易田丈书》（《经韵楼集》卷七）

---

① 《戴氏遗书》本《疏证》卷首目次中有"权五条"，而本文只有四条。因此胡适认为目次的"权五条"为"权三条"之误，最后一条不属于"权"而是"后序"。从内容来说，此或为妥当之见解。

中，推定《绪言》的写作自四十三、四十四岁开始进行，于四十七岁时写成。据此，《原善》三卷和《绪言》的成书时期非常接近。

《孟子私淑录》在戴震的传记资料和各种书目中都不见其名，其后收入1961年北京中华书局出版的《孟子字义疏证》（何文光整理。书名称作《孟子字义疏证》，但含有本文开头所列的《中庸补注》以外的所有戴震哲学著作），刊成活字排版而问世。据其卷头所刊之何氏"点校说明"，在此之前1942年，四川省立图书馆出版之《图书集刊》创刊号中，刊载以写本为基础的《私淑录》，其他在北京图书馆和北京大学图书馆还有三种写本，中华书局的《私淑录》系用这些写本来校订图书集刊本而成。我在昭和十七年（译者按：1942年）撰写毕业论文时，商借麓保孝先生得以抄写自北京图书馆写本的本子，因此可以制作抄写本来阅读。① 当然，我并不清楚《私淑录》的撰写时期。

《孟子字义疏证》是戴震自称"生平著述最大者"（去世前一个月，寄予段玉裁之信。《年谱》卷末及段玉裁《戴东原集序》亦引用之）的重要著作。《戴东原集》卷八所载之《孟子字义疏证序》中注记为"丙申"（戴震五十四岁），另外，在段玉裁《答程易田丈书》中说，戴震五十四岁冬至五十五岁春时，改定《绪言》而作《疏证》。如此一来，就必须认为《年谱》四十四岁条所说的内容有误：

> 是年玉裁入都会试，见先生，云"近日做得讲理学一书"，为《孟子字义疏证》也。（《年谱·乾隆三十一年丙戌》）

《绪言》为《疏证》原稿，则应也可将《私淑录》当作《疏证》原稿来

---

① 中华书局《私淑录》称作"卷上""卷中""卷下"，而我所抄写的写本称作"卷一""卷二""卷三"，在本文中使用此写本之称呼。

看待，如此一来，《绪言》和《私淑录》就会有先后问题。若将三书阅读比较，则无论如何，不得不认为其书写顺序为：

《绪言》→《孟子私淑录》→《孟子字义疏证》

中华书局版《孟子字义疏证》卷头的"点校说明"也说：

在《原善》著成以后，《疏证》定稿前，他写了《疏证》的初稿《绪言》和修订稿《孟子私淑录》。

这里说明了同样的见解。

将三书相对应的部分进行比较，则可见到许多以《绪言》→《私淑录》→《疏证》之顺序改写的证据，现仅举其二三。

（1）《绪言》2、《私淑录》3、《疏证》17全章大抵一致，但《绪言》中说：

凡曰"谓之"者，以下所称解上。

在《私淑录》中则变为：

凡曰"谓之"者，以下所称之名，辨上之实。

《疏证》与《私淑录》相同。三书间的大大小小字句异同极多，而有许多像这样，《私淑录》和《疏证》一致，又与《绪言》相异的例子。

（2）《绪言》11、《私淑录》12、《疏证》20含有各自相对应的部分，来看其中一处：

在气化，分言之曰阴阳，又分之曰五行，又分之，则阴阳五行杂糅万变。（《绪言》）

在气化，分言之曰阴阳，曰五行，又分之，则阴阳五行杂糅万变。（《私淑录》）

在气化，曰阴阳，曰五行，而阴阳五行之成化也，杂糅万变。（《疏证》）

从中可以窥见其改变的一端。

（3）举一更复杂的例子（及 AB 等记号只是因方便比较对照而加上）：

《绪言》5	《私淑录》7	《疏证》13
A "圣人而后尽乎人之理。尽乎人之理非他，人伦日用尽乎其必然而已矣。" B "语阴阳而精言其理，犹语人而精言之至于圣人也。" C "期于无憾无失之为必然。乃要其后，非原其先。乃就一物而语其不可讥议，奈何以虚语夫不可讥议，指为一物，（谓）与气浑沦而成，主宰枢纽其中也？" D "况气之流行既为生气，则生气之灵乃其主宰。"	B "语阴阳而精言其理，犹语人而精言之曰圣人也。" A "圣人而后尽乎人之理。尽乎人之理非他，人伦日用尽乎其必然而已矣。" C "推而极于不可易之为必然。乃语其至，非原其本，宋儒从而过求，徒以语其至者之意言思议，目为一物，谓与气浑沦而成，主宰枢纽其中。" E "闻之者因习焉不察，莫知其异于六经孔孟之言也。" D "况气之流行既为生气，则生气之灵乃其主宰。"	B "语天地而精言其理，犹语圣人而言乎其可法耳。" F "尊是理而谓天地阴阳不足以当之，必非天地阴阳之理则可。天地阴阳之理，犹圣人之圣也。尊其圣而谓圣人不足以当之，可乎哉？" A "圣人亦人也。以尽乎人之理，群共推为圣智。尽乎人之理非他，人伦日用尽乎其必然而已矣。" C "推而极于不可易之为必然。乃语其至，非原其本。后儒从而过求，徒以语其至者之意言思议，视如有物，谓与气浑沦而成。" E "闻之者习焉不察，莫知其异于六经孔孟之言也。" G "举凡天地人物事为，求其必然不可易，理至明显也。"

上述《绪言》《私淑录》各末尾的 D "况气之流行……"以下之文为《疏证》所无，与《疏证》末尾 G "举凡天地人物事为……"以下相似之文，载于《绪言》《私淑录》各自的下一章（6、8）。还有，与《疏证》F

"尊是理……可乎哉"的部分大体一致的文句,载于《绪言》10、《私淑录》11。

从这些例子来看,其以《绪言》→《私淑录》→《疏证》的顺序完成,甚为明白(思想内容方面将于其后叙述,在此先不论)。只不过仅有《私淑录》的分量特别稀少,① 还有相当于《绪言》卷中的部分几乎都遗漏,且该部分《绪言》和《疏证》一致之处特别多,故这几点不免有些许不安,或许是中途停止了把《绪言》改写为《私淑录》的工作,而改为撰写《疏证》? 或是说,将《绪言》浓缩改写为《私淑录》一下子,接着又改变想法而作《疏证》? 这两种想法都无确证,故不出推测的程度,无论如何,撰写《疏证》时,《绪言》和《私淑录》两书都被当作材料,故其中有直接从《绪言》移到《疏证》的部分,也并不奇怪。

接着,将《绪言》《私淑录》《疏证》当作一连串著作来看,体裁上最明显的变化是《绪言》和《私淑录》以每章"问……曰……"的问答体来反复进行,相对地,《疏证》卷首冠以序文,以下立卷上—理、卷中—天道、性、卷下—才、道、仁义礼智、诚、权等项目,各项目第一条首先说明该项之语的定义,以下设数章乃至数十章的问答,对第一章的旨趣进行铺陈详述,最后加上后序,② 具有首尾严整的体裁,显示了相应于定稿的形态(同时也适于称作《孟子字义疏证》)。就此意义而言,在书籍的构成、体裁上,只有《疏证》具有和其他二书相异的性质,但如后所述,三书的思想立场基本上不变而一以贯之,故乃是几乎相同的内容而有三种名称。关于此书名的意义及其相互关系,我曾经进行探讨,③ 故此处省略论证过程,要言之,三书皆为基于感到孟子的绪言(稍微宽泛来说,乃是圣贤的

---

① 此处并非正确地计算字数,但根据中华书局本来大致计算《绪言》《私淑录》《疏证》的页数的话,比例大概是 5∶3∶6。

② 关于《后序》,参照注 4。

③ 《孟子字义疏证的性质》第六节。

绪言。绪言为连接到圣贤之道的线头之言）受到宋儒扭曲，故从私淑孟子的立场，如同孟子曾攻击杨、墨来表彰圣人之道一样，自己也来批判宋儒，阐明孟子本义的这种意图而写的书籍。因此，这些书籍可以称作《绪言》，也可以称作《孟子私淑录》，也可以称作《孟子字义疏证》。

二

以上，就第一节一开始所列的戴震哲学著作中第一组的五种著述，叙述各书的成立年代之先后和相互关系。而其结论为：这些书以《原善》三篇→《原善》三卷→《绪言》→《私淑录》→《疏证》的顺序而成立，《原善》三卷为《原善》三篇铺陈扩大而成，故此两者为连贯的著作，《绪言》以下三书乃逐渐改写而成，与《原善》又是不同的连贯著作。

接着要来谈关于第一节先避开的各书思想内容，其中是如何变化的。

为了讨论此问题，原本必须先叙述在《疏证》中可得见其完成的戴震"气的哲学"理论，但因篇幅限制，且在其他论文中已触及他的哲学，故皆在此省略，专就各书内容的相互关系，只聚焦于从中可知的戴震思想变化之样貌来加以探讨。

然而关于此问题，在钱穆《中国近三百年学术史》（第八章《戴东原》）中已有非常详细的讨论，故在此拟采取加以补充的方式。

据钱氏，第一，在《原善》和《绪言》的相异处方面，《原善》中没有批判宋儒之语，《绪言》中则有，且批判宋儒的最重要一点是理气问题。第二，在《绪言》和《疏证》的相异处方面，相对于《绪言》的主要论点在于"理气先后"，《疏证》主要讨论"理欲异同"，且到了《疏证》才发出宋儒害道的批判。不过关于第二点，三卷本《原善》中已可见到和《疏证》同样思想的萌芽。

I

在第一点方面，对宋儒批判之语的有无乃一目了然，无可置疑的事实，但就算《原善》中没有宋儒反对论，在写作时戴震也未必没有对宋儒的反对意见。《原善》和《绪言》以下的书籍性质相异，《原善》系将自己所得的结论并列，而原本是难以加入对异说的批判的。三卷本《原善》中已经谈到许多将理当作条理、分理的理说、以阴阳五行、血气心知来谈性的性说、以没有欲之失的欲为仁的欲望肯定论等这些和《疏证》相合的理论。这些见解与宋儒之说相异（亦即不采取和宋儒之说相反的立场就无法成立），自不待言。《原善》三卷自序中也说：

> 以今之去古圣哲既远，治经之士，莫能综贯，习所见闻，积非成
> 是，余言恐未足以振兹坠绪也。

在文字上虽然未批判宋儒，却可看到其感叹宋儒之说横行于世间的言论。另外他又说：

> 举性之名而曰理也，是又不可。（《原善·卷中》第四章。《读孟子
> 论性》中"理"作"理义"。）
> 专以性属之理，而谓坏于形气，是不见于理之所由名也。（同上）①

这也无疑是在批判朱子学风的"性即理"之说。

钱氏也举出其他各种证据，论证戴震排击宋儒系始于晚年，但要言之，对宋儒的批判意识在《原善》中即已存在，而明确地形诸文字来揭示此事则始于《绪言》。

另外，随着这一点，钱氏所指出的"理气"论，在《原善》中也出现

---

① 此处两则引文皆系以《孟子·告子上》"心之所同然者何也，谓理也义也"为基础而作的论述的一部分。

"理"这个字。例如卷上第一章中，"理"便出现如下：

> 善曰仁，曰礼，曰义。斯三者天下之大衡也。上之见乎天道，是谓顺。……循之而得其分理，是谓常。道，言乎化之不已也。德，言乎不可渝也。理，言乎其详致也。善，言乎知常体信达顺也。性，言乎本天地之化分而为品物者也。……生生者化之原，生生而条理者化之流。……生生者仁乎！生生而条理者，礼与义乎！何谓礼？条理之秩然有序其著也。何谓义？条理之截然不可乱其著也。得乎生生者谓之仁，得乎条理者谓之智。……是故生生者仁，条理者礼，断决者义，……同于生生条理，则圣人之事。

此处多见与"生生"连言或对言的"条理"一词，同样的"条理"在接下来的第二、第三章出现十几次，卷下第一章和第九章各出现一次。卷上第五章引用《礼记·乐记》"人生而静，天之性也"以下文句，其中出现"天理"一词。卷中第四章论"性"时，引用《孟子·告子上》"心之所同然者何也，谓理也义也"，且在说明中有十几次用了"理义"一词。[①] 另外在这一章中，单独的"理"字数次出现，但皆用于批判"性即理"之说的文章中（参照前述引文），故戴震并未谈论积极性的"理"的主张。不过：

> 心之明之所止，于事情区以别焉，无几微爽失，则理义以名。（《原善·卷中》第四章。《读孟子论性》中无此文句。又，《绪言》《私淑录》中亦无此说法。）

这种讲法和《疏证》开头的"理者，察之而几微必区以别之名也"（此为仅

---

① "理义"一词在原本的《读孟子论性》中亦多所使用。

见于《疏证》的理之定义）非常相似，从"分理""条理"这种词汇也可窥见对于"理"的戴震理解方式之独特倾向。但毕竟光凭如此，很难说戴震完成了"理"的论述。还有在《原善》中，也出现了前面提到的关于欲和仁的见解，或是"自然""必然"这种想法，甚至将这种仁和必然说是"理"，这就是和《疏证》几乎无异的理论，但因实际上并未如此明言，故在撰写《原善》之时，即便戴震已开始形成关于理气的自身理论，也还没有明确地将之嵌入自身的理论体系，也就是说，认为其尚未确立以理气为中心的理论体系应较为妥当。此理论明确地形成，系始于《绪言》的阶段。

II

接着是第二点。相对于《绪言》主要谈论理气问题，《疏证》则主要是针对理欲问题，但总而言之，从"理"的概念出发，将作为物之存在根源的理，或先在于"气"，规定"气"的理的这种性质一扫而空，将理视作相对于"自然"（亦即气）之"必然"（指的是去除伴随着"自然"之存在的"失"，正确无误的状态，必然说的是自然的极则）的理气论，在《绪言》以降至《疏证》中一以贯之而被强调。到了《疏证》才开始被强调的特异点，在于认为宋儒将理视作一"物"，且以之为天赋予人而存于心中，此乃宋儒之大谬。还有从这一点出发，戴震的宋儒批判发展到宋儒认为此理存于心的结果，乃是将自己的想法直接等同于理，而将私见强加于人们身上，对人们（特别是对于处于社会的"下层"之立场的人们）施加压迫而使他们受苦的这种批判。另外与之相关，他说宋儒将情欲视作和理相反相对立者，此结果产生以理为盾而破坏万人之情欲，在下者无法达成与天下同情、同欲的这种弊病。然后他痛加批评说，宋儒的学说之误不仅止于单纯学说之误，在人们的生活和国家政治上也造成毒害。钱氏关于《疏证》所指出的理欲异同、宋儒害道等这几点，指的是这些部分。

这几点确实是《疏证》独特的强调之处，但《绪言》也说：

小人徇我而悖理，君子重我而循理。……循理者非别有一事，曰
"此之谓理"，与饮食男女之发乎情欲者分而为二也，即此饮食男女，
其行之而是为循理，行之而非为悖理而已矣。此理生于心知之明，宋
儒视为一物，曰"不离乎气质，而亦不杂乎气质"，于是不得不与心知
血气①分而为二，尊理而以心为之舍。（《绪言》44。《私淑录》中并无
与此一致之处。）

像这类话也并非全然不存在。

　　还有在《原善》中，可见钱氏也指出的肯定欲望之思想，也有批判上
位者使下位者受苦的一节（《原善》卷下，第 15 章）。也就是说，在第二点
也是，这种思想的萌芽原本就存在，到了《疏证》则成长为明确的形态，
且使用众多用语来强调。

　　以上，要言之，关于戴震的思想，在对钱氏的论点施以若干补充乃至
修正后，大致上可以认为有如此倾向的变化发展，但随着年代的思想变化，
并未有大幅的方向转变，另外，亦无可用以具体判断何时、如何变化的变
化型态。到了《孟子字义疏证》完成的思想原型，在《原善》（尤其是三卷
本）时期已先酝酿，然后逐渐至完整的型态完成之。这种变化可以得见，
这种哲学理论也逐渐增加其精密度，乃至于在主观上和客观上都确立了和
朱子学性质相异的"气的哲学"体系。

三

　　这种理论逐渐完备的痕迹，表现在用语的选择、使用方式上，或是用
语概念的掌握方式上。现在拟列举几个例子来补充。

---

　　① "心知""血气"之词本于《礼记·乐记》。戴震认为人性的实体是血气和心知，乃气质所形成之
物。血气为情欲之根源的肉体，心知为心产生知的活动的部分，这当然是就着肉体来设想。

305

（1）关于"命"的解释。

在最早的《原善》三篇中说：

> Ⓐ善曰仁，曰礼，曰义。斯三者天下之大本也。显之为天之明谓之命，实之为化之顺谓之道，循之而分治有常谓之理。命，言乎天地之中昭明以信也，道，言乎化之不已也。（《原善》上）

> Ⓑ血气心知之性主乎材，天之性全乎善。主乎材者成于化，全乎善者通于命。成于化者道，通于命者德。（《原善》上）

这些"命"的概念之中有不明确之处，但根据Ⓐ，应可视作拥有"明"这种性质的（天的）命令之意，Ⓑ的"命"也有同样的意思。在《疏证》中，引用《大戴礼记·本命》的"分于道谓之命，形于一谓之性"，透过命的"分"之意而解释为加上"限制"的意思（《疏证》20，"性"），与ⒶⒷ可见的"命"解释甚异。不过，同样在《原善》中有如下文字：

> Ⓒ如听于所制者然之谓命。

此"命"之概念和上述《疏证》的"命"有相近之处，但毕竟还是稍欠明了。

在三卷本《原善》中，刚才举出的Ⓒ仍存留如旧，但删除了Ⓑ，Ⓐ的部分则改写，其中并未出现"命"字。另外又出现这一段文字：

> Ⓓ限于所分曰命，成其气类曰性，各如其性以有形质，而秀发于心征于貌色声曰才。（《原善》卷上，第一章）

这和《疏证》中所见之"命"的理解完全相同。

另一方面,《绪言》中又有一部分留下和《原善》AB相似的理解:

> Ⓔ合三者(仁礼义)亦谓之诚。诚未有不明者也。以是谓之命,则昭示明信也。(《绪言》17)

另外,在《私淑录》与Ⓔ相对应的条目(16)中,正好删去了此部分。而《私淑录》和《疏证》,都未见这样的处理"命"的方式。

接着,在前面Ⓑ一节可见的"性"的理解方式中,可窥见相当程度的朱子学要素。因为他将"血气心知之性"和"天之性"并列,且完全以"天之性"为善。但在三卷本《原善》中,如上所述,删去了Ⓑ部分,叙述就阴阳五行分化之事物形体而思考的性论。但毕竟又有这种说法:

> Ⓕ人之得于天也一本,既曰"血气心知之性",又曰"天之性",何也?本阴阳五行以为血气心知,方其未感,湛然无失,是谓天之性,非有殊于血气心知也。(《原善·卷上》第五章)

此处强调"天之性"和血气心知非不同之物,但"方其未感……"这种说法又甚有朱子学色彩,不相应于"气的哲学"。此处说的"性"的理解方式,不见于《绪言》以下三书。

(2)"自然""必然"是戴震独特的用语,但在《原善》三卷本中除此之外,又可见"本然"一词。

> Ⓖ言乎自然之谓顺,言乎必然之谓常,言乎本然之谓德。(《原善》卷上,第三章。《读易系辞论性》亦有相同文字)

此即为一例。其他地方也说：

⑭人之材质良，其本然之德，违焉而后不善。（《原善》卷中，第四章。《读孟子论性》亦有相同文字）

"本然"在《绪言》以下三书消失了踪影，而"本然之德"这种说法，正与朱子学的想法相通，因此就避而不用。

（3）在《绪言》和《私淑录》中使用"主宰枢纽"或"主宰枢纽根柢"之词，在《疏证》《私淑录》以外的书中会说"大共"或"大共之理"（亦可见于《中庸补注》），还有《疏证》中说"纯粹中正"（表示"必然""理"等等之性质的词汇）之处，在《私淑录》中同样说"纯粹中正"，在《绪言》中说"纯美精好"，在《原善》三卷本中说"纯懿中正"，在最早的三篇和《读孟子论性》中则使用"中正无邪"这种词汇。

另外，还有种类稍微不同的例子要附带说明："权"是仅可见于三卷本《原善》1和《书证》的词语。

本篇拙作在此结束，最后再稍微附带一提：透过第二节以下所说的各书间的异同，具有重新确认各书成立顺序的意义。此处在《原善》三卷和《绪言》的先后关系上，多少还留有疑问。这是因为发现了好几个可以让我们认为《原善》比起《绪言》更接近《疏证》的例子。然而将所有条件考虑进来，毕竟还是以《原善》→《绪言》这样的顺序来设想会比较妥当。据段玉裁的推定，两书撰作时期有重迭的可能性，但总而言之，其成立时期非常相近，另一方面又可以认为，两者的书籍性质有所不同，故在内容上产生种种出入。

〔附记〕本论文为昭和 46 至 48 年度（译者按：1971—1973 年）科学研究费补注之总合研究（A）"清朝考证学的综合研究"（代表者近藤光男）

之一部分研究成果。

　　再往前追溯，这原本是以我学生时期毕业论文的一部分为基础，再借由上述研究来加以补充而写成。在为了写宇野哲人老师祝寿纪念论文时，作为徒孙的我勉力地用重返学生的心情，将学生时代的微小研究成果进行加工，试图让老师阅览。同时，也想尝试一下看看处理思想的时候，考证学的方法在多大程度上能够适用。我对于对象是考证学者之思想的这一点也怀有兴趣，但就结果而言不太有意义。另外，从最早的企图来说，就必须对第二节、第三节的部分进行更彻底地调查，进行精密的各书比较对照，但尚未进行到如此充分的调查，且在有限的篇幅中将研究结果全部写上，终究是不可能的，因此变成介绍钱穆的要点，并加以补充的形式。不过，钱氏的研究是以书中所写的内容本身之比较为主，我则是想要读出实际的思想变化，故目标有些许龃龉。第一节的内容中也有和钱氏所说重复的部分，为了叙述上的需要而不厌重复，将必要的内容全部写下。其实本论文的发表还有另一个目的。戴震的思想最后达到最高完成度的姿态，系展现于《疏证》中，如果不是戴震思想的专门研究者，那么读《疏证》一书便已足够（若再加上《答彭进士允初书》就更充分），就此意义而言，我希望能对读《疏证》一书的各位先提供有用的知识。

　　本论文撰写过程中，听闻京都大学学生（在本篇拙作印刷时或已为研究生）木下铁矢，在毕业论文中进行《绪言》和《疏证》的比较研究。虽然我不了解其内容，但由于是专门处理两书的比较，因此或许有更精密的比较对照，故若有机会，能补充拙作的不完备之处，则幸之甚。

（1964 年 1 月稿）

山井涌主要论著目录

（＊代表本书所收之论文。另亦有收录时更改题目者）

＊明清时代气的哲学	《哲学杂志》711	1951 年 7 月
传统思想与西洋思想　清代	《中国思想史》（东京大学出版会）	1952 年 5 月
＊明末清初的经世致用之学	《东方学论集》1（东方学会）	1954 年 2 月
明清的哲学与修养	《历史教育》2—11	1954 年 11 月
＊黄宗羲的学问——从明学到清学之转移的一种面貌	《东京支那学报》3	1957 年 6 月
黄宗羲	《人类的教师·东洋篇》（大阪教育图书）	1958 年 10 月
《宋学研究文献目录》（与今井宇三郎共编）	（东京教育大学汉文学研究室）	1959 年 10 月
＊宋学的本质及其思想史的意义	日本中国学会第 11 回大会的讨论会报告	1959 年 10 月
＊孟子字义疏证的性质	《日本中国学会报》12	1960 年 10 月
＊从明学到清学的转换	《书报》4—8（极东书店）	1961 年 8 月
＊明夷待访录	仓石博士还历纪念《中国的名著》（劲草书房）	1961 年 10 月
黄宗羲	宇野哲人博士米寿纪念论集《中国的思想家》下（劲草书房）	1963 年 7 月
王学的展开／清代的哲学	《中国的哲学》（明德出版社）	1964 年 2 月
＊顾炎武的学问观——从"明学到清学的转换"的观点出发	《中央大学文学部纪要》35　哲学科 10	1964 年 3 月
＊关于明末清初思想的一个考察	《东京支那学报》11	1965 年 6 月
＊关于《明儒学案》的《四库提要》的若干问题	《东京支那学报》12	1966 年 6 月
孔子	《讲座东洋思想》2《中国思想 1 儒家思想》（东京大学出版会）	1967 年 2 月

明儒学案四库提要译注	《四库提要译注》史1（周六谈话会）	1967 年 3 月
《元明清代思想研究文献目录》（监修）	（东京大学文学部中国哲学研究室）	1967 年 3 月
人性论	《中国文化丛书》2《思想概论》（大修馆书店）	1968 年 4 月
学问观	同上	
《资治通鉴选》（与赖惟勤等合译）	《中国古典文学大系》14（平凡社）	1970 年 3 月
＊"心即理""知行合一""致良知"的意义——阳明学的性质之一	《日本中国学会报》22	1970 年 10 月
《明末清初政治评论集》（与后藤基巳共同编译）	《中国古典文学大系》57（平凡社）	1971 年 3 月
陆王学谱（下）	《阳明学大系》1《阳明学入门》（明德出版社）	1971 年 9 月
＊明代气的哲学之成立——以湛甘泉为中心	铃木博士古稀纪念《东洋学论丛》（明德出版社）	1972 年 10 月
四库全书总目提要史部总叙、正史类叙、编年类叙、地理类叙译注	《四库全书总目提要叙译注》史部（周六谈话会）	1973 年 3 月
黄梨洲《明儒学案抄》译注	《阳明学大系》7《阳明门下（下）》（明德出版社）	1974 年 1 月
李二曲《二曲集抄》译注	同上	
清代的朱子学	《朱子学大系》1《朱子学入门》（明德出版社）	1974 年 7 月
《中江藤树》《文集抄》（二编）译注 解说《阳明学的要点》	《日本思想大系》29（岩波书店）	1974 年 7 月
＊从《原善》到《孟子字义疏证》——关于戴震的哲学著作	宇野哲人先生白寿祝贺纪念《东洋学论丛》（东方学会）	1974 年 10 月
圣人的糟粕	《中哲文学会报》1	1974 年 10 月
《孙子、吴子》（解说、译注、校勘）	《全释汉文大系》22（集英社）	1975 年 8 月
中国文化与日本	《東洋文化與日本》（ぺりかん社）	1975 年 11 月

311

曹月川《家规辑略序》等译注	《朱子学大系》10《朱子的后继（上）》（明德出版社）	1976 年 7 月
＊宋明哲学中的"性即理"与"心即理"	驹泽大学《文化》3	1977 年 3 月
＊理气哲学中气的概念　总论	《气的思想》（东京大学出版会）	1978 年 3 月
＊朱子哲学中的"气"	同上	
＊戴震哲学中的"气"	同上	
陆稼书《学术辨》等译注	《朱子学大系》11《朱子的后继（下）》（明德出版社）	1978 年 12 月
＊程廷祚的气的哲学——以和戴震的比较为中心	《中哲文学会报》4	1979 年 6 月
＊朱子哲学中的"太极"	《韩》8—5、8—6 合并号（韩国研究院） （《东亚的思想与文化》（同院）转载）	1979 年 6 月 1980 年 11 月
关于朱子的"心"的若干考察	《中哲文学会报》5	1980 年 6 月

本目录将 1980 年 6 月为止的论著，依发表刊物的发刊年月顺序排列。除了上述以外，另发表有书评和座谈纪录等，以及口头发表的要旨、"月报"和辞典类、其他一些为图书、杂志所写的文章，但因原作者的希望，仅收录学术论文及以之为规范者。

（大岛晃记）

后 记

山井老师在明年春天将离开东大，老师自始至终，都在这座东京大学度过生涯。

就战后而言，负责中国哲学、中国文学的东大诸位教授，主持的时间都不长，专攻学生的升学人数不如预期来得充足的时期一直持续着。

高田真治教授在战后随即遭到剥夺教职而离职，继任的加藤常贤教授自广岛文理大学前来赴任，然仅剩七年就达到退休年龄。同时仓石武四郎教授长年受聘于京都大学，后半的东大专任九年间，也较能获得学生，但反而投入较多心力在自己经营的中文讲习会上。小野忍教授在九年之间处理中国文学之事，宇野精一教授主持中国哲学长达十六年，这两个时期彼此重迭时，最为安定的时代一直持续，但专攻学生来自驹场的升学状况皆不平衡，研究室未必处于能够满额活动的理想状态。在其后，藤堂明保教授受到大学纷争影响而半途离职。

在纷争之后，赤冢忠教授好几年经常处理其善后工作，而加以辅佐，并从京大人文研招聘福永光司教授担任后继者的，就是我们的山井涌教授。老师使专攻学生逐渐增加，迈向现在的繁荣，巧妙地管理研究室。恰好前野直彬教授和小野、藤堂两位教授一样，在使中文研究室运作得以发展的这一点上如出一辙。不过前野老师在这两三年，很不巧地健康受到损害，未能充分指导学生，同样地在明年春天要从东大退休。

山井老师在战后长年担任特别研究生和助手，在退休前的三十多年中，在转任外校的短暂期间内也作为讲师来教授中哲，始终如此，而能够和东大研究室一起前进。于是他自己和其他人都称之为"中哲研究室之主"。他的存在在背后支撑着中哲、中文研究室，包含了能够与战后的东京支那学会改名而成的东大中哲文学会建立亲密关系的功绩，他正是东大中哲文的招牌。

总之，东大与中国相关的研究室的传统锻炼方式相较，无法摆脱稚嫩。专攻学生的数量放眼全国来看也不能说少，问题意识与头脑皆不可谓低下，但处于难以培养中国学专业的长期学者的环境这一点，是屡屡被提及的事情。例如现在还会看到，随着就职状况好转，被内定的研究者成了大学中的专任教师，而宛如汪洋中的一叶舟，甚至几乎要在庞大的对象面前覆溺。

山井老师对这一点甚为忧虑，恳切地从事于学生指导，使读书种子不绝，分出自己的大半时间，致力于与学生间的文本讲读。老师在战争时，毕业于高田教授处，而以和中文学生完全相同的程度，师从仓石教授，接受严格的原典解读训练。在此，也与其前后同学，前野直彬、赖惟勤、近藤光男等几位教授拥有共通的经历。然后老师又与这几位一起积极参加集结校际少壮中国研究者的周六谈话会，乃是其核心成员之一。老师向来就有身为战后后继学术研究者的觉悟，跻身学术世界，始终致力于正确地守护处于中国学中心的东大纯正的位置及其应发展的方向。这在战后从事中国研究者动辄迷失学术的正确意义，或是完全无视之的情况中，老师作为充分体会其存在样态的学术界人士，真的是十分罕见。

集结在战后伴随着东大的活动而度日的老师任职东大时所写的论文，为了后学留下业绩，对我们这些在研究室中受到关照的人们而言，协助进行此事是发自内心意愿的。如同本书前言所说，我们的请求获得老师爽快地接受，而完成了这本书。

关于这本论文集的制作，一开始由我们编辑委员会来规划原案，经过两三次的讨论，最后由身为作者的老师来完成，论文的原题也适当地调整后，便成为定稿，题名为《明清思想史研究》。

另一方面，明清思想史如今经由丰富的研究而达到前所未有的繁盛：

冈田武彦（1908—2004）《王阳明与明末儒学》

安田二郎（1911—1945）《中国近世思想研究》

丸山真男（1914—1996）《日本政治思想史研究》

西顺藏（1914—1984）《中国思想论集》

后藤基巳（1915—1977）《明清思想与基督教》

友枝龙太郎（1916—）《朱子的思想形成》

汤浅幸孙（1917—2003）《中国伦理思想研究》

荒木见悟（1917—2017）《明代思想研究》《明末宗教思想研究》等

岛田虔次（1917—2000）《中国近代思维的挫折》等

相良亨（1921—2000）《近世日本儒学运动的系谱》等

守本顺一郎（1922—1979）《东洋政治思想史研究》

尾藤正英（1923—2013）《日本封建思想史研究》等

山下龙二（1924—2011）《阳明学的研究》成立篇、开展篇

田原嗣郎（1924—）《德川思想史研究》等

高桥进（1928—2010）《朱熹与王阳明》

沟口雄三（1932—2010）《中国前近代思想的屈折与展开》

岩间一雄（1936—）《中国政治思想史研究》

奥崎裕司（1936—）《中国乡绅地主研究》

在这之中，我们的山井老师处于何种位置，这一点对领域不同的我来说

没有办法确定。然而，从老师的著述和言行来观察，从中看不到激矫之论、奇僻之说，相反地，透过翔实平易的论述，在其说法的依据中，首先会唤起一股安心感。他针对这方面最为基本的人物，确实地记述其思想要义，使后进得其门径而不误，这种亲切的考虑落实在每一篇论文中。好议论者或许会因本书缺少对李卓吾和王船山的探讨而不满，但我认为老师领悟到，比起对难懂的对象密集进行不成熟的试论，不如正面处理最主要的对象，累积所有人都可以将之作为根据的基础研究，这正是在主持东大中哲研究室的这种一定条件下，必须完成的使命。这也是我们在平常接触老师温文儒雅的风貌的同时，又必须将这些稳定的论文加以集结，再次公开刊行的理由。

本次编辑委员会的成员，为五位门人：有田和夫（东京外国语大学）、三石善吉（筑波大学）、石黑宣俊（爱知教育大学）、上田弘毅（山形大学）、大岛晃（上智大学），再加上大学同事，教养学部的丸山松幸，以及文学部的我这两人，共七人。五位门人皆有担任东大助手的经验，于研究室业务方面，也在资历深厚的老师底下接受训练。七人全体规划本书的内容结构，各自分摊校正乃至二校的工作。1979 年 6 月 2 日召开第一次编辑委员会，10 月 4 日完成第四次。

论文的复印与索引制作等编辑作业，专门由大岛晃抽空进行。在本次也和编辑《气的思想》时一样，受到东京大学出版会的门仓弘多方关照。在此皆深深致上谢意。

以上，谨代表山井教授著作集刊行编辑委员会，纪念华丽地从舞台退场的老师，是为记。

户川芳郎
于东京大学中国哲学研究室
1980 年 11 月 10 日

译者的话

一、山井涌教授简介

山井涌（1920—1990）出生于兵库县，1940 年进入东京帝国大学文学部攻读中国哲学，后因第二次世界大战时动员学生入伍之故，提前于1942 年毕业。1945 年时，因动员结束，而又进入东京大学大学院继续学习中国哲学，于 1950 年毕业。1955 年于东京大学文学部担任助手，1962 年于中央大学文学部担任助教授，两年后进入东京大学任助教授，1971 年升为教授，担任中国哲学中国文学第一讲座。1981 年退休后，转任大东文化大学教授，1990 年 4 月 16 日去世。

山井涌为日本江户时代著名儒者山井鼎（山井昆仑 1690—1728）传人。山井鼎曾分别师事于古学派的伊藤东涯（1670—1736）与古文辞学派的荻生徂徕（1666—1728），其最重要的成就为《七经孟子考文》。该书为山井鼎校勘足利学校所藏之中国汉籍善本的成果。该书又经由荻生徂徕之弟荻生北溪（1673—1754）校订，而成《七经孟子考文补遗》，传入中国，受到中国士人注意，并成为《四库全书》中唯一的外国人著作，对清代考证学发展有所影响。就此而言，山井家先后出了两代对中国学术有巨大贡献的研究者，诚可谓学林佳话。

山井涌的主要研究领域为中国明清思想史（主要是儒学），尤其是对于明清气学思想有丰富的研究，曾经与小野泽精一、福永光司共同编写《气的思想：中国自然观与人的观念的发展》一书（李庆译，上海人民出版社出版，2007 年初版，2014 年再版），负责北宋至清代的部分。另外，其他主要研究成果则编为此书《明清思想史研究》。

二、本书内容导读

诚如山井涌自己在序文中所说，本书收录之文章原非以统一的撰作意图而写就，因此在内容上不免有重复之处，各篇的疏密程度与体例也不一致。不过多亏目录上的妥善编排，我们依然可以见到关于他的研究成果的大致分类及发展轨迹。

全书分为三大部，但若要提纲挈领地了解山井涌的观点，必须将《序说》算作真正的第一部。在《序说》中，《宋学的本质及其思想史的意义》这一篇，说宋学是宋代新兴地主官僚阶级的思想，这一点从现在的角度来看，可能有操之过急之处；但将宋学的本质定为"修养之学"的说法，至今仍可谓不刊之论。最重要的则是《宋代至清代的"气"思想》一文（原为《气的思想》其中一部分），虽然本文是为了谈气学而作，但山井涌宏观地将宋代至清代的思想勾勒出最基本的"理的哲学"（朱熹、曹端、胡居仁等）、"气的哲学"（罗钦顺、湛若水、王廷相、王夫之、戴震等）和"心的哲学"（陆九渊、陈献章、王阳明等）三条主脉，算是海外较早建立观察宋明清思想之模型，特别是以"气"作为关键词之一的一位代表，读者可循此掌握这段期间重要的儒家思想类别。

正式的第一部为《性理学的各种问题》，底下又分为两个部分。第一部分为《朱子学与阳明学》，第二部分为《气的哲学》，其核心作法仍在于以理、气、心为不同儒学类型的关键词，再延伸到各关键词与"性"等其他概念间的关系。在"朱子学与阳明学"这个部分的四篇文章，集中处理了朱子学和阳明学中的重要概念。读者可先从作为演讲稿，篇幅较简单的《宋明哲学中的"性即理"与"心即理"》开始读起，山井涌在此对朱熹与王阳明的思想做了大略的比较，并指出"性即理"

与"心即理"两项命题虽有对立处，但并非全然冲突，值得参考。至于其他文章，分别就朱熹思想体系中的"气"和"太极"这两个概念进行析论，以及针对王阳明的"心即理""知行合一"和"致良知"这些关键词来探讨其内涵。山井涌比较特别的观点是，"太极"虽然是朱熹思想体系中的重要词语，但其本身系作为额外的概念而叠加上去，与"理"的性质有某些部分无法完全贴合。另外他也认为，王阳明的这些思想命题，原本就并非基于逻辑性的作法而提出，经过理论性地分析后，会有一些地方并不充分。但这也表示，重要的是直接就体悟方面来加以掌握，而不可拘泥于文字表面。同时，山井涌也等于有意识地做一个反面示范，强调面对思想家时，不能采取和思想家立论基准相异的研究方法，以免削足适履，可谓用心良苦。

在《气的哲学》部分，读者可先从属于山井涌早期研究成果的《明清时代气的哲学》开始理解他的研究规模。他在此先从朱熹和戴震的比较开始，谈论"理的哲学"与"气的哲学"之异，并指出此差异的起始来自对日常生活之情欲的思考。接着以此基准，列举戴震前后的其他代表人物。最后重要的是，山井涌将气学思潮与晚明的政治经济变化趋势、左派王学的流行、人情小说、市井小说的问世、考证学兴起等动向合观，试图宏观地掌握其思想史意义，值得肯定。其他两篇文章则分别探讨湛若水和程廷祚，并指出湛若水已初步具备"气的哲学"的倾向，而其中的不完备处，乃是"气的哲学"草创期现象所致。对于程廷祚，山井涌也进行了较详细的考察，大幅补充胡适对此问题的先行研究，指出程廷祚除了性善、复初这两个问题外，其他思想内容已和戴震相当接近，代表气的哲学在戴震之前的一个发展结果。这些研究可当作本书第三部的辅助，读者可并而观之，当能更了解山井涌在明清气学研究上的用心。

第二部为《从明学到清学》，又分作《经世致用之学》和《黄宗羲

319

与顾炎武》两部分。在此，山井涌要处理的是明代心学与清代考证学之间的发展环节，而他找到的答案就是晚明清初的经世致用之学。山井涌细致地将此分为三种类型：第一是与明学意义不同的实践派，第二是重视兵农水利等的技术派，第三是重视经学和史学的经史派。他的考察范围涵盖了明遗民至清初士人，同时也不囿于将明代心学视为空疏无用的成见，可以扼要地帮助我们认识明清儒学的发展情形。顺着这种观点，山井涌处理了此时期的代表人物黄宗羲和顾炎武，除了分析他们的学问内容，指出其经世致用思想内涵外，也尝试厘清他们的思想形成背景，避免将两人单纯视作考证学先驱，同时也试图更清楚地呈现黄宗羲在《明儒学案》中的史观缘由，以及顾炎武形象被《四库全书总目提要》遮蔽之处。

第三部《戴震研究》是山井涌在清代部分的研究重点成果。这些成果包括详细考察了《原善》《绪言》到《孟子字义疏证》的发展轨迹，以及分析戴震思想体系，特别是与"气"相关的内容，从而指出戴震思想中倾向客观，而非为了工夫论而建立的倾向。这样的倾向具有轻忽实践的弊病，但也是考证学的重要土壤。同时山井涌也注意到，这与宋明知识阶层与清代知识阶层的活动情形差异甚大有关，这一点也值得我们留意。

总而言之，山井涌这本著作扼要地勾勒出宋代至清代的儒学发展面貌，紧扣材料而立论，兼具宏观与微观的分析，虽然其中有些有意保留的青涩成分，但整体而言仍然是朴实平易，至今仍值得阅读的作品。

三、结语

最后，稍微谈一下山井涌在日本汉学上的定位。

首先从日本内部汉学资源累积的角度来看，可以说，日本是从事明清儒学研究的优良环境。汉籍的传入在江户时代以来形成了善本的宝库，加上对于以现代学术架构建立中国哲学史规模的工作，也比中国起步为早，因而打造了明清儒学的研究盛况，读者可以在本书所收之户川芳郎撰写的后记中窥知一二。另一方面，从学术发展趋势的角度而言，山井涌活跃的时代为战后，此时对学术研究的客观性要求较为兴盛，与战前、战中将儒学与国体、军国主义等捆绑在一起的偏差方向不同，战后的潮流较能使儒学研究得到具正面刺激的发展，再加上此时面对更多需要与包括唯物主义等等西方思潮对话的情境，也需要更审慎更客观地面对"现代性"要素的问题，因此中国哲学研究，特别是时间点接近现代的明清研究，就有独特的意义。

在山井涌写的序文中，可看到他的兴趣始于清代思想到现代的转换，而在他一路上溯至明代、宋代的过程中，我们也可看到他关注了"气"作为一种哲学概念的思想史意义，也试图把握其与社会状况的连动。这可以说与上述背景不无关联。同时我们也需要注意两点：第一，如同户川芳郎在后记所说，山井涌的研究并未有激矫之论、奇僻之说，而是翔实平易。这暗示了过度追求现代性要素的探讨以及与西方思潮对话等工作，可能导致背离中国文本脉络的问题，而山井涌则无此弊；第二，就本书范围而言，山井涌不只进行概念上的分析探讨，也有诸如《明儒学案》版本比对等文献学上的成就，这一点值得肯定。这两点都显示出他诚恳面对原典，审慎解读的扎实工夫与精神。总而言之，山井涌的这本着作，既含有日本汉学研究在战后的问题意识，又示范了平易亲切的学风，这使得本书至今仍有参考价值。

本书由陈威瑨（台湾大学中国文学系副教授）翻译，并由邓红（北九州市立大学文学部教授）与佐藤炼太郎（北海道大学文学研究科名誉教授）两位教授于百忙之中主持翻译出版事宜与审定。译者需在此对两位教授衷心致上谢意。

陈威瑨